Günter Scheich

»Positives Denken« macht krank

Günter Scheich

»Positives Denken«
macht krank

Vom Schwindel mit
gefährlichen Erfolgsversprechen

Unter Mitarbeit von Klaus Waller

 Eichborn.

© Vito von Eichborn GmbH & Co. Verlag KG,
Frankfurt am Main, Mai 1997
Umschlaggestaltung: Stephanie Weischer
Lektorat: Waltraud Berz und Isolde Debus
Satz: Fuldaer Verlagsanstalt GmbH, Fulda
Druck und Bindung: Werner Söderström OY, Finnland
ISBN 3-8218-0504-8

Verlagsverzeichnis schickt gern:
Eichborn Verlag, Kaiserstraße 66, D-60329 Frankfurt am Main
http://www.eichborn.de

Inhalt

Einleitung

Dieses Buch ist das Ergebnis meiner Erfahrungen im Rahmen psychotherapeutischer Tätigkeit, aber auch meiner immer vorhandenen Skepsis, die ich gegenüber sogenannten Selbsthilfebüchern, insbesondere im Bereich der Esoterik und des »positiven Denkens« hege. Ich wundere mich seit langem, wie »vernünftige« Menschen einem solchen Unsinn anhängen können, und habe deshalb versucht, dieser Strömung mit Vorträgen entgegenzutreten.

Das Thema »Positives Denken – ein Weg zu Optimismus und Erfolg?« sprach viele Menschen an, und die Vorträge waren gut besucht. Oft stellte sich allerdings heraus, daß einige der Anwesenden das Fragezeichen in der Titelformulierung nicht gelesen hatten. Diese Zuhörer waren dann zunächst enttäuscht, daß ich mit meinem Vortrag nicht zum »positiven Denken« beitrug, sondern vielmehr massive Gegenargumente äußerte, die in Warnungen vor diesem populären Trend gipfelten. In den anschließenden Diskussionen aber merkte ich, daß ich viele von ihnen mit wissenschaftlichen Argumenten, aber auch mit für jedermann nachvollziehbaren Beispielen aus der Alltagserfahrung überzeugen konnte.

Interessierte, die mich nach den Vorträgen fragten, wo man meine Erörterungen nachlesen könne, mußte ich enttäuschen: Bis zum Erscheinen dieses Buches gab es keine mir bekannte Veröffentlichung zur Kritik des »positiven Denkens«. Da man mit Vorträgen – und erst recht mit der individuellen Therapie – nur eine sehr begrenzte Anzahl von Menschen erreichen kann, die Leserschaft der Bücher des »positiven Denkens« aber in die Millionen geht, habe ich mich entschlossen, meine Erfahrungen und fachliche Kritik jetzt auch in Buchform vorzulegen.

Beim Schreiben des Buches habe ich mich auf eine Gratwanderung eingelassen. Es sollte kein Fachbuch für Experten werden, und ich mußte deshalb, um der Verständlichkeit willen, so manche Vereinfachung in der Sprache und der Argumentation vornehmen. Ich lege aber wert auf die Feststellung, daß die Kritik des »positiven Denkens« vollständig auf den wissenschaftlichen Erkenntnissen der psychologischen und psychotherapeutischen (insbesondere der verhaltenstherapeutischen und verhaltensmedizinischen) Grundlagenforschung beruht. Diese wissenschaftlichen Befunde und meine lang-jährigen psychotherapeutischen Erfahrungen sind es noch vor den illustrativen Einzelfallbeispielen dieses Buches, die schließlich den Beweis für das krankmachende Potential des »positiven Denkens« liefern.

Der etwas plakative Buchtitel, der sich kontrastiv an die Titelformulierungen der kritisierten Literatur anlehnt, gibt mir die Hoffnung, daß ich Leser aufmerksam machen kann, die sich in den Verstrickungen des »positiven Denkens« befinden. Aber natürlich sollen auch diejenigen mit Argumenten beliefert werden, die sich aus allgemeinem Interesse mit dem Thema beschäftigen und vielleicht schon immer geahnt haben, daß es sich bei dem »positiven Denken« um eine unseriöse Angelegenheit handelt.

Ein wichtiges Anliegen ist mir, daß ich Menschen, die von der bestenfalls nutzlosen Anwendung, schlimmstenfalls krankmachenden Wirkung des »positiven Denkens« überzeugt werden, nicht mit dieser Erkenntnis allein lasse. In dem Buch werden Wege aufgezeigt, die wirklich Hilfe versprechen. Die angeführten Fallbeispiele von Psychotherapien und die Ausführungen zu den Behandlungsmöglichkeiten einzelner Krankheitsbilder werden hoffentlich den einen oder anderen ermutigen, eine wirklich effiziente, wissenschaftlich orientierte Psychotherapie zu beginnen. Und dies heißt in der Regel, sich einer Verhaltenstherapie bzw. einer verhaltensmedizinischen Behandlung zu unterziehen.

Dieser Weg ist nicht einfach, verspricht aber unter günstigen Bedingungen und bei methodisch richtigem Vorgehen mit großer Wahrscheinlichkeit Erfolg. Vielleicht nicht immer den absoluten, aber einen relativen Erfolg, der das Leben wieder erträglicher macht. (Nichts läge mir ferner, als hier einen Allmachtsanspruch zu formulieren, wie er bei der kritisierten Methode gang und gäbe ist.)

Leser, die mit dem »positiven Denken« Erfahrungen gesammelt haben, seien diese nun gut oder schlecht, sind herzlich eingeladen, mir über den Verlag zu schreiben. Die Adresse: Eichborn Verlag, Kaiserstr. 66, 60329 Frankfurt. Ich bin gespannt, inwieweit sich Ihre Erfahrungen mit denen meiner Patienten decken.

Natürlich wird es auch nach Erscheinen dieses Buches weiterhin viele Menschen geben, die auf das »positive Denken« schwören und den Verkündern dieser Methode mehr glauben als einer wissenschaftlich-rationalen Kritik. Einfache Sehnsüchte zu bedienen ist immer einfacher, als Menschen zu einer (selbst)kritischen Haltung zu bewegen. Wenn mir letzteres aber doch in dem einen oder anderen Falle gelingen sollte, hat das Werk seinen Zweck bereits erfüllt.

Ich möchte mich beim Eichborn Verlag bedanken, der von Anfang an auf die Idee dieses Buches gesetzt hat. Insbesondere sei hier Uwe Gruhle genannt, der mein Anliegen sofort erfaßte und dem Buch zur Verwirklichung verhalf. Waltraud Berz hat es auf sich genommen, das umfangreiche Manuskript zu lektorieren und ihm den letzten Schliff zu geben. Mein Dank gilt auch Klaus Waller, dessen redaktionelle Mitarbeit sehr wertvoll war.

Dr. Günter Scheich
im Februar 1997

Was will das »positive Denken«?

Es geht um menschliche Schicksale

Um es gleich in aller Deutlichkeit zu sagen: In diesem Buch geht es nicht darum, den Wert einer positiven Grundeinstellung des Individuums in Frage zu stellen. Ganz im Gegenteil: Eine solche Haltung ist sicher ein wesentlicher Bestandteil eines Lebens in physischer und psychischer Gesundheit (wenn auch beileibe nicht die einzige Voraussetzung dafür). Aber eine solche in die Persönlichkeit integrierte Grundeinstellung ist deutlich zu unterscheiden vom »positiven Denken« als Methode für Verhaltens- und Einstellungsänderung, ja sogar als angebliche Psychotherapie.

»Positives Denken«, wie es in den Büchern von Dale Carnegie, Joseph Murphy, Norman Vincent Peale, Erhard F. Freitag u.v.a gelehrt wird, verfehlt bei seinen Lesern nicht nur das, was es verspricht, sondern es bewirkt oft genug das Gegenteil: »Positives Denken« macht krank! Davor zu warnen scheint angesichts der immer größeren Welle von Veröffentlichungen zum Thema und angesichts der wachsenden Zahl von Menschen, die als Geschädigte des »positiven Denkens« die psychotherapeutischen Praxen aufsuchen, dringend angezeigt.

Was soll am »positiven Denken« schädlich sein?

Daß »positives Denken« krank machen kann, scheint zunächst eine überraschende Erkenntnis zu sein. Was soll daran schädlich sein, der Aufforderung zu folgen, möglichst nur noch positiv zu denken? Ist es nicht so, daß wir alle in unserem Bekanntenkreis Menschen haben, deren negative Lebenseinstellung ein Fortkommen im Bereich sozialer Beziehungen und in der Berufswelt behindert? Und würden wir es ihnen nicht gönnen, daß sie es lernten, die Welt, ihre Welt, positiver zu sehen?

Sicher haben Menschen mit einer durchweg negativen Einstellung zum Leben eine Veränderung nötig – eine solche aber wird durch die Methoden des »positiven Denkens« so gut wie nicht möglich sein. Vielmehr werden Menschen, die sich in seelischer Not befinden und die jeden Strohhalm ergreifen, um aus ihrer verzweifelten Lage herauszukommen, durch die Bücher des »positiven Denkens« nach einem möglichen Intermezzo der Euphorisierung vor allem Frustrationen und Enttäuschungen erleben, die sie um so tiefer in ihre Probleme und seelischen Störungen fallen lassen. Labile Menschen, die sich durch die Bücher ein wenig »Lebenshilfe« erhoffen, laufen Gefahr, durch den Versuch, das »positive Denken« anzuwenden, erst richtig krank zu werden. Und selbst einigermaßen gefestigte Charaktere, die von Dale Carnegie & Co. nur ein paar Tricks lernen wollen, wie sie im Beruf erfolgreicher sein können, werden zwar möglicherweise nicht erkranken, aber auch nicht den gewünschten Effekt feststellen. Das Prinzip des »positiven Denkens« beruht auf einer von vornherein falschen Grundannahme:

Es geht davon aus, daß man allein durch eine Umstellung des Denkens seine Psyche beeinflussen kann.

Das Denken als alles bestimmende Macht?

Den Gedanken wird von den Vertretern des »positiven Denkens« unbegrenzte Macht eingeräumt. Mit ihrer Hilfe soll man das Unterbewußtsein in positiver Weise beeinflussen können. Oder, um mit Joseph Murphy zu sprechen: »Ihr Unterbewußtsein führt ... alle Befehle aus, die ihm Ihr Bewußtsein in Form von Urteilen und Überzeugungen zukommen läßt.« (4/S.27)

Als Quintessenz seiner Ausführungen über »Die Funktionsweise Ihres Gehirns« in »Die Macht Ihres Unterbewußtseins« resümiert er: »Denken Sie das Gute, und es wird sich verwirklichen! Denken Sie aber Böses, so wird Böses eintreten. Was immer Sie denken, das sind und tun Sie in jeder Sekunde Ihres Lebens.« (4/S.45)

Dabei wird die psychologische Binsenweisheit ignoriert, daß Gedanken lediglich ein Mosaikstein von vielen sind, die das psychische Befinden eines Menschen ausmachen. Triebe, vorbewußte emotionale Vorgänge, lange zurückliegende Lernprozesse sowie das äußere Umfeld haben einen mindestens ebenso großen Anteil an der seelischen Konstitution eines Menschen.

So ist auch für ein negatives psychisches Befinden ein vielschichtiges

Ursachenbündel verantwortlich. Dazu gehören zum Beispiel erlernte (falsche) Verhaltensweisen, Reaktionen von Außenstehenden, Anforderungen und Belastungen im sozialen und beruflichen Umfeld und nicht zuletzt auch körperlich-organische sowie genetische Faktoren. Diese Faktoren sind durch gedankliche Veränderung nicht oder nur sehr begrenzt zu eliminieren.

»Positives Denken« – eine Wissenschaft?

Differenzierung ist nicht die Sache der Propheten des »positiven Denkens«. Sie verkünden ihre schlichte und alleinseligmachende Wahrheit und ködern labile Gemüter, indem sie ihrer Theorie das Mäntelchen der »Wissenschaftlichkeit« umhängen. Angeblich, so der Esoteriker Joseph Murphy und der Theologe Norman Vincent Peale in trauter Übereinstimmung, handele es sich beim »positiven Denken« um eine wissenschaftliche Methode. Dale Carnegie spricht von »fundamentalen Gesetzen der menschlichen Natur« (2/S.137), die dem »positiven Denken« zugrunde lägen.

Hunderte von Fallbeispielen sollen die Wirksamkeit der Methode beweisen. Doch schon die Auswahl dieser Fälle zeugt von absoluter Unwissenschaftlichkeit. Es werden immer und ausschließlich positive Krankheitsverläufe und Behandlungsergebnisse vorgestellt, getreu dem Motto: »Positives Denken hilft immer!«

Dies aber widerspricht jeder Lebenserfahrung. Und vor allem widerspricht es jeder Erfahrung in der Psychotherapie, ganz gleich, welche Methode angewandt wird. Aufgrund der Komplexität seelischer Vorgänge läßt sich die unumstößliche Behauptung aufstellen, daß es auch mißlungene Versuche geben *muß*, das »positive Denken« anzuwenden. Ganz zu schweigen davon, daß Einzelfälle keine wissenschaftliche Beweiskraft haben.

Es ist eine schlichte Tatsache, daß es viele Menschen gibt, die für längere Zeit, ja möglicherweise für immer psychisch gestört bleiben, obwohl sie den festen Willen haben, an den Ursachen ihrer Probleme zu arbeiten; Tatsache ist es andererseits auch, daß es zum Beispiel Krebskranke gibt, die bis zum letztem Atemzug bewundernswerten Optimismus und Lebenswillen ausstrahlen – und trotzdem an dieser Krankheit sterben; ja, daß es Tausende von Lesern der einschlägigen Literatur gibt, die bei aller Anstrengung, positiv zu denken, nicht den gewünschten Erfolg erzielten, sondern im Gegenteil in der Folge frustrierter waren als je zuvor.

Solche Beispiele von Menschen, die erst durch das »positive Denken« krank, zumindest kränker als vorher geworden sind, werden in diesem Buch vorgestellt. Ich habe mich dabei auf wenige exemplarische Fälle aus der Vielzahl der mir vorliegenden Patientenschicksale beschränkt, die dann im Zuge einer Verhaltenstherapie behandelt werden konnten. Nicht verschwiegen werden soll, daß es natürlich auch gelegentlich Menschen gibt, die so sehr in ihrer Neurose und im Gedankengut des »positiven Denkens« gefangen sind, daß sie zunächst meinerseits nicht erreicht werden können.

Mißerfolge gibt es nicht

Mißerfolg – dieser Begriff paßt nicht in die Ideologie des »positiven Denkens«. Schon durch die Auswahl der Fallbeispiele wird Mißerfolg geleugnet. Selbst wenn alle diese Fälle in ihrem Verlauf der Wahrheit entsprechen sollten (was mehr als fraglich ist), so könnte jeder einzelne Fall auch durch eine in der psychologischen Literatur oft beschriebene Spontanheilung erklärt werden. Das heißt, es gibt durchaus den Fall, daß Störungen nach einer gewissen Zeit verschwinden, ohne daß sie in irgendeiner Weise behandelt wurden. Diese Fälle sind in der Masse der durch psychische Störungen beeinflußten Menschen zwar eine absolute Minderheit (Schätzungen gehen teilweise bis auf 20 Prozent) – wenn man sich aber darauf kapriziert, nur solche Fälle zu suchen und zu berichten, kann man durchaus Bücher damit füllen.

Hinzu aber kommt der Verdacht, daß der schematisch immer gleiche Ablauf der »Heilung« – jemand ist schwer krank bzw. psychisch gestört und arm, befolgt den Rat, positiv zu denken, und wird danach gesund und reich – ganz dem Wunschdenken der Berichterstatter entspricht und in zahlreichen Fällen für die Bücher so »hingebogen« wurde, wie er am besten ins Weltbild paßt.

Eine allgemeine Definition der Kriterien, an denen der Erfolg der Methode zu messen wäre, bleiben die Autoren schuldig, die Wirkung der Methode wird niemals objektiv überprüft. Die in der Psychotherapie (Verhaltenstherapie) üblichen objektivierbaren Erfolgsmessungen wie die Anwendung von Selbstbeurteilungsskalen, physiologische Messungen, Verhaltensbeobachtungen und Rating-Verfahren sind den Autoren offenbar völlig unbekannt. Ebenso wird kein Wert auf Langzeitbeobachtungen gelegt – wohl nicht zuletzt deswegen, weil diese so manche schöne »Erfolgsgeschichte« in Frage gestellt hätten.

Jeder ist seines Glückes Schmied, lautet die Losung der Verkünder des »positiven Denkens«, oder, um mit den Worten von Norman Vincent Peale zu sprechen: »Wer entscheidet über Ihr eigenes Glück oder Unglück? Die Antwort heißt: Sie selbst!« (6/S.55) Und er zitiert einen glücklichen und zufriedenen Greis, der seine Lebensmaxime im Radio folgendermaßen verkündete: »Wenn ich am Morgen aufstehe, habe ich die Wahl zwischen Glücklichsein und Unzufriedenheit. Und was, glauben Sie, wähle ich? Ich wähle das Glück – das ist alles!«

Wenn dem Leser durch die Propheten des »positiven Denkens« suggeriert wird, er könne sich selbst einfach durch eine Änderung seiner Gedanken helfen, so wird dieser einerseits in die Irre geführt, andererseits aber auch für ein Scheitern des Versuchs selbst verantwortlich gemacht.

Doch das ist schlicht Unsinn. Bei so weitreichenden Veränderungen, wie sie die Bücher des »positiven Denkens« versprechen, sind eine individuelle Problemanalyse und ein ebenso individueller Lernprozeß unabdingbar. Dies ist aber für den Leser überhaupt nicht zu leisten, da hierzu nicht nur die Selbstbeurteilung durch den Veränderungswilligen, sondern auch Fremdbeobachtung durch einen Außenstehenden, z.B. einen Therapeuten, sowie meist auch Konfrontationen, Lernübungen und Erfahrungsexperimente nötig sind.

Schmerzhafte Prozesse sind unvermeidlich

Menschen neigen verständlicherweise dazu, Schmerzen zu vermeiden. Veränderung aber, speziell im psychischen Bereich, ist meist ein schmerzhafter Prozeß. Deshalb bedarf es in der Regel der lenkenden Psychotherapie, um wirkungsvolle, eben oft schmerzhafte Maßnahmen ergreifen und damit Veränderungsprozesse einleiten zu können. Der Leser der fraglichen Bücher aber wird dieser Lektüre automatisch nur das entnehmen, was ihm entgegenkommt, was für ihn angenehm ist. So empfinden die meisten Menschen, die diese Bücher lesen, den Inhalt als ausgesprochen logisch, einsichtig, ihnen und ihren Wünschen entgegenkommend, bequem, paradiesisch, heilbringend, entlastend, regelrecht erlösend.

Eine Veränderung der Wahrnehmung und der Gefühle, eine echte Neuorientierung, wird über die Lektüre von Büchern so ohne weiteres in wirklich wesentlichen Lebensbereichen nicht zu erreichen sein. Die Autoren des »positiven Denkens« streben eine so tiefgehende Veränderung auch gar nicht an. Sie gaukeln vor, man könne den einen Zustand (»negatives Denken«) durch einen anderen (»positives Denken«) einfach ersetzen, ohne sich dabei sonderlich anstrengen zu müssen.

Die Anziehungskraft des »positiven Denkens«

Ein Kernproblem des »positiven Denkens« sind bereits dessen Ziele: Die von dieser Methode propagierten Zustände wie ein vollkommen angstfreies Leben, ewige Harmonie, absolute Gesundheit und ein »natürlich zufallender« Reichtum sind sogenannte unreife Ziele. Sie stellen ein Heilsversprechen dar, das vor allem diejenigen Menschen anspricht, die besonders unter ihrem momentanen Zustand leiden. Deshalb dürften die meisten Leser dieser Bücher Personen mit stark belastenden Persönlichkeitsstrukturen oder Lebensbedingungen sein. Nur unreife Menschen können erwarten, solche paradiesischen Zustände wirklich erreichen zu können. Und deshalb trifft auch die Aussage »Positives Denken macht krank« auf den weit überwiegenden Teil der Leser dieser Bücher zu, da sie besonders unkritisch mit den als erstrebenswert dargestellten, tatsächlich aber unerreichbaren Zielen umgehen und sich aus der »Lehre« des »positiven Denkens« heraus immer mehr in ihre unreife Weltsicht verstricken.

Das »positive Denken« verspricht seinen Anhängern die Erfüllung urmenschlicher Sehnsüchte. Trotz oder gerade wegen der immer geringeren Bedeutung, welche die Religion in unserer Gesellschaft hat, sind die Menschen auf der Suche nach paradiesischen Zuständen, und hier gibt es eine sehr irdische Bewegung, die felsenfest von der Erreichbarkeit dieses Zieles auf Erden überzeugt ist.

16

Gerade weil die angestrebten Ziele nichts mit unserer rauhen, als leidvoll erfahrenen Wirklichkeit zu tun haben, üben sie eine so große Faszination aus. Hinzu kommt noch das – durch unzählige »beweiskräftige« Beispiele gestützte Versprechen, daß diese Zustände praktisch ohne großen persönlichen Einsatz erreichbar sind. Die Methode scheint auf den ersten Blick so einfach, daß sie jeder anwenden kann. Man braucht ja »nur« ein wenig anders zu denken...

Im einzelnen werden folgende wesentliche Bedürfnisse des Menschen durch das »positive Denken« angesprochen (aber in Wirklichkeit natürlich nicht befriedigt):

- das Bedürfnis nach unbeschränkter materieller Unabhängigkeit und Freiheit
- das gleichzeitige Bedürfnis nach Halt und Geborgenheit
- das Bedürfnis nach Bequemlichkeit
- das Bedürfnis danach, einer Auseinandersetzung mit sich selbst aus dem Weg gehen zu können
- das Bedürfnis, sich nicht eingestehen zu müssen, daß man Hilfe von außen braucht
- das Bedürfnis nach dem Vergessen aller Verletzungen, die man erlitten hat
- das Bedürfnis nach einer totalen Vereinfachung der Welt
- das Bedürfnis danach, sich aus der realen Welt »ausklinken« zu können
- das spirituelle Bedürfnis nach Heil und Erlösung
- das Bedürfnis, sich selbst eine eigene Welt erschaffen zu können, also:
- das Bedürfnis nach Allmächtigkeit (Allmachtsansprüche), Harmonie und dem Einssein mit dem Universum
- das Bedürfnis nach absolutem Glück
- das Bedürfnis nach dem Schlaraffenland, in dem einem die Tauben gebraten in den Mund fliegen, kurz: nach dem Paradies.

Die neue Denkrichtung erlaubt es, die als bedrohlich empfundene Realität vollkommen auszuklammern. Der einzelne muß sich nicht mit dem vorgegebenen Lebensrahmen zufriedengeben und braucht sich nicht mehr mit der Umwelt auseinanderzusetzen. Anders ausgedrückt: man darf auf der Stufe der psychischen Unreife verharren und braucht nicht erwachsen zu werden.

Reale Bedürfnisse – irreale Versprechungen

Die Ideen des »positiven Denkens« fallen in den westlichen Industriegesellschaften, die ja alle sehr stark von der amerikanischen Lebensart und -philosophie beeinflußt sind, auf fruchtbaren Boden.

Dabei kommen verschiedene Faktoren zusammen:

Da ist zum einen der durch die Massenmedien fast schon in Form von Meinungsterror oktroyierte Perfektionsgedanke, repräsentiert etwa durch den perfekt formulierenden und sich nie verhaspelnden Nachrichtensprecher, durch Sportler, die durch das maschinenhaft verläßliche Hantieren mit dem Tennisschläger Multimillionäre werden, durch Supermodels mit Traummaßen, durch die idealisierten Traumwelten der Filmindustrie bis hin zu den immerwährenden Orgasmen der Protagonisten in diversen Liebesfilmen und Pornostreifen… Gleichzeitig gilt die Ideologie, alles sei machbar und jeder einzelne könne die permanent vorgeführten Idealzustände, bis hin zu unendlichem Reichtum, wirklich erreichen. Der Liberalismusbegriff wird in einer Weise instrumentalisiert, die dem einzelnen vorgaukelt, er sei unendlich frei und brauche keine Rücksicht auf seine sozialen und gesellschaftlichen Bindungen zu nehmen. Eine extreme Individualisierung wird propagiert, die zwangsläufig zur Nabelschau, zur permanenten Beschäftigung mit sich selbst führt.

Die »Anything goes«- und »Don't worry be happy«-Doktrin spiegelt sich folglich im Alltag jedes einzelnen. Im Beruf und im Privatleben herrscht ein ungeheurer Leistungsdruck. Es wird als demütigend empfunden, sich selbst menschliche Schwächen einzugestehen, außer vielleicht in einer therapeutischen Situation. (Dies steht übrigens im Gegensatz zu dem Menschenbild unserer Religionen und früheren Wertvorstellungen: Da war der Mensch von Grund auf sündig, überwiegend fehlerhaft und hatte sich in Demut zu üben!)

Konterkariert werden diese gesellschaftlichen Anforderungen und Ideale aber durch ganz reale Erfahrungen. Gesundheit als oberstes Ziel ist auch durch die moderne Medizin keineswegs ein Allgemeingut geworden – nach wie vor ist das Leben durch Krankheit und Siechtum – Stichworte Krebs, Aids, Herzinfarkt – gefährdet. In der Arbeitswelt führt immerwährender Zwang zum Funktionieren zu Frust und oft zum Zusammenbruch, der Mensch fühlt sich fremdbestimmt, sozialer Abstieg, Arbeitslosigkeit drohen, die Konkurrenzsituation mit Hunderten von gleichwertigen Mitbewerbern sorg für dauerhaften Streß und führt zum Egoismus als vermeintlich einziger Überlebensstrategie.

In diesem Spannungsfeld und mit dem unbewußten Wissen darum, daß man aus der eigenen, realen Situation nur durch ein Wunder die in den Medien vorgegaukelte Scheinwelt der Reichen, Schönen und Perfekten erreichen wird, gewinnen Heilslehren wie das »positive Denken« zwangsläufig an Bedeutung: Denn sie versprechen genau dieses Wunder: Sie versprechen ein letztes Reservoir an Freiheit in einer durch übermäßige Selbstkontrolle und Selbstdisziplin als unfrei empfundenen Gesellschaft.

Ein »gesunder« Optimismus – was ist das?

Aber braucht der Mensch nicht eine gewisse Portion Optimismus, um im Leben bestehen zu können? Ist also der Ansatz des »positiven Denkens« vielleicht doch gar nicht so schlecht, und besteht das Übel nur in seinem totalitären Anspruch?

Diese Frage ist sicherlich nicht allgemein zu beantworten. Das Wohlbefinden des einzelnen ist eine ausgesprochen individuelle Angelegenheit. Es gibt keine allgemeingültigen Aussagen darüber, welches Quantum Optimismus einen auf Dauer gelungenen Lebensvollzug ermöglicht. Tatsächlich gibt es auch Lebensentwürfe, die mit relativ wenig Optimismus auskommen und trotzdem subjektiv als gelungen empfunden werden.

Hinzu kommt, daß falscher Optimismus mehr schaden als nutzen kann. Viele Menschen haben sich mit naivem oder auch aufgesetztem Optimismus, einer »Es-wird-schon-gutgehen-Mentalität«, in den Ruin gestürzt. Das Leben ist gefährlich, und wir haben tatsächlich einiges, im Extremfall sogar die gesamte Existenz, zu verlieren, wenn wir Situationen falsch einschätzen und falsche Entscheidungen treffen.

Aus psychotherapeutischer Sicht ist es keine Frage, daß ein Mensch mit einem gesunden Urvertrauen in die Welt, mit einer gewissen optimistischen Grundhaltung eine höhere Wahrscheinlichkeit für die Entwicklung und das Aufrechterhalten psychischer Gesundheit mitbringt. Diese Haltung hat aber ihre Grundlage in seiner individuellen Entwicklung und kann nicht einfach übergestülpt werden.

Optimismus ist jedoch für sich allein nicht unbedingt ein unbezweifelbares und über alles erhabenes Gut. Nur ein situativ und fähigkeitsbezogen berechtigter, realistischer und damit produktiver Optimismus, der sich von reinem Zweckoptimismus absetzt, kann von Nutzen sein.

[Wichtig ist es, eine gesunde Balance zu finden zwischen optimistischer, der Zukunft zugewandter Einstellung und vorsichtigem, kritischem Herangehen an die Lebensaufgaben. Die Balance muß jeder für sich selbst finden. Sie entscheidet darüber, ob unser Leben gelingt. Sicher ist nur: Wird eine der beiden Komponenten zu sehr überbetont – etwa durch euphorische Erwartungen oder im Gegensatz dazu beispielsweise durch zwanghaften Pessimismus und Mutlosigkeit –, so ist sicher eine Störung des produktiven Lebensvollzugs in der Persönlichkeitsstruktur angelegt, die auch für die menschliche Umgebung große Belastungen bedeuten kann.]

Wieviel Selbsthilfe ist möglich?

Natürlich soll mit der Kritik an Methoden wie dem »positiven Denken« und mit der Empfehlung, bei ernsthaften Störungen lieber eine seriöse Psychotherapie zu beginnen, nicht behauptet werden, es sei generell unmöglich, sich in schwierigen Lebenslagen selbst zu helfen. Es ist allerdings nur begrenzt möglich und auf jeden Fall mühsam, d.h. es bedeutet richtige Anstrengung und »Arbeit«.

Natürlich gibt es Menschen, die aufgrund ihrer Entwicklung sehr gute Selbsthilfemöglichkeiten haben und die mit entsprechenden Bewältigungsstrategien zum erwünschten Ergebnis kommen. Je nach Schwere der Problematik aber kann diese Fähigkeit immer geringer werden und schlimmstenfalls auch bei diesen Menschen bis gegen Null gehen.

Hier muß man sich genauer ansehen, um welche Veränderungsprozesse es sich handelt und welche Ausgangsposition der einzelne hat. Vereinfachend kann gesagt werden, daß im pathologischen Bereich Selbsthilfe eher selten zum Erfolg führt und daß auch bei »kleineren« Störungen eine Hilfe von außen (es muß ja nicht der Therapeut, sondern kann z.B. auch ein guter Freund sein), wenn auch nicht unabdingbar, so doch zumindest häufig effektiver ist. Die Grenzen der »Selbsttherapie« ergeben sich aus der Tatsache, daß niemand und erst recht nicht jemand, der unter einer psychischen Störung leidet, sich selbst objektiv beurteilen kann und daß viele psychische Prozesse automatisch und unbewußt ablaufen. Hinzu kommt, daß das Wissen um die psychischen Grundstrukturen des Menschen und die daraus entwickelten Behandlungsstrategien der Psychotherapie keineswegs Allgemeingut sind. Und selbst wenn es so wäre, so wäre damit die Befähigung zur erfolgversprechenden Anwendung und Nutzung noch lange nicht gewährleistet.

Das Problem fängt bereits bei der Frage an, inwieweit das einzelne Individuum sich selber sinnvolle, d.h. reife Veränderungsziele setzen kann. Viele Menschen neigen ja – nicht zuletzt aufgrund des gesellschaftlichen Umfeldes – dazu, Maximalforderungen und Idealvorstellungen verwirklichen zu wollen. Da ist dann ein Scheitern vorprogrammiert, da Frustrationen unausweichlich sind.

Diffuse Schlagworte

Genauso problematisch wie die oft zu beobachtende Neigung, alle Veränderungsprozesse an der eigenen Persönlichkeit aus der Hand geben und quasi an einen Therapeuten delegieren zu wollen, ist der Gedanke, Veränderungen nur aus sich selbst heraus bewirken zu wollen. Der Mensch braucht im Entwicklungsprozeß die Interaktion und die Kommunikation mit der Umgebung. Er ist – von Geburt an – ein letztlich von anderen abhängiges Wesen.

Wenn also Methoden wie das »positive Denken« ausschließlich auf die »Selbstheilungskräfte« oder die »Selbstmotivation« des Menschen bauen, dann bedienen sie sich positiv besetzter Schlagworte, die inhaltlich diffus sind.

Diese Begriffe nehmen in der sogenannten »Alternativen Medizin« einen vorderen Rang ein – gerade deshalb, weil sie so schwer zu definieren sind. Sie entziehen sich jeglicher wissenschaftlichen Greifbarkeit, und so gibt es auch für die »selbstheilenden Kräfte«, die im Menschen wohnen sollen, keine stichhaltigen Beweise. Niemand hat diese Kräfte bisher konkret sehen oder gar bei der Arbeit beobachten können. Selbst wenn man davon ausgeht, daß an solchen Phänomenen letztlich etwas dran ist, so können diese Kräfte mit

Sicherheit nicht zur Erreichung so unreifer Ziele, wie sie das »positive Denken« anbietet, beitragen.

Von ähnlicher Qualität ist ein Begriff wie »ganzheitliches Heilen«, der im Moment in jedem zweiten Gesundheitsratgeber auftaucht. Zum einen spricht man weder in der Medizin noch in der Psychologie gern von »Heilen«. Der erfahrene Arzt oder Therapeut weiß, daß er lange nicht immer vollkommen heilen, sondern in vielen Fällen nur *helfen* kann. Viele ernste Krankheitsbilder entziehen sich ja auch in der heutigen Zeit noch der Heilung im Sinne einer Wiederherstellung völliger körperlicher oder seelischer Gesundheit (denken wir an Diabetes, Neurodermitis, Krebs, Psychosen oder an viele andere chronische Krankheiten).

Auch unter »ganzheitlich« wird oft reichlich Diffuses verstanden. Ein bißchen Psychologie, ein bißchen (Natur-)Medizin und leider oft ein dilettantisches Fachwissen sowohl in der einen als auch in der anderen Fachrichtung erscheint mir bei »ganzheitlichem Heilen« leider nicht selten die Mischung, aus der wenig Heil erwächst...

Eine totalitäre Methode

Das »positive Denken« ist eine ausgesprochen totalitäre Methode, die den Menschen in die Verkrampfung führt, weil er sich einem Motto unterwerfen soll, das nicht zu realisieren ist. Es handelt sich hier um die Diktatur des optimistischen Denkens, um die Diktatur der Ideale und des Erfolgs, des Reichtums, der Schönheit und des Könnens, des Gewinnens, des Gutseinmüssens – hier haben wir eine Welt, wie George Orwell sie beschrieben hat, vor Augen.

So wie uns die verschiedenen Religionen über Jahrhunderte ihre Weltsicht aufdrücken wollten und dabei Millionen von Menschen ins Unglück stürzten, so sind es heute esoterische Lehren wie die des »positiven Denkens«, die mit Hilfe einer Schmalspurpsychologie als Religion des Erfolgs und der dauerhaften Harmonie, als Religion des Reichtums und der absoluten Glückswerte auftreten und Unheil stiften.

Die einzigen, die von dieser Methode profitieren, sind die Propheten und ihre propagandistischen Nachahmer selbst, indem sie Millionen-Honorare für die von gutgläubigen Zeitgenossen gekauften Bücher kassierten und kassieren, indem sie unzählige Seminare und Vorträge gegen Cash abhalten.

Die Alternative heißt Psychotherapie

Der Erfolg bei der Behandlung psychischer Probleme kommt über die richtige Methode, nicht über den Glauben. Wenn Joseph Murphy behauptet, jedem Heilprozeß liege eine »bestimmte, positive Einstellung zugrunde, eben jene innere Haltung oder Denkweise, die wir als ›Glauben‹ bezeichnen« (4/S.66), so stelle ich dem folgendes entgegen:

Ich habe in meiner psychotherapeutischen Praxis sehr viele Patienten behandelt, die überhaupt keine zuversichtliche Erwartungshaltung an die Therapie hatten, ja die sogar sehr negativ eingestellt waren. Dennoch konnte ich ihnen mit meinen verhaltenstherapeutischen Methoden helfen und die Therapie erfolgreich abschließen.

Gerade in der Psychologie und Psychotherapie ist das Wissen um die richtige Methode wichtigste Arbeitsgrundlage. Deshalb sollte sich in diesem Bereich auch nicht jeder unausgebildete »Pseudo-Therapeut« tummeln. Nur wer eine fundierte therapeutische Ausbildung hat, kann verantwortlich mit Patienten arbeiten. Die wissenschaftliche Psychologie baut – im Gegensatz zu der diffusen Lehre des »positiven Denkens« – auf experimentell untersuchte Wirkmechanismen und Gesetzmäßigkeiten, die allerdings meist hoch differenziert sind und die auch ohne Glauben ihre Wirkung haben.

Das haben in seriösen Therapien sehr viele Menschen erfahren, und das sollte auch denen Mut machen, die eigentlich nicht an eine Veränderung durch psychotherapeutische Behandlung glauben oder sogar Angst davor haben und bisher lieber den bequemen Weg der Vermeidung einer solchen Therapie durch das Lesen von Büchern des »positiven Denkens« gingen.

Zusammenfassung

Die Lehre vom »positiven Denken« definiert sich über die unreifen Ziele immerwährenden Glücks, immerwährender Harmonie und Gesundheit sowie immerwährenden Reichtums. Dieses Heilsversprechen spricht besonders Menschen mit psychischen Problemen an, die durch die unweigerlich eintretenden Frustrationen und falschen Zielvorgaben noch weiter in ihre Krankheit getrieben werden. Für alle, die sich selbst und im Gespräch mit Freunden nicht helfen können, ist eine auf wissenschaftlicher, empirischer Grundlage fußende Psychotherapie ein realistischer Ausweg.

1. Fallbeispiel: 167 kg durch »In-sich-Hineinfressen«

Die 28jährige Arzthelferin Bettina Schäfer (Name geändert) litt an ausgeprägtem Übergewicht (167 kg bei 1,65 m Körpergröße) und hieraus resultierenden Selbstwertproblemen. Zusätzlich hatte sie extreme Ängste vor Menschen und speziell vor Männern.

Sie verletzte sich zwanghaft immer wieder selbst. Sie kratzte sich mit einer Schere oder einem Kugelschreiber die Haut auf und bohrte sich teilweise richtige Löcher in die Armmuskulatur.

Zu Beginn der Psychotherapie berichtete sie von ausgeprägten Depressionen, die mit ihrer Gesamtsituation zusammenhingen und bis zu Selbstmordideen gingen. Oft stellte sie sich auf eine Brücke in ihrer Heimatstadt und verspürte den Impuls, dort herunterzuspringen.

Bettina Schäfer litt bereits in ihrer Pubertät unter starkem Übergewicht und begann im Alter von 20 Jahren, als sie etwa einhundert Kilo wog, mit der Lektüre von Büchern über das »positive Denken«. Speziell beschäftigte sie sich mit Dale Carnegies »Sorge dich nicht, lebe!« und »Wie man Freunde gewinnt«.

Die in diesen Büchern ausgedrückte Aufforderung, sich anzupassen, der Harmonie nachzustreben und Probleme zu verdrängen, taten der Patientin in den ersten drei Monaten auch ausgesprochen gut. Allabendlich nach ihrer beruflichen Tätigkeit studierte sie diese Bücher und versuchte die Übungen nachzuvollziehen. Hatte sie ansonsten Probleme mit ihrem Übergewicht und war im Alltag eher schüchtern, so fühlte sie sich bei der Lektüre ausgesprochen gut.

Bettina Schäfer entwickelte eine ziemliche Zuversicht, wie dies in den Büchern auch immer wieder beschrieben wird. Am Arbeitsplatz paßte sie sich noch mehr an; in der Familie widersprach sie fast kaum noch ihren Eltern und ihren Geschwistern. Wenn sie überhaupt mal unterwegs war – was immer seltener vorkam –, versuchte sie auch in der Freizeit ihr ohnehin vorhandenes Harmoniestreben noch zu verstärken. Selbst Beleidigungen wie die Anrede »Du dicke Kuh« nahm sie nett und freundlich hin.

Die Hoffnung, durch die Bücher des »positiven Denkens« von ihrem Gewicht herunterzukommen, erfüllte sich nicht. Im Gegenteil: In dieser Zeit fraß sie (ohne daß sie es selber merkte) immer mehr in sich hinein. Die Haltung, alles auf sich zukommen zu lassen, nach dem inneren Gefühl zu gehen, wirkte sich kontraproduktiv aus. Zwar holte sie die Bücher immer wieder hervor, lernte sie, wie es die Autoren verlangten, nahezu auswendig und sprach sich immer wieder Formeln vor – aber ihr Körpergewicht und mit ihm ihr Unwohlsein wuchs und wuchs.

Bettina Schäfer zog sich immer mehr auf sich zurück, ihre Kontakte brach sie bis auf einige wenige ab. Dennoch lernte sie in dieser Zeit, als sie schon 140 kg wog, einen jungen Mann kennen, der auch leicht korpulent war. Diese Beziehung gab ihr Auftrieb, denn der junge Mann akzeptierte sie anfänglich und ging auch mit ihr in Restaurants, Kneipen, Diskotheken und zum Einkaufen.

Sie sah die Ursache für diese erfreuliche Entwicklung im »positiven Denken«, das ihr letztlich geholfen habe. Anscheinend sah der junge Mann nicht nach Äußerlichkeiten, sondern nach ihren inneren Qualitäten.

Nach etwa drei Monaten aber kam der junge Mann des öfteren abends alkoholisiert zu ihr. Wenn er dann in der Wohnung war, begann er, Bettina böse zu beschimpfen, wobei Ausdrücke wie »fette Sau«, »blöde, dicke Kuh« und ähnliche fielen. Gleichzeitig verlangte er von ihr Sex, was sie aber aufgrund der Beschimpfungen und der Alkoholisierung des Partners widerlich fand.

Bettina Schäfer wurde dann über Monate nicht nur geschlagen, sondern auch mehrfach vergewaltigt. Sie erlebte dies natürlich als schlimmes Trauma, gleichzeitig aber klammerte sie sich immer noch an die Hoffnung, sie bräuchte nur positiv zu denken, sie bräuchte nur lieb und nett zu sein zu diesem Mann, dann komme schon alles wieder ins Lot.

Jedenfalls war die junge Frau schwer aggressionsgehemmt, was einerseits ihrer Natur entsprang, andererseits durch die Lektüre der einschlägigen Literatur verschlimmert wurde, die sie jetzt noch intensiver verschlang. Sie fiel nach eigener Aussage abends geradezu über die Bücher her, suchte in ihnen Trost und Hilfe und glaubte der Aussage der Autoren, daß das »positive Denken« eine psychotherapeutische Methode sei. Durch das propagierte Ziel – Harmonie um jeden Preis – war sie nie in der Lage, sich gegenüber dem Mann zu wehren, und ließ sich mißhandeln.

Zu ihrem Glück vertraute sie sich irgendwann ihren Eltern an, die dann einschritten. Sie ließen das Schloß zur Wohnung der Frau auswechseln, damit der ehemalige »Partner« nicht mehr hineinkonnte, und zeigten ihn dann auch bei der Polizei an.

Zwar bedrohte er Bettina Schäfer noch wochenlang, indem er immer wieder vor der Wohnung auftauchte, aber schließlich gab er dann auf.

Aus diesem Erlebnis heraus entwickelte die junge Frau noch einmal einen erneuten Eßschub und kam auf 167 kg Körpergewicht, vor allem aber wurde sie jetzt von richtiggehenden Panikstörungen mit Todesängsten heimgesucht. Sie sah nachts und manchmal auch in Tagträumen die Vergewaltigungsszenen vor dem geistigen Auge.

Das »positive Denken« hat bei dieser Frau nicht nur zur Gewichtzunahme erheblich beigetragen, denn bis zum Beginn der Lektüre hatte sie jahrelang ein Gewicht von hundert Kilo gehalten. Auch alle anderen Konflikte – bis auf die Unzufriedenheit mit dem Gewicht – traten verstärkt erst mit der Lektüre der Bücher von Carnegie & Co. auf. Das übertriebene Harmoniestreben und Vermeidungsverhalten stellte sich erst durch diese Literatur ein, und auch ihr Verhalten gegenüber dem alkoholisierten Partner wurde stark durch die Bücher zum »positiven Denken« beeinflußt.

Mag auch eine Tendenz zu all diesen Verhaltensweisen schon vorher in ihr vorhanden gewesen sein, so wurde diese doch durch das »positive Denken« erst richtig gefördert und zum Problem. Als ich sie später fragte, warum sie sich denn nie gegenüber ihrem Partner gewehrt habe, antwortete sie, daß sie schon Aggressionen verspürt, diese aber unterdrückt habe, weil sie in den Büchern immer wieder gelesen hatte, daß man statt dessen Harmonie ausstrahlen solle. So habe sie sich den Satz von Dale Carnegie, beim Streiten könne man immer nur verlieren, weswegen man ihn vermeiden solle, immer wieder eingeprägt. Außerdem habe sie gehofft, daß sie mit ihrer positiven Ausstrahlung auch in ihrem Freund Harmonie und Liebesgefühle auslösen werde.

Geradezu zwangsläufig entstanden bei Bettina Schäfer aus dieser Fehlentwicklung schwerste Depressionen und der Hang zur Selbstverletzung. Der Weg in eine wirksame Psychotherapie war ihr aber lange Zeit durch die Fixierung auf das »positive Denken« versperrt.

Als sie diese Therapie schließlich in Angriff nahm, war eine ganze Fülle von Störungen zu behandeln. Zunächst widmeten wir uns den Panikstörungen, weil diese das Leben der Frau am meisten einschränkten und bereits zu Krankenhausaufenthalten geführt hatten. Es dauerte mehrere Monate, bis diese Panikstörungen nachließen und schließlich verschwanden. Im zweiten Schritt mußte die Patientin lernen, ihre schweren Depressionen zu bewältigen und ihre Aggressionen zu akzeptieren und auszudrücken. Schließlich mußte sie sich selber in ihrer Gewichtsproblematik annehmen und daran arbeiten. Hilfreich war dabei vor allem eine Gruppentherapie sowie ein Verhaltenstraining zur Gewichtsreduktion.

Nach etwa anderthalb Jahren konnte Bettina Schäfer ihre Psychotherapie abschließen. Sie wog damals etwa 110 kg. Später konnte sie ihr Gewicht in einer verhaltensmedizinisch ausgerichteten Klinik noch weiter reduzieren. Durch eine Freundin lernte sie einen Mann kennen, mit dem sie in insgesamt guter Beziehung eine Familie mit drei eigenen Kindern hat.

Natürlich gibt es auch in ihrem Leben weiterhin Höhen und Tiefen – das Leben ist eben keine Einbahnstraße! Doch Bettina vermag diese zunehmend besser psychisch zu bewältigen.

Die Propheten des »positiven Denkens«: Missionare mit Schreibwut

Die Idee, das »positive Denken« als Lehre für privaten und beruflichen Erfolg zu instrumentalisieren, kommt aus den USA. Skeptische Beobachter sehen dies vor dem Hintergrund der besonderen, für europäische Augen häufig naiv wirkenden Begeisterungsfähigkeit vieler US-Amerikaner für klare Formeln, einfache Rezepte, lineare Lebenswege. Der Erfolg der »positiven Missionare« auch außerhalb der Neuen Welt hängt mit der bis heute ungebrochenen Faszination des »American way of life« zusammen.

Bei aller Unterschiedlichkeit der Herkunft und des beruflichen Backgrounds – Joseph Murphy, Norman Vincent Peale und Dale Carnegie, die Hauptvertreter des »positiven Denkens« eint ein naiver Wunderglaube, eine erstaunliche Geschäftstüchtigkeit und eine ungeheure Schreibwut. Ihre Werke (und deren Auflagen) sind kaum noch zu zählen.

Und wenn auch die Ansätze unterschiedlich sind – bei Peale gibt es einen religiösen Hintergrund, bei Murphy einen esoterischen und bei Carnegie einen eher pragmatisch auf die Karriere bezogenen –, so kann man doch davon ausgehen, daß die Werke hauptsächlich von derselben Klientel konsumiert werden. Zumal marketingstrategisch hierzulande alles dafür getan wird, die ursprünglich für Verkäufer gedachten Carnegie-Strategien als allgemein anwendbar hinzustellen. (Eine Krankenschwester erzählte mir: »Das Buch ›Sorge dich nicht, lebe!‹ liegt bei uns im Krankenhaus auf jedem zweiten Nachttisch.«)

Daß ich neben den genannten drei Amerikanern auch das Werk von Erhard F. Freitag vorstelle, liegt daran, daß dieser Autor in zweifacher Hinsicht interessant ist: Zum einen ist er der nach Buchauflagen wohl erfolgreichste deutsche Vertreter dieser Denkrichtung. Zum anderen ist er als bierernster, hundertfünfzigprozentiger Apologet seines Lehrers Joseph Murphy das personifizierte Dilemma, in dem diese Methode steckt: Freitag ist so überzeugt vom »positiven Denken«, daß seine Aussagen überwiegend verkrampft und lächerlich wirken. Ein lebender Beweis dafür, daß es mit den gepriesenen Auswirkungen des »positiven Denkens« nicht weit her sein kann ...

Joseph Murphy – ein Esoteriker von hohen Gnaden

Joseph Murphy, Doktor der Religionswissenschaften, der Philosophie und beider Rechte (Verlagswerbung), gilt neben Norman Vincent Peale als der eigentliche Begründer der Schule des »positiven Denkens«. Der 1981 in Kalifornien im gesegneten Alter von 83 Jahren gestorbene Autor hinterließ ein umfangreiches Werk. In Deutschland sind derzeit gut fünfzig Titel von ihm zu beziehen – gebundene Bücher, Taschenbücher, Sonderausgaben sowie Hörkassetten. Auch Audiosuggestionskassetten kann die gläubige Gemeinde erstehen und sich damit die vermeintlich »angewandte Psychologie« (wieder Verlagswerbung) ins Haus holen. Daneben gibt es auch Kurse, in denen ein »Dr. Joseph Murphy e.V.« die Lehren des Meisters weitergibt. Die Kunden für diese Seminare werden meines Wissens teilweise bei kostenlosen Informationsabenden in Hotels geködert.

Keine Frage, bei Joseph Murphy, pardon: Dr. Joseph Murphy, haben wir es mit einem Esoteriker von hohen Gnaden zu tun. Dabei spielt der auf allen Verkaufsmedien mit abgedruckte Doktortitel eine wichtige Rolle. Den Autorennamen auf und in Büchern mit seinem akademischen Titel zu versehen ist nämlich sonst nur in wissenschaftlichen Fachpublikationen üblich – und genau dieser Eindruck soll hier erweckt werden: daß es sich bei dem Gedankengebäude Murphys um pure Wissenschaft handelt.

Welcher Art diese Wissenschaft ist, kann der geneigte Leser schon im Klappentext des Hauptwerkes »Die Macht Ihres Unterbewußtseins« lesen: Dort wird der »Tatsachenbericht« einer Tochter angekündigt, die die Koronarthrombose ihrer Mutter über fünftausend Kilometer hinweg mit »der Macht wissenschaftlich fundierten Betens« heilte ...

Die Phantasie als wissenschaftliche Methode

Im Buch wird dann behauptet, das Unterbewußtsein des Menschen besitze die »Gabe des Hellsehens und Hellhörens« (4/S.34), d.h. übersinnliche Kräfte, die allen physikalischen Gesetzen widersprechen: »Der subjektive Geist«, so Murphy, »kann den menschlichen Körper verlassen, sich in fremde Länder begeben und mit äußerst genauen und unbedingt zutreffenden Informationen wiederkehren. Mit Hilfe derselben geistigen Kräfte können Sie die Gedanken anderer lesen, den Inhalt versiegelter Schreiben wissen und einen Blick in verschlossene Safes werfen« (ebd.).

So etwas ist beileibe nicht etwa eine Frage der Behauptung, die wir einfach so hinnehmen müßten – Joseph Murphy nämlich führt eine neue Kategorie von Beweisen in die Wissenschaft ein: »...eidesstattliche Erklärungen verbürgen die Wirksamkeit des Gebets.« (4/S.16)

Auch an anderer Stelle zeigt sich Murphys ausgesprochen eigenartiges Wissenschaftsverständnis: Da spricht er vom »wissenschaftlichen, *das heißt* gezielten Einsatz der Phantasie« (Hervorh. d. d. Verf.), durch den er unheilbare Krankheiten besiegen und andere unglaubliche Dinge vollbringen könne (4/S.56).

Gepflegtes Halbwissen

Unbefangen referiert Joseph Murphy medizinische und neuromedizinische Weisheiten und offenbart dabei gelegentlich durchaus ein gepflegtes Halbwissen. Letztlich aber liegt er immer einen Tick (oft auch völlig) daneben, und man wundert sich, warum solche Aussagen auch in der x-ten Auflage seiner Bücher immer noch weitertransportiert werden. So behauptet er zum Beispiel in »Die Macht Ihres Unterbewußtseins«, daß sich die Wechselwirkung zwischen Geist und Körper »sehr vereinfacht« folgendermaßen darstellen ließe: »Das Bewußtsein faßt einen Gedanken, der im zerebrospinalen Nervensystem eine entsprechende Schwingung auslöst. Diese läßt ihrerseits einen ähnlichen Stromimpuls im unbewußten Nervensystem entstehen, wodurch der betreffende Gedanke dem Unterbewußtsein – und damit dem eigentlich schöpferischen Medium – übertragen wird.« (4/S.99)

Das liest sich für den Laien sicher ganz gut und beeindruckend, stimmt aber so nicht. Das Bewußtsein nämlich faßt keinen Gedanken, sondern baut auf das gesamte Nervensystem des jeweiligen menschlichen Organismus auf und ist gesteuert von Erlebnissen und Reizen, die auch von außen kommen, von Gefühlen, Gedanken und Gedächtnisinhalten aufgrund der eigenen Lebensgeschichte und vielem anderen mehr – und das alles zusammen kann sich dann auch in Form von psychovegetativen Reaktionen auswirken.

Doch Murphy braucht eine pseudowissenschaftliche Beweiskette, um zu der abstrusen und wissenschaftlich unhaltbaren Behauptung vorzustoßen: »Jeder von Ihrem Bewußtsein als zutreffend betrachteter Gedanke wird von Ihrem Gehirn an das Sonnengeflecht (Solarplexus), also an die Zentrale des Unterbewußtseins weitergeleitet, welches dann dafür sorgt, daß die entsprechende Vorstellung als körperliche Reaktion oder als Ereignis bzw. Umweltbedingung realisiert wird.« (4/S.99)

Naturwissenschaftliche Gesetze?

Murphy wird nicht müde, auf seine akademische Herkunft zu verweisen. An unzähligen Stellen in seinen Publikationen taucht dieser Hinweis auf. Als »früherer Chemiker« erklärt er das Unterbewußtsein mit naturwissenschaftlichen Gesetzen: »Es wäre völlig irrig anzunehmen, die Grundgesetze der Chemie, Physik und Mathematik unterschieden sich in irgendeiner Weise von jenen des Unterbewußtseins.« Ähnlich, wie naturwissenschaftliche Gesetze allgemeingültig seien, so handele es sich auch bei dem Unterbewußtsein um ein »universelles Prinzip«, das immer nach demselben »Gesetz des Glaubens« wirke. »Ihr Gebet wird erhört, weil es sich bei dem Unterbewußtsein um ein universelles Prinzip handelt ... « (4/S.22)

Dieses »universelle Prinzip« könne man gezielt zur Bewältigung aller Lebenslagen einsetzen: »Wenn Sie sich in den Wäldern verirrt haben«, schreibt Murphy, »und auch nicht die leiseste Ahnung haben, wo der Nordstern ist – also überhaupt keinen Richtungssinn besitzen, dann seien Sie sich bewußt, daß die schöpferische Intelligenz zu Ihrem Unterbewußtsein das ganze Universum mitsamt allem, was es enthält, erschaffen hat und ganz bestimmt keines Kompasses bedarf, um Sie dort herauszuholen.« (5/S.75)

Als Beleg für die Kräfte des Unterbewußtseins hat Murphy eine Bibelstelle parat, Markus 11,23: »Wahrlich, ich sage Euch: Der zu diesem Berge sagt: ›Heb Dich hinweg und stürze Dich ins Meer!‹ und nicht zweifelt in seinem Herzen, sondern glaubt, daß alles geschieht, was er da sagt, dem wird es geschehen.« (ebd.)

So vermengt Murphy in seinen Büchern Erkenntnisse der Naturwissenschaft, der Religion, der Psychologie, der Psychotherapie und der Medizin mit Bibelexegese, um daraus seine eigene höhere Wahrheit zu mixen.

Verkaufserfolg = Qualitätsbeweis?

Knapp zwei Millionen Käufer fand »Die Macht Ihres Unterbewußtseins« allein in Deutschland bisher, für den kritischen Leser ein nachdenklich machendes Anzeichen dafür, wie viele Menschen den märchenhaften Zielen des »positiven Denkens« (»Ein wundervolles neues Leben geistigen Reichtums und materiellen Wohlstandes, ein Leben voll jugendlicher Kraft und innerem Frieden, voll Liebe und geistigen Eingebungen«, Verlagswerbung) nachstreben und hoffen, diese durch die Lektüre von Büchern erreichen zu können.

Letzteres wird ihnen vom Autor persönlich versprochen. Die Schilderung seiner Technik werde »zweifellos jeden Leser« (4/S.15) veranlassen, »sich vertrauensvoll jener unendlichen, heilenden Macht anzuvertrauen, die im tiefsten Seelengrund jedes Menschen« (ebd.) wohne. Er sei des »unerschütterlichen Glaubens, daß die Lektüre dieser Seiten einen Wendepunkt in Ihrem Leben darstellen kann und wird« (ebd.), und er bescheinigt seinem Werk den »außerordentlichen Wert eines stets verfügbaren und in jeder Lebenslage unbedingt zuverlässigen Ratgebers«. (4/S.17)

Murphy ist mit Sicherheit ein großer Redner gewesen, der seine Zuhörer begeistern konnte. In unzähligen Vorträgen, oft vor Tausenden von Leuten, gab er seine Lehre weiter. Wie er damals gewirkt hat, kann man anhand der Suggestionskraft seiner Sprache auch in seinen Büchern teilweise nachvollziehen.

Wer einmal eine Sendung mit einem amerikanischen TV-Prediger gesehen hat und dabei sah, welche Wirkung dessen teils rhetorische, teils pathetische Vortragsweise auf die Massen hat, kann sich bei der Lektüre der Murphyschen Werke sehr wohl ähnliche Szenarien vorstellen. Welcher Zuhörer, wenn er einmal im Taumel ist, hört es nicht gern, wenn ihm ein Redner das Blaue vom Himmel verspricht: »Unermeßlicher Reichtum umgibt Sie, sobald Sie das Auge Ihres Geistes nach innen richten und dort die unerschöpfliche Schatzkammer entdecken. Ihre Seele birgt eine Goldader, deren Erschließung Ihnen alles bieten wird, was Sie von einem glücküberstrahlten Leben des Überflusses erwarten.« (4/S.19)

Eigenwillige Gebete oder
Die Instrumentalisierung des Glaubens

Eine ständig wiederkehrende Formel in den Anleitungen des studierten Theologen Joseph Murphy ist der Begriff »Gebet«. Bei Murphy spricht der Mensch im Gebet mit seinem Unbewußten, gibt sich selbst Suggestionen, die seine im Inneren verborgenen Kräfte anregen sollen (er spricht auch von »Gebetstherapie«), und gibt diesem Wort damit eine vollkommen neue und eigenwillige Bedeutung.

Im traditionellen religiösen und theologischen Sinne nämlich ist das Gebet ein Gespräch mit Gott, dem man seine Nöte schildert und den man um Erlösung bittet. Bei Murphy wird das »Gebet« zu einem Befehl an das Unterbewußtsein, Wunderdinge zu tun.

Ähnlich vergewaltigt Murphy den Begriff Glauben: Bei ihm wird der »Glaube« zum Selbstzweck, um alles im Leben erreichen zu können: »Es ist nicht etwa entscheidend, was Sie glauben, sondern *daß* Sie es glauben.« Die Verwirklichung ist dann laut Murphy nur noch eine Frage der Zeit.

Wer auf diese Weise alles neu definiert und besser weiß als andere, der kommt letztlich dazu, sich auch über alle anderen zu erheben und selbst zum Propheten der ewigen Wahrheiten zu werden. »Die großen ewigen Wahrheiten und Prinzipien des Lebens«, die Joseph Murphy gefunden haben will und uns in »Die Macht Ihres Unterbewußtseins« darlegt, »sind älter als alle Relgionen«. (4/S.18) Er, Murphy, legt dem Leser »eine wunderwirkende, magische, alles verwandelnde Kraft« in die Hände, »die alle vom Leben geschlagenen Wunden des Geistes und des Körpers heilt, die die angstgequälte Seele trösten und Sie für immer vom Druck der Armut, des Mißerfolgs, des Elends, des Mangels und der Enttäuschung befreien wird«. (ebd.)

Kurz: durch Murphys Weisheit wird der Leser Herr seines eigenen Schicksals.

Entgegen aller Lebenserfahrung

Verblüffend ist, daß Joseph Murphy ständig gegen alle Lebenserfahrungen argumentieren kann, offenbar ohne daß dies seine gläubigen Leser stört. So prophezeit er zum Beispiel denjenigen, die sich (vielleicht ja realistischerweise?) stets von neuem sagen: »Ich kann mir den Wagen, die Europareise, das Haus, den Pelzmantel, die Nerzstola usw. nicht leisten«, daß ihr Unterbewußtsein dies als Negativbefehl auffasse und sie deshalb ihr ganzes Leben lang auf die Erfüllung dieser Wünsche verzichten müßten... (4/S.27) Daß es Tausende, ja wohl Millionen von Menschen gibt, die dadurch in den Ruin getrieben wurden, daß sie sich Wünsche erfüllten, die sie sich *tatsächlich* nicht leisten konnten (und die dann später an der Last der Kredite zugrunde gingen), klammert Murphy aus.

Als Beispiel für solche Wunscherfüllungen führt er die rührende Geschichte einer jungen Studentin an, die vor Weihnachten eine elegante, teure Reisetasche im Schaufenster sah und traurig daran dachte, daß sie sich die Tasche nicht leisten könne. Dann aber vertrieb sie die negativen Gedanken und befahl ihrem Unterbewußtsein: »Diese Tasche gehört mir.« Und was sollen wir sagen: »Am Heiligen Abend um 8 Uhr erhielt sie von ihrem Verlobten genau die gleiche Tasche geschenkt, die sie um 10 Uhr vormittags bewundert und als ihr wirkliches Eigentum betrachtet hatte.« (ebd.)

Dem kann man kaum noch ein nüchternes Argument entgegensetzen... Überhaupt ist eine rationale Auseinandersetzung mit Murphys Thesen äußerst schwierig: Er wirft mit so vielen Ausdrücken undifferenziert um sich, daß man an jedem Halbsatz ansetzen könnte, um dann im nächsten Halbsatz der nächsten Abstrusität entgegnen zu müssen. Er wird von einem riesigen Begriffswirrwar scheinbar klarer Begriffe eingelullt. Wer da nicht wirklich jedes Wort auf die Waagschale legt und kritisch überprüft, läuft Gefahr, durch pure Überflutung mit scheinbar selbstverständlichen Informationen in ein Evidenzerlebnis zu verfallen.

Was bei falschen Gedanken passieren kann

Damit der Leser die Botschaft richtig versteht, bringt Murphy in Form von »Negativbeispielen« auch ab und an eine Warnung an. Positiv sollen wir denken und uns nicht von negativen Aussagen beeindrucken lassen.

So schildert er den Fall eines Verwandten, der kerngesund in Indien eine Wahrsagerin aufsuchte und – nachdem diese ihm ein Herzleiden diagnostizierte und den baldigen Tod voraussagte – bald nur noch schwarzsah, so daß die Prophezeiung eintraf. Murphy resümiert: »Wäre mein Verwandter mit den Gesetzen des Geistes vertraut gewesen, so hätte er die negative Suggestion völlig mißachtet und ihren Worten nicht den geringsten Wert beigemessen.« (4/S.42)

Doch wissen Psychotherapeuten aus der täglichen Praxis, daß es erstens nicht so ganz einfach ist, negative Gedanken »völlig zu mißachten« (ganz im Gegenteil!) und daß zweitens diejenigen, die sich in Angst- und Panikzuständen immer wieder einreden, daß sie bald sterben müßten, in Wahrheit oft erstaunlich lange leben. Es gibt Panik-Patienten, die (auch zum Beispiel nach Besuchen bei Wahrsagern) zwanzig, dreißig und mehr Jahre in der ständigen Angst leben, bald den Herztod zu erleiden und die unzählige Male mit dem Notarztwagen in Kliniken eingeliefert werden, ohne daß es wirklich aufgrund dieser negativen Einstellung zum Tode kommt.

Man denke auch an die doch häufig anzutreffenden Hypochonder, die aufgrund ihrer »negativen« Einstellung nach Murphys These alle wirklich an der Krankheit leiden müßten, die sie sich einreden.

Geheime Wünsche offen aussprechen

Der Verkünder Murphy weiß, wie man Menschen fesselt: Er benennt offen Ziele, die viele insgeheim haben, sie sich aber oft nicht zugestehen. Seine offensive Art nun spricht genau diese Sehnsüchte an, und er scheint damit in die Herzen seiner Leser schauen zu können.

Eines dieser Ziele ist durchgängig der Reichtum. Wer würde nicht gerne jemandem glauben, der ihm Reichtum verspricht – und zwar im Schlaf. Allen Ernstes, unter der Überschrift »Wie man im Schlaf reich wird« verspricht Murphy Erfolg mit folgender Methode: »Nachdem Sie sich zur Ruhe gelegt haben, wiegen Sie sich dadurch in Schlaf, daß Sie immer wieder in völliger Ruhe und mit viel Gefühl das Wort ›Reichtum‹ wiederholen. Schlafen Sie ein mit dem Wort ›Reichtum‹ auf Ihren Lippen, und Sie werden erstaunt sein über die Wirkung. Bald nämlich sollte dann Wohlstand von allen Seiten überreichlich auf Sie zuströmen.« (4/S.118 f.)

Murphy klärt den Leser auf, daß er lediglich beschließen müsse, reich zu werden. Damit sei das Ziel praktisch schon erreicht: »Durch harte Arbeit und im Schweiße Ihres Angesichts zu Reichtum zu kommen, ist eine zuverlässige Methode, Sie früh auf den Friedhof zu bringen. Es ist völlig unnötig, seine Kräfte auf diese Weise zu verschwenden.« Denn: »Wer sich reich fühlt, wird reich. Behalten Sie diese Tatsache immer im Auge.« (ebd.) Haben wir es mit Zynismus, Naivität oder bloß mit Geschäftskalkül zu tun?

Emotionale Isolierung

»Emotionale Reife« besteht nach Joseph Murphys Therorie darin, abgehoben über allem und jedem zu stehen. Ein emotional gereifter Mensch, so Murphy, reagiere auf »Kritik oder Angriffe seiner Mitmenschen nie negativ«. Und er fordert: »Verlieren Sie nie Ihr Lebensziel aus den Augen, und gestatten Sie es keinem Menschen noch irgendeinem Lebensumstand, Sie Ihres inneren Friedens, Ihrer Ausgeglichenheit und Gesundheit zu berauben.« (4/S.189)
 Dabei hätte dies, wollte man es konsequent umsetzen, erhebliche negative Auswirkungen. Die Abwehr und die Aggressionen der Mitmenschen dürften sich durch solches Verhalten noch steigern. Jemand, der bei jeder Kritik, bei jedem ihm entgegenbrachten Gefühl (ob positiv oder negativ), vollkommen ausgeglichen reagiert, muß einfach in seinem sozialen Umfeld scheitern und wird ein einsamer Mensch werden, weil man ohne Emotionen auf Dauer nicht mit anderen kommunizieren kann.

Parapsychologie, Aberglaube und schwarze Magie

Mit seinem Buch »Tele-PSI, Die Macht Ihrer Gedanken« begibt sich Murphy vollkommen auf das Gebiet der Parapsychologie. Es ist ein Lehrbuch über eine Technik namens »Tele-PSI«, eine Wortschöpfung, die Murphy folgendermaßen erklärt: »Tele bedeutet Kommunikation und Psyche bedeutet Seele oder Geist in uns«. Zwar übersetzt unser Wörterbuch »tele« mit »fern«, aber Murphy ist ja außerordentlich eigenständig darin, Wörtern neue Bedeutung zu geben. Gemeint jedenfalls ist mit »Tele-PSI« nichts anderes als das bereits vorgestellte »wissenschaftliche Gebet« – eine Selbstinstruktion des Unterbewußtseins und daraus folgende wundersame Entwicklungen.
 So betrieb ein Verkaufsleiter »Tele-PSI«, indem er sich auf die weiße Wand

in seinem Büro konzentrierte, wo dann vor seinem inneren Auge ein Bild der Verkaufszahlen erschien, die er bis Jahresende erzielen wollte. Sodann stellte er sich vor, wie ihm sein Chef zu seinem großartigen Erfolg gratulierte. (5/S.17 f) Murphy begeistert: »Das ist wahrhaftig Tele-PSI in Aktion.« (ebd.)

Wie so was endet, wissen wir längst. Todernst fährt Murphy fort: »Der jeweils erzielte Jahresumsatz hat in den letzten vier Jahren die von dem Verkaufsleiter vorgestellten Ziffern bei weitem übertroffen. Es gilt hier die Tatsache zu berücksichtigen, daß Ihr Unterbewußtsein immer das ihm Aufgeprägte vergrößert.« (ebd.)

Um die Macht der Gedanken zu demonstrieren, begibt sich Murphy gelegentlich auf das Gebiet des Aberglaubens, der schwarzen Magie und der Verwünschungen mit tödlichem Ausgang. Tröstlich: Positive Gedanken, die für andere gedacht werden, helfen diesen anderen (Murphy präsentiert mehrfach Heilungen über tausende Kilometer hinweg), negative Gedanken, mit denen böse Menschen andere verfluchen, fallen auf den Aussender zurück und töten ihn. Murphy hat auch dafür Beispiele parat. Den Fall eines Vaters, der seine Tochter und deren Mann derart heftig verwünschte, daß er, der Vater, selbst auf der Straße tot zusammenbrach, resümiert Murphy mit den Worten: »Haß, Eifersucht und Feindseligkeit sind die großen Zerstörer von Liebe, Frieden, Harmonie, Freude, Vitalität und gutem Willen.« (5/S.31) Wer wird ihm da nicht recht geben?

Reich werden im Schlaf

»Werde reich und glücklich« (Buchtitel) ist eine der zentralen Aufforderungen Joseph Murphys an seine Leser. Die Geschichte eines Apothekers, der auf Goldaktien spekulierte, illustriert die Plattheit und unfreiwillige Komik seiner Beispiele besonders treffend.

Der Mann fixierte seine Aufmerksamkeit auf etwa fünf Aktien und sprach jeden Abend zu seinem »tieferen Selbst« mit den Worten: »Enthülle mir die beste Investitionsmöglichkeit in diese Goldaktien, und ich werde mir der erhaltenen Antworten klar und deutlich bewußt sein. Die Antworten gelangen in meinen wachbewußten, wägenden Verstand. Es wird mir unmöglich sein, die Antwort zu verfehlen.« (5/S.47)

Eines Nachts erschien dem damaligen Kleinkapitalisten »ein Mann im Traum und wies mit einem Zeigestock auf eine Tabelle mit den Namen der betreffenden Goldaktien« – mit deren Kauf und Verkauf der Apotheker dann zum Großkapitalisten wurde. (5/S.48)

Ein anderes Beispiel für das Reichwerden über Nacht: Ein Buchmacher gab seinem Unterbewußtsein regelmäßig die Namen der Rennpferde ein, auf die er bei anderen Buchmachern wetten wollte, und sein Unterbewußtsein gab ihm im Schlaf dann vorab den Sieger preis. (5/S.52)

Wenn Murphy solche Geschichten als auf jeden übertragbar erzählt, erinnert er den kritischen Leser an jene Leute, die unfehlbare Roulette- oder Lottosysteme verkaufen. Man fragt sich immer, warum diese Verkäufer nicht selbst mit ihren eigenen Methoden steinreich geworden sind. (Sie werden nur reich durch den Verkauf ihrer Systeme.) Genauso hätte Joseph Murphy die »unendliche Intelligenz« seines eigenen Unterbewußtseins ganz auf Aktienspekulation konzentrieren und sich die Darlegung der Methoden in unzähligen Büchern sparen können. Statt dessen wurde er damit reich, anderen zu erzählen, wie sie angeblich reich und glücklich werden.

Zusammenfassung

Joseph Murphy schrieb mit »Die Macht Ihres Unterbewußtseins« und mit anderen Werken durch und durch esoterische Literatur. Leider blieb die Wirkung dieser Bücher nicht auf die entsprechenden esoterischen Zirkel beschränkt. Die Vermarktungsmaschinerie der von ihm profitierenden Verlage und Gesellschaften lockt auch unzählige Menschen, die eigentlich mit Esoterik wenig am Hut, aber Lebensprobleme zu bewältigen haben, zur Auseinandersetzung mit seinen abstrusen Thesen. Was für diese, wenn sie wirklich an Murphys Theorien glauben und danach zu handeln versuchen, oft ins Unglück führt.

2. Fallbeispiel: Mit dem »Stein der Weisen« in die Sackgasse

Der 32jährige Verfahrensingenieur Olaf Lindemann (Name geändert) litt unter erheblichen muskulären Verspannungen im Zusammenhang mit starken beruflichen Ängsten. Sein Chef, so gab er in der ersten Therapiestunde an, sei ein Choleriker mit menschenverachtendem Verhalten. Aber auch den Arbeitskollegen gegenüber habe er Ängste.

Bei all diesen Belastungen litt er zunehmend unter Depressionen, Panikstörungen und auch Selbstmordideen.

Olaf Lindemann hatte bereits in seiner Kindheit ungünstige Bedingungen. Der Vater litt ebenfalls unter sozialen Ängsten sowie depressiven Verstimmungen und war für den Sohn keine Identifikationsfigur. Die Mutter war demgegenüber sehr aufopfernd und gutmütig. Sie erzog das Kind zur Ängstlichkeit und förderte in ihm Schüchternheit und Zurückhaltung.

Bereits im Jugendalter hatte der Patient erhebliche Probleme und entwickelte sich zum Einzelgänger. Gelegentliche Überlegungen, ob er sich Hilfe suchen sollte, führten zu keinem Ergebnis. Olaf Lindemann lebte weiter mit seinen Schwächen und versuchte, sie durch schulische Erfolge und ein technisches Studium zu kompensieren, was ihm auch teilweise gelang.

Im Anschluß an das Studium war der junge Mann in einer Firma für Entsorgungstechnik tätig und konnte sich dort auch gut integrieren. Man schätzte seine zurückhaltende Art. Nach drei Jahren wechselte er die Stelle und wurde Abteilungsleiter in einem größeren Unternehmen.

Als ihm eine international operierende Firma schließlich vertraglich die Leitung einer noch größeren Abteilung zusagte, wechselte er wieder – doch stellte sich heraus, daß derjenige, dessen Posten er bekommen sollte, auf Betreiben der Firmenleitung doch auf seinem Posten verblieben war und jetzt auf einmal der Vorgesetzte von Olaf Lindemann wurde. Und nicht nur das: dieser Abteilungsleiter sah in Lindemann einen Konkurrenten auf seine Position und attackierte ihn auf ausgesprochen unfaire, boshafte Weise.

Im ersten Jahr wurde Olaf Lindemann permanent vorgeworfen, er sei unfähig und seine Tage in dieser Firma seien wohl gezählt. In diesem Zusammenhang kam es bei dem sensiblen jungen Mann zu zunehmenden Ängsten, zu Anfällen mit Zitterkrämpfen, zu Depressionen und zu schweren Verspannungszuständen.

Er versuchte, mit den Schwierigkeiten selbst fertigzuwerden und kaufte sich von Dale Carnegie die Bücher »Wie man Freunde gewinnt« und »Sorge dich nicht, lebe!«. Er las die Texte mit großem Interesse und glaubte, den Stein der Weisen gefunden zu haben. Immer in Anlehnung an die dort verbreiteten Thesen verhielt sich Olaf Lindemann in der Firma wohl, lobte sogar seinen Chef und ließ sich im Grunde genommen alles gefallen.

Doch sein Chef benahm sich immer schlimmer und flippte immer mehr aus. Er bezeichnete seinen Untergebenen als ausgesprochen labil, psychisch wenig belastbar, unfähig in seinem Beruf. Er setzte ihn immer mehr unter Druck, beschimpfte ihn und brüllte ihn an, so daß die ganze Abteilung schon über die Demütigungen von Lindemann durch seinen Chef Bescheid wußte. Den Weg zur Firmenleitung hatte sich Olaf Lindemann innerlich versperrt, weil er loyal bleiben wollte.

Sein psychischer und körperlicher Zustand verschlimmerte sich immer mehr. Erstmals kamen auch Zweifel an den Ratschlägen von Dale Carnegie, obwohl er sich lange Zeit an ihnen festgehalten hatte. Zunächst aber versuchte er, noch intensiver in die Richtung des »positiven Denkens« zu gehen, und kaufte sich auch noch die Werke von Murphy, Peale und anderen. Bald hatte er eine ganze Schrankwand voll esoterischer Literatur – nur an seinen Lebensumständen änderte sich nichts.

Irgendwann ging er auf Anraten seiner Frau zu einem Arzt, der ihm schließlich eine Psychotherapie verordnete. In dieser wurde zunächst einmal konstatiert, daß Olaf Lindemann über die Literatur zum »positiven Denken« in einer Sackgasse gelandet war. Statt sich zu wehren und sich durchzusetzen, hatte er sich alles gefallen lassen und damit seinen boshaften Chef geradezu ermuntert, ihn tyrannisch malträtieren.

Auch der Versuch, mit seinen eigenen Untergebenen auf der Basis der Harmonie und des absoluten »good will« zu verkehren, war gescheitert. Diese hielten ihn für schwach, nutzten seine Schwächen aus und intrigierten zusätzlich bei seinem Vorgesetzten. Die Folgen der Beschäftigung mit dem »positiven Denken« waren also katastrophal. Kein Wunder, daß sich Depressionen, Angstzustände und sogar leichte Panikstörungen einstellten. Die sozialen Ängste und das geringe Durchsetzungsvermögen waren durch die Lektüre noch gefördert worden.

Die Therapie bestand darin, dem Patienten dadurch Selbstbewußtsein zu ver-

mitteln, daß er lernte, sich nicht so leicht irritieren zu lassen, für sich einzutre-
ten und seinem Gegenüber auch die Grenzen aufzuzeigen. Er mußte dahin
geführt werden, daß er sich selber Freiräume schaffen konnte und schließlich
auch die Freiheit gewann, mit der Firmenleitung über seine ursprünglichen
Vertragsbedingungen zu verhandeln.

Dies war ein langwieriger Prozeß, denn eine zweijährige Fehlentwicklung in
der Firma und noch eine sehr viel längere im Leben des Olaf Lindemann
mußte aufgearbeitet werden. Neben einem Aggressionstraining in einer
Gruppe, neben einer kognitiven Umstrukturierung, wo er neue Einstellungen
lernte, mußte er vor allem einüben, in kompetenter Weise nein zu sagen. Auch
die soziale Unsicherheit und Ängstlichkeit, die er sich angewöhnt hatte, mußte
er in Form eines Selbstsicherheitstrainings, aber auch mit Hilfe von anderen
Lebenseinstellungen verlernen.

Sein verändertes Verhalten am Arbeitsplatz wurde teilweise vorab in Grup-
pen simuliert und in Rollenspielen ausprobiert. Die Therapie dauerte insge-
samt zweieinhalb Jahre, in denen Olaf Lindemann eine enorme Entwicklung
durchmachte. Heute ist er in seinem Verhalten gefestigt. Er hat die Firma
gewechselt, versteht sich besser mit seiner Ehefrau, denkt nicht mehr nur an sei-
nen Beruf und kann sich in der Verwandtschaft sowie im Freundeskreis ange-
messen artikulieren. Schließlich hat er auch Hobbys wie Jogging, Angeln und
Modellbau entdeckt.

Trotz gelegentlicher sozialer Ängste läßt er sich kaum noch von selbstsicheren
Menschen irritieren.

Nur vom »positiven Denken« will er heute nichts mehr wissen.

Norman Vincent Peale –
ein Pfarrer der Superlative

Der Pfarrerssohn Norman Vincent Peale, geboren 1898, ist der am festesten in der Religion verankerte »Prophet« des »positiven Denkens«. Er trat in die Fußstapfen seines Vaters, wurde 1922 zum Priester geweiht und war ab 1932 bis zu seinem Tode Pfarrer der Marble Collegiate Church in Manhattan/New York City, einer niederländisch-protestantisch reformierten Kirche. Diese hatte bei seinem Amtsantritt 600 Mitglieder – als er 1984 abtrat, waren es 5000.

Aber das ist nur ein kleiner Teil einer beispiellosen Erfolgsstory. Das Magazin *Guideposts*, 1945 von Peale und dessen Ehefrau gegründet, zählt in einer biographischen Notiz über Norman Vincent Peale folgende Superlative auf:

– Er schrieb 46 Bücher, von denen das erfolgreichste, »Die Kraft des positiven Denkens«, allein in über 20 Millionen Exemplaren in 41 Sprachen verkauft wurde.

– 54 Jahre lang wurde vom amerikanischen Sender NBC wöchentlich Peales Radiosendung »Die Kunst des Lebens« ausgestrahlt.

– Seine Predigten wurden monatlich an 750 000 Interessenten verschickt.

– Und, last but not least, die von ihm begründete *Guideposts* bezeichnet sich selbst als weltweit »größte religiöse Zeitschrift«, mit einer momentanen Auflage von 4,5 Millionen Exemplaren.

Daß sein Leben schließlich verfilmt wurde (1964 unter dem Titel: »One Man's Way«), ist da nur folgerichtig...

Wer nun allerdings glaubt, mit den eben aufgezählten Taten und Erfolgen seien Peales Energien erschöpft gewesen, irrt: 1937 bereits gründete er mit dem freudianischen Psychiater Dr. Smiley Blanton im Keller der Marble Collegiate Church eine psychiatrische Klinik, die sich ab 1951 »Amerikanische Gesellschaft für Religion und Psychiatrie« nannte, 1972 mit der »Akademie für Religion und geistige Gesundheit« zusammengelegt wurde und seither als »Institut für Religion und Gesundheit« (IRH) firmiert.

Religiöser Gemischtwarenladen

Auch die Lehre von Norman Vincent Peale stellt eine Vermengung von Religion und Psychologie dar. Hinzu kommt bei ihm eine geradezu religiöse Verehrung des wirtschaftlichen Systems der Vereinigten Staaten, also des Kapitalismus (Titel seiner von Carol V. R. George geschriebenen Biographie: »Gottes Verkäufer«). Seine Lehre stellt sich als religiöser Gemischtwarenladen dar: Peale befürwortete, wie das Magazin *Guideposts* berichtet, u.a. auch New Age, Selbstinstruktionen wie Visualisation/positive Imagination, Pantheismus, positive Beichte und andere eher dem esoterischen Bereich zugehörige Psychotechniken. Auch beschäftigte er sich mit dem Shintoismus und kam schließlich zu der Erkenntnis: »Christus ist *einer* der Wege! Gott ist überall...«

Folgerichtig lehnte er, der Prediger an einer christlichen Kirche, so gut wie alle christlichen Dogmen ab, glaubte nach Angaben seiner Anhänger nicht an die Sünde und an die körperliche Auferstehung von Christus, sah Gott weder als Richter noch als Retter, sondern definierte Religion als »eine wissenschaftliche Methodik«, um den gedanklichen Weg zur Lösung der eigenen Probleme zu finden. Die Bibel ist in diesem Gedankengebäude »ein hochaktuelles Buch und ein praktischer Wegweiser zu unserem persönlichen Wohlbefinden«, was durch die Erkenntnisse der modernen Wissenschaft bewiesen sei. (6/S.150) Die Bibel also ein wissenschaftliches Sachbuch – eine interessante Interpretation!

Peales Gedanken von der Kraft des »positiven Denkens« stimmen nahtlos mit den Lehren des Esoterikers Joseph Murphy überein, der ja den Glauben als Selbstzweck definierte. Natürlich sind auch die Ziele identisch: ein »erfüllteres Leben« (was immer man darunter verstehen mag), mehr Glück, Erfolg, Zufriedenheit und Wohlstand werden dem Leser der Werke Norman Vincent Peales versprochen.

»...was ist das: positives Denken?« fragt Peale und antwortet sich: »Nun, logischerweise das Gegenteil des negativen Denkens. Es ist das Ich-kann-Denkprinzip, im Gegensatz zum Ich-kann-nicht-Prinzip. Positiv denken heißt, an seine Möglichkeiten glauben und seinen Zweifeln mißtrauen.« (10/S.54)

Mit Gottes Hilfe

Anders als Murphy, aber nicht ganz so konsequent wie etwa Dale Carnegie (siehe das folgende Kapitel), bemüht sich Peale an manchen Stellen auch zu differenzieren. Zwar ist die Heilsbotschaft klar, aber damit nicht ganz so wunderglaubige Leser auch bei der Stange bleiben, wird immerhin auch zugestanden, daß selbst bei erfolgreich angewendetem »positiven Denken«, nicht immer der absolute Himmel auf Erden zu erreichen ist.

So beschreibt eine Frau (7/S.13 f.), die unter »ständigen Depressionen und Schuldgefühlen« litt, den Erfolg der Lektüre von Peales Büchern so: »Seither erfülle ich meine Pflichten mit Ruhe und Gelassenheit. ... Selten fühle ich mich niedergeschlagen oder mutlos.« (Bei Murphy hätte das geheißen: Nie mehr fühlte sie sich niedergeschlagen oder mutlos.) Trotzdem beweist nach Peale diese Selbsteinschätzung der Frau, daß ihr Leben »vollkommen geändert« wurde: »durch eine Umstellung ihrer Denkweise«.

An anderer Stelle heißt es: » ... das Bild, das ein Mensch von sich selbst in sich trägt, ist von größter Wichtigkeit für seine Entwicklung, denn dieses Bild kann sich verwirklichen.« (7/S.18)

Was bedeutet die Relativierung »kann« bei einem so starken Befürworter des »positiven Denkens« wie Norman Vincent Peale? Er sagt zwar einerseits, daß die richtigen (positiven) Gedanken Voraussetzung für die Realisierung aller Ziele sind. Gleichzeitig betont er aber einschränkend, daß eine zweite Bedingung erfüllt sein müsse, nämlich die Einbeziehung Gottes in das eigene Denken: »Ich betone es immer wieder: Die wichtigste Voraussetzung der Kraft positiver Gedanken ist die unmittelbare Teilnahme Gottes an unseren Ideen und Plänen.« (ebd.)

Dies ist natürlich von einem Priester wie Peale ein schöner Trick, den erfolgswilligen Leser auch für seine Religion zu gewinnen: Nur wenn du an Gott glaubst, werden deine positiven Gedanken auch zum Erfolg führen.

Der Glaube an Gott muß bei Peale für vieles herhalten. So instrumentalisiert er die Religion und den Gottesglauben, um ausschließlich irdische Ziele zu erreichen.

Der Glaube an Gott ist bei Peale auf geradezu unerträgliche, ja blasphemische Art mit beruflichem und wirtschaftlichem Erfolg verknüpft. In »Trotzdem positiv« schildert er über Seiten das Schicksal des Ehepaars Lingle, das wirtschaftlich in Not geriet und erst nach dem Besuch eines von Peale empfohlenen »positiven Denkers« stetig und unaufhaltsam zum Erfolg kam. Dieser Berater »und das Ehepaar Lingle baten Gott zusammen, ihnen bei der Lösung ihres schweren Problems zu helfen; sie versprachen, alles in die Hände Gottes zu legen und sich seiner Führung anzuvertrauen«. (7/S.25) Und darauf häuften sich die glücklichen Fügungen – just als das Finanzamt pfänden wollte und andere Rechnungen offenstanden, kam mehr als genug Geld durch den Verkauf einer Rechenmaschine herein. Die Frau fand eine Arbeit, die sie zeitlich unabhängig ausführen konnte, so daß sie auch ihren Sohn gleichzeitig erziehen konnte, Herr Lingle eröffnete ein neues Geschäft und hatte Erfolg damit, wenn er auch (überraschenderweise) zwanzig Zeilen bzw. zwei Jahre später auf Provisionsbasis angestellt war und dank des »positiven Denkens« eine so große Provisionserhöhung kriegte, daß er einen Buick anzahlen konnte, in den er sich verguckt hatte. (7/S.26 ff.)

Natürlich können auch körperlich-seelische Leiden durch »religiös-medizinische Heilung« (6/S.78) besiegt werden, wie Peale in diversen Beispiele schildert. Positive Gedanken, kombiniert mit Gottvertrauen, sind auch hier der richtige Weg zu vollkommener Heilung.

Wozu noch Mediziner?

Zwar betont Norman Vincent Peale in »Die Kraft des positiven Denkens«, daß er auch der Medizin ihre Bedeutung zugestehe und in der »Zusammenarbeit Gottes mit der Wissenschaft« (6/S.126) die besten Heilungschancen sehe. Doch sprechen seine Beispiele eine andere Sprache. Dort wimmelt es nur so von Heilungen, die ganz allein auf dem Gebet und dem Glauben beruhen. Und Peale widerspricht seiner eigenen Aussage, wenn er zwei Seiten später behauptet: »Wir stellen heute immer mehr fest, daß eine religiöse Geisteshaltung Heilungen sowohl des Körpers als auch der Seele hervorrufen kann.« (6/S.128)

Weitere drei Seiten später (6/S.133 f.) wird er dann noch deutlicher. Er kritisiert die begrenzten Möglichkeiten der Medizin, die bei vielen Krankheiten (als Beispiele führt er Diabetes und Blutdruckschwankungen an) lediglich in der Lage sei, die Symptome, nicht aber ihre Ursachen zu bekämpfen. Nein, man müsse das Übel an der Wurzel packen: »Verdrängte, ungelöste seelische Konflikte müssen erkannt und dann gelöst werden.« Dazu gebe es nur einen Weg: »Selbsterkenntnis, Verständnis für unser Gefühls- und Seelenleben und die Rückkehr zu religiösem Glauben und Vertrauen.« Darin liege das Versprechen endgültiger Hilfe und Heilung. Auch bei Diabetes? Einen solchen Heilungserfolg traut sich selbst Peale nicht anzuführen.

Für Leser, die Schwierigkeiten haben, Peales Gedanken umzusetzen, hat dieser eine Erklärung parat. Dies liegt nicht etwa daran, daß diese Menschen die Absurdität des Peale'schen Gedankengebäudes erkannt haben, sondern an ihren eigenen Defiziten: Daß sich Menschentypen wie Alkoholiker, Diebe, Lügner und Betrüger »zuweilen wandeln und der gefühlsmäßig Verkrampfte nicht, ist darin begründet, daß letzterer weniger dazu neigt, sein Versagen zuzugeben«. (8/S.87)

Doch er hält auch für die »gefühlsmäßig Verkrampften« einen Trost bereit: »Der Schöpfer kann aber Menschen, deren Schwierigkeiten in unkontrollierten Gefühlen bestehen, ebenso helfen, wie er Menschen mit moralischer Behinderung hilft.« (ebd.)

Nun muß man davon ausgehen, daß viele »gefühlsmäßig Verkrampfte« so wurden, wie sie sind, weil sie alle Frustrationen herunterschlucken statt auszuleben und sich gegenüber den Mitmenschen nicht abgrenzen und durchsetzen können. Genau in dieser Haltung aber bestärkt Norman Vincent Peale seine Leser, wenn er behauptet: »Beherrscht man die Kunst, sich gelassen und philosophisch zu verhalten, und hält man seine Reaktionen unter Kontrolle, kann man sich durchaus zu seinem eigenen Vorteil entwickeln.« (8/S.86) Und wenig später: »Sowohl vom Standpunkt des Erfolgs als auch von der Gesundheit aus ist es hochwichtig, seelische Tiefpunkte und Gefühle stets unter Kontrolle zu halten.« (8/S.90) Gefühlsmäßige Selbstbeherrschung wird also zu einem Garanten für Erfolg. Worin allerdings der Unterschied zur »gefühlsmäßigen Verkrampfung« besteht, erläutert Peale nicht.

Naiver Kapitalismusglaube

Auch wenn man bedenkt, daß Joseph Murphy seine Leser durch »positives Denken« zu Reichtum führen wollte und daß die Lehre Dale Carnegies oft als Verkaufsmethode gelehrt wird – kein anderer Vertreter des »positiven Denkens« ist so von naiver Kapitalismusgläubigkeit geleitet wie Norman Vincent Peale. In »Was Begeisterung vermag« berichtet Peale von einem schlechten Verkäufer, den er mittels einer einmaligen Autosuggestion von seiner »festgefahrenen Denkweise« heilte. Die Formel lautete: »Ich bin Verkäufer. Ich habe einen der interessantesten Berufe der Welt. Ich bin ein wichtiges Mitglied des freien Unternehmertums. Ich verhelfe Menschen zu den Waren und Diensten, die sie nötig haben. Ohne Männer wie mich würde das Wirtschaftsleben verdorren. Ich bin ein bedeutender Sachwalter der freien Welt.« (9/S.184)

Auch die Direktoren großer Unternehmen, die Peale in großer Zahl vorstellt und oft als seine Freunde bezeichnet, sind immer reine Lichtgestalten (zumindest wenn sie das Erweckungserlebnis »positives Denken« hinter sich haben) – mögen ihre Konzerne ihren Reichtum auch mit noch so rüden Methoden zusammengerafft haben.

Logischer Gegenpol zu Peales Kapitalismusüberhöhung ist seine tiefe Verachtung von Kommunisten, die er als »unverschämt« und »verschlagen« kennengelernt habe. Was will man bei Kommunisten (Peale ist eben auch Kind seiner Zeit, der McCarthy-Ära) auch anderes erwarten?

Die Verkäufer, von denen schon mehrfach die Rede war, haben es Peale besonders angetan: »Seit meiner Knabenzeit fasziniert mich alles, was mit Verkaufen zu tun hat« (9/ S.160), schreibt er in »Was Begeisterung vermag«. »Immer wollte ich verkaufen – irgend etwas an irgendwen –, immer wollte ich Menschen etwas anbieten, das für sie von Wert war, das sie brauchen konnten.« Was das war, war offenbar völlig egal, und so ist auch in den vielen Regeln, die er in diesem Buch für erfolgreiches Verkaufen aufstellt, nie von den Produkten selbst die Rede. Verkaufen ist etwas für das Wirtschaftssystem Unabdingbares. Und damit für Peale etwas sehr Wertvolles.

Als Student, so berichtet er, verkaufte er Aluminiumkochtöpfe an der Haustür. Eine Frau, die er bei dieser Gelegenheit so begeisterte, daß sie ihm alle Töpfe, die er trug, abkaufte, sagte Jahre später zu Peale, und er zitiert das voller Stolz: »Sie verkaufen das Evangelium mit derselben Begeisterung und Überzeugungskraft, mit der Sie mir seinerzeit Ihre Töpfe und Pfannen verkauften.« (9/S.167)

»Große Gedanken« machen Leute

Gedanken haben bei Peale, wie bei allen anderen »positiven Denkern«, wundersame Kräfte, und er spricht von »starken Gedankenwellen«, die die Umwelt positiv beeinflussen (10/S.57). Auch für ihn steht fest: »Was Sie über längere Zeit geistig ausstrahlen, kommt in ganz genau gleichem Maß auf Sie zurück.« (ebd.)

»Große Gedanken −«, so Peale, »das ist es, was einen Mann über sich selbst hinaushebt und ihn zum Erfolg führt.« (7/S.15)

Dabei ignoriert Peale die Lebenserfahrung, daß »große Gedanken« auch schon viele Menschen in den Ruin getrieben haben. Sei es, weil sie sich beruflich überschätzten und damit dem Mißerfolg entgegensteuerten; sei es, daß sie sich finanziell übernommen haben, indem sie mit einem Angestelltengehalt das Leben eines Unternehmers führten; oder sei es, daß sie als Politiker grausame Kriege begonnen und verloren haben, wie Napoleon, Hitler, Saddam Hussein und viele andere mehr.

Doch Peale hat grenzenloses Vertrauen in die Macht des »positiven Denkens«. Dies demonstriert er besonders nett (und naiv) am Beispiel einer Autofahrt mit einem Bekannten. (6/S.42 f.) Dieser wollte ihn an einem eiskalten Wintermorgen in eine andere Stadt fahren und fuhr auf einer ziemlich glitschigen Straße mit einem Tempo, das Peale unvernünftig vorkam. Als er intervenierte, beruhigte ihn der Fahrer damit, daß er die »Gefühle der Schwäche und Unsicherheit« aus seinem Denken verbannt habe, nachdem er noch vor kurzem vor allem und jedem Angst gehabt habe. Und, wohl um seine Sicherheit zu demonstrieren, zeigte er Peale − mit einer Hand lenkend − Karten mit Bibelsprüchen, die er sich ans Instrumentenbrett zu klemmen pflegte und die er (während der Fahrt wohlgemerkt!) las, um »Gedanken des Vertrauens« in sich aufzunehmen.

Der gute Mann brachte nicht nur Peale unversehrt ans Ziel, sondern betonte auch noch: »Dieses kleine Hilfsmittel hat tatsächlich mein Leben verändert, und es hat mir auch in meiner beruflichen Tätigkeit Erfolg gebracht. Wie soll ein Vertreter Erfolg haben, wenn er das Haus eines Kunden schon mit Gedanken des Mißerfolgs und der Mutlosigkeit betritt?«

(Etwas nachdenklichere Leser mögen sich allerdings fragen, ob jemand, der sein Fahrverhalten nicht nach der Straßenlage, sondern nach seinem Gottvertrauen richtet, nicht auch als Vertreter eine ziemlich »abgehobene« Figur abgeben wird....)

Das ideale Ich

Um so zu werden wie dieser Vertreter, gibt uns Norman Vincent Peale zehn Regeln vor, deren erste nicht weniger verlangt, als uns ein Idealbild von uns selbst zu schaffen: »Präge ein geistiges Bild deiner voll entwickelten Persönlichkeit! Halte dieses Bild in deiner Vorstellung beharrlich wach. Verliere es nie wieder!« (6/S.52)

Aber von einer solchen »voll entwickelten Persönlichkeit« muß man ja erst mal eine Vorstellung haben. Langjährige psychotherapeutische Praxis läßt mich vermuten, daß man von diesem Bild erst dann eine Ahnung bekommt, wenn man selbst schon eine solche Persönlichkeit geworden ist. Davon aber dürfte bei den Lesern, die Peales Buch bis zu dieser Stelle gelesen haben, kaum die Rede sein. Eher ist zu vermuten, daß dies Menschen mit Schwierigkeiten sind, die eine eher unreife Persönlichkeit besitzen und damit auch eine unreife und naive Vorstellung von einer »voll entwickelten Persönlichkeit« haben.

Von ähnlicher Wirkung dürfte die Regel Nr.8 sein, die da mit der Aufforderung beginnt, die eigenen Fähigkeiten realistisch einzuschätzen: »Mache dir eine objektive und wahre Vorstellung deiner wirklichen Fähigkeiten.« (6/S.53) Aber gerade an dem Versuch, die eigenen Begabungen richtig einzuschätzen, sind schon Millionen und Abermillionen Menschen gescheitert. Sich eine »objektive und wahre Vorstellung« machen zu sollen, ist eine Überforderung jedes Lesers: Da Vorstellungen immer nur in der Phantasie existieren – das sagt das Wort aus – können sie auch nicht objektiv und wahr sein.

Da halten sich simple Gemüter doch besser an die Regeln fünf und sieben, in denen echte Aufgaben erteilt werden. So soll der Leser (Regel 5) zehnmal am Tag »die kraftvollen Worte: ›Ist Gott für uns, wer mag da wider uns sein‹ (Römer 8,31)« wiederholen – und Peale fordert unduldsam auf: »Unterbrich gleich hier die Lektüre und wiederhole diese Worte langsam und vertrauensvoll.« (6/S.53)

Wer das hinter sich hat, bekommt dann in Regel 7 die nächste Aufgabe:

»Wiederhole jeden Tag zehnmal und wenn möglich laut die folgende Versicherung: ›Ich vermag alles durch den, der mich stark macht, Christus‹ (Philipper, 4,13) Wiederhole dieses Wort gleich jetzt.«

Begeistert von der »Begeisterung«

Eines der Lieblingsworte von Norman Vincent Peale ist die Vokabel »Begeisterung«. Mit Begeisterung, so ist Peale überzeugt, kann man praktisch alles erreichen. Peale wurde, so berichtet er in »Zum Gewinnen geboren«, von einem Unternehmer angesprochen, der einen hochfähigen, aber »eiskalten« Mitarbeiter in seinem Betrieb hatte. Leider fehle diesem die nötige Begeisterung, sonst könne er eine Spitzenposition erreichen. Schade sei nur, daß man Begeisterung nicht lernen könne. Doch da war er bei Peale an den Falschen geraten. Natürlich kann man (seiner Meinung nach) Begeisterung lernen! Peale riet dem Unternehmer, den Mann zu einem Sonntagstermin einzuladen und vorher mit ihm in eine bestimmte Kirche zum Gottesdienst zu gehen.

Dort sprach ein Pfarrer über das Thema, wie jeder Kirchgänger glücklicher und zufriedener werden könne, und siehe da, der junge Mann, der anfangs noch griesgrämig wie immer da saß, fing Feuer, ging fortan jede Woche in die Kirche, freundete sich mit dem Pfarrer an und wurde natürlich beruflich tatsächlich eine absolute Spitzenkraft.

Dieses Beispiel, so märchenhaft es klingt, mag sich so zugetragen haben. Es ist aber ein Beleg für die Naivität und Eindimensionalität der gesamten Lehre Peales, der mit solchen simpel gestrickten Geschichten über Bücher, gedruckte Predigten und Radio-Andachten zwar die Massen erreichte, aber damit letztlich nur bewies, daß das kritische Denken nicht unbedingt ein Massenphänomen ist.

Hier widerspricht sich Peale selbst

Natürlich ist auch Norman Vincent Peale nicht vor Ungereimtheiten gefeit, denn wenn ein System in sich unlogisch und realitätsfremd ist, dann müssen natürlich auch die Aussagen dazu widersprüchlich sein.

So widerspricht Peale der gesamten Lehre des »positiven Denkens«, wenn er behauptet: »Je mehr Probleme sie haben, desto mehr leben Sie.« (10/S.69) Nur die Leute auf dem Friedhof hätten keine Probleme, führt Peale aus, und ein »Mensch, der sich zum Beispiel mit zehn riesigen Problemen herumschlägt, lebt doppelt so intensiv wie ein erbarmenswerter, apathischer Mensch, der sich nur mit fünf Problemen befassen muß.« (ebd.)

Wohlgemerkt, dies führt Peale als Vertreter einer Schule aus, die ihren Anhängern Glück, Erfolg, Zufriedenheit und Wohlstand verspricht (eine Kapitelüberschrift in seinem Buch »Trotzdem positiv« lautet: »Keine Mißerfolge mehr!«) und die mit einer endlosen Zahl von Fallbeispielen belegen will, daß es ein Leben in höchster Harmonie, ohne jegliche Probleme tatsächlich gibt und daß dies als Endziel anzustreben ist.

Zusammenfassung

Die Lehre des Norman Vincent Peale ist eine Mischung aus kindlich-naivem Glauben und esoterischen Setzungen. Er vertritt eine christliche Auffassung, wie sie nur im schillernden Amerika mit seinen unzähligen Sekten entstehen konnte. Peale bastelte sich seine eigene Religion, und wie jeder Religionsstifter versprach er seinen Anhängern das Paradies – allerdings nicht im Himmel, sondern auf Erden. Das machte seine Lehre anscheinend doppelt attraktiv. Leider merkt auch der naivste Leser irgendwann (und sei es nur im Unbewußten), daß die Versprechungen unhaltbar sind.

3. Fallbeispiel: Der Mann, der nicht nein sagen konnte

Der 41jährige Betriebs- und Finanzfachwirt Peter Diwald (Name geändert) kam auf Anraten des Hausarztes in meine Praxis, weil er an Alkoholismus litt.

Der Patient gab an, unter den Streßbedingungen seines Berufes bei der Finanzbehörde zu leiden. Er war in einer leitenden Position tätig und konnte sich schwer gegenüber den Wünschen seiner untergeordneten Mitarbeiter abgrenzen. Seiner Aussage zufolge konnte er nicht oder nur schlecht nein sagen. Der familiäre Streß – er hatte Kinder und eine dominante Ehefrau – machten ihn zusätzlich fertig.

All dies führte dazu, daß sich Peter Diwald oft depressiv fühlte, in letzter Zeit sogar ununterbrochen. Außerdem litt er unter sozialen Ängsten, fühlte sich ständig beobachtet und konnte eine Arbeit nur mit größter Willensanstrengung und erheblichen Versagensängsten unter Beobachtung ausführen. Auch eine Rede zu halten – ständig wiederkehrende Aufgabe in seinem Tätigkeitsbereich – fiel ihm ausgesprochen schwer. Er fühlte sich insgesamt überfordert.

Fünf Jahre zuvor war die Problematik bei einer Jubiläumsveranstaltung der Behörde zum erstenmal in massiver Form aufgetreten. Diwald fühlte sich bei der Vorbereitung der Feier allein gelassen und geriet angesichts der erwarteten Prominenz innerlich unter Druck. Er »spürte den Boden unter den Füßen wegsacken«, so seine Aussage.

Bereits in der Jugendzeit hatte er sich angewöhnt, in Streßsituationen zum Alkohol zu greifen, manchmal über Tage hinweg. Jetzt aber wurde es zum festen Ritual, die Probleme mit Alkoholgenuß zudecken zu wollen, was aber nur unzureichend gelang. Im Gegenteil: die Probleme wurden immer größer.

Der Patient bezeichnete sich selbst als übersensibel. Er mache sich die Probleme der anderen, vor allem seiner Mitarbeiter, zu sehr zu eigen. Dann neige er auch zur Weinerlichkeit, was er aber keinem Menschen zeigen wolle. Immer öfter komme der Gedanke: »Das halte ich nicht mehr aus, das Leben hat für mich keinen Sinn mehr, meine Zukunft sieht ganz düster aus.« Außerdem habe er permanent Magenbeschwerden.

In der Anamnese stellte sich heraus, daß der Patient eine sehr schwere Kindheit hatte. Der Vater führte als Berufssoldat auch zu Hause einen kasernenhaften Drill durch. Seinen Sohn bezeichnete er permanent als »Versager«. Die Mut-

ter wurde vom Patienten als durchgehend hektisch, rabiat, rücksichtslos und zu Depressionen neigend erlebt. Sie schlug die Kinder immer wieder bei jeder Kleinigkeit und setzte sie ebenfalls verbal herab.

Die Eltern stellten insgesamt sehr hohe Anforderungen an ihre Kinder. Peter Diwald litt später als Erwachsener unter Perfektionismus, Leistungsdruck und Versagensängsten, was ihm das Leben sehr schwer machte.

In der Pubertät war Peter Diwald vollkommen verunsichert und hatte ein sehr schwaches Selbstwertgefühl. Er traute sich selbst so gut wie nichts zu. Seine Wehrpflichtzeit bei der Bundeswehr machte ihm schwer zu schaffen, weil er mit dem rauhen Umgangston nicht zurechtkam. Auch das Studium beschrieb er nachträglich als eine Qual. Er war vorübergehend sehr schlecht in seinen Leistungen und schaffte das Examen nur mit Ach und Krach.

Wegen seiner Genauigkeit und Zuverlässigkeit wurde er später im Beruf zum Amtsleiter bestellt. In der Führungsaufgabe aber wurde er noch unsicherer und wirkte offenbar auch auf seine Umgebung als Nervenbündel. Jedenfalls schenkte ihm seine Ehefrau Bücher zum »positiven Denken«, die ihm Hilfestellung geben sollten.

Diwald nahm dieses Angebot gerne an, weil er nicht zugeben wollte, was wirklich mit ihm los war, und er vor allem seine Neigung zum Alkoholismus vor sich selbst verleugnete. Er beschäftigte sich intensiv mit den Büchern, seine Stimmung hellte sich während der Lektüre teilweise deutlich auf, vor allem, wenn er auch noch Alkohol zu sich genommen hatte. Er erlebte diese Bücher zunächst als Befreiung. Er fand in ihnen das, was er immer gesucht hatte: eine Bestätigung für das eigene angepaßte, übertrieben wohlwollende Verhalten. In der Realität aber traten die Depressionen am Arbeitsplatz immer häufiger auf. Er kam immer mehr in Schwierigkeiten, weil er als Vorgesetzter keine Autorität zeigen konnte. Hinzu kam, daß seine Alkoholprobleme immer offensichtlicher wurden. So trank er teilweise vor schwierigen Konferenzen und anderen anstrengenden Situationen mehrere Gläser Whisky und trat dann relativ enthemmt und teilweise auch aggressiv auf. Nachdem er auf diese Weise bei einer Besprechung mit höheren Beamten aufgefallen war, legte man ihm nahe, eine Entziehungskur zu machen. Ansonsten würde er seinen Job verlieren.

Erst jetzt schwand die Hoffnung, durch die Bücher seine Probleme und vor allem den Alkoholismus besiegen zu können. Alles »positive Denken« hatte ihm nicht geholfen. Da er keine Entziehungskur machen wollte, versuchte er zunächst, ohne eine solche das Trinken aufzugeben und über eine Psychotherapie seine Probleme anzugehen.

Erste Aufgabe dieser Therapie war es, Peter Diwald den Ernst der Lage bewußt zu machen. Dann mußte ihm langsam beigebracht werden, daß eine ambulante Hilfe bei dieser Suchtproblematik doch auf Dauer zu kurz greifen würde. Es stellte sich nämlich heraus, daß er zwischen den Therapiesitzungen immer wieder mal zur Flasche griff. Schließlich wurde der Patient vor die Alternative gestellt: entweder Entziehungskur oder das Ende der ambulanten Psychotherapie.

Diwald nahm sein Schicksal an und durchlebte eine verhaltensorientierte Entziehungskur, in der auch mit konfrontativen Methoden gearbeitet wurde. Es fand eine Entwöhnung statt, die mit einem Lernprozeß gekoppelt war, der neue Einstellungen und neue Verhaltensweisen zum Ziel hatte. Der Patient mußte mühsam lernen, nein sagen zu können, seine hohen Ansprüche herunterzuschrauben, seinen Perfektionismus abzubauen und andere Bewältigungsstrategien bei Konflikten zu zeigen als den Alkoholkonsum.

Seit zwei Jahren nun ist Peter Diwald nicht nur trocken und nimmt an Selbsthilfegruppen teil, sondern er hat auch gelernt, seinen Beruf ganz anders zu gestalten. Er fühlt sich entlastet und ist auch in der Lage, Streßsituationen durchzustehen. Auch seinen Eltern und seiner dominanten Frau gegenüber verhält er sich viel selbstbewußter.

Es besteht berechtigter Grund zum Optimusmus, daß dies auch so bleiben wird, wenn auch bei Alkoholismus immer die Gefahr des Rückfalls gegeben ist. Manche Patienten müssen zwei, drei Entziehungskuren mitmachen, bis »der Knoten platzt« und sie trocken werden.

Dale Carnegie –
der »amerikanische Traum« für alle

Dale Carnegie (1988-1955) verkörpert wie kaum ein anderer den amerikanischen Traum. Er begann zwar nicht als Tellerwäscher, sondern als »Junge, der in Missouri einst für fünf Cents in der Stunde Erdbeeren gepflückt hatte« (3/S.17), doch die weitere Karriere verlief unaufhaltsam: Er wurde nacheinander »Vertreter für Speck, Seife und Schmalz«, Schauspieler, Lastwagenverkäufer, Autor von Geschichten und Romanen und dann – Lehrer für die Kunst der freien Rede. Auf diesem Gebiet hatte er einen phänomenalen Erfolg, und er gab Kurse nicht nur in Amerika, sondern auch in Europa. Ein Lehrbuch über die »Kunst der freien Rede und des geschäftlichen Einflusses« wurde zum Standardtitel.

Den Nerv der Zeit getroffen

Doch Carnegie wollte nicht nur Ausbilder von Rednern sein. »Seine Hauptaufgabe sah er darin, den Menschen zu helfen, ihre Angst zu überwinden und mutig zu werden« (3/S.21) – und so schrieb er die beiden Mega-Seller »How to Win Friends and Influence People« (deutscher Titel: »Wie man Freunde gewinnt«) und »How to Stop Worrying and Start Living« (»Sorge dich nicht – lebe!«).

Schon zu seinen Lebzeiten wurde Dale Carnegie mit diesen beiden Titeln einer der erfolgreichsten Buchautoren der Welt, und sein Erfolg hält weiter an. Seine Standardwerke erreichten jeweils zweistellige Millionenauflagen in den westlichen Ländern. Allein in Deutschland kam »Sorge dich nicht – lebe!« bisher auf über 2,5 Millionen verkaufte Bücher – und ein Ende ist nicht abzusehen. Kein zweites Buch hält sich mit einer derartigen Konstanz über Jahre hinweg auf den ersten fünf Plätzen der Sachbuch-Bestsellerliste – und das über 50 Jahre nach dem Ersterscheinen.

Wie ist dieser sensationelle Erfolg von Dale Carnegie in Deutschland zu erklären? Da ist zum einen sicher der ebenso simple wie geniale deutsche Titel seines Hauptwerkes: »Sorge dich nicht – lebe!« – damit wird offenbar der Nerv des gestreßten Bewohners hektischer westlicher Industriestaaten getroffen. (Freunde gewinnen wollen da nicht ganz so viele: dieser Titel verkaufte sich hierzulande bisher »nur« gut anderthalbmillionenmal.)

Zum anderen unterscheidet Carnegie aber von seinen Kollegen des Optimismus verbreitenden »positiven Denkens«, daß bei ihm der religiöse oder gar esoterische Überbau keine so zentrale Rolle spielt. Er verspricht lediglich relativ nüchtern »nachprüfbare Rezepte, wie man das Leben sorgenfrei gestalten kann«. (2/S.13) Er ist pragmatischer, gibt direkte Handlungsanweisungen, und seine Methode wird auch vielfach in der Berufswelt angewandt. Nicht nur über das Dale-Carnegie-Institut wird seine Methode weltweit in Manager- und Verkaufstrainingsseminaren gelehrt. (Unter den Stichwörtern »Dale-Carnegie-Kurse« und »Dale-Carnegie-Training« sind in Deutschland 15 Institute im Telefonbuch verzeichnet.)

»Positives Denken« als Zusatzqualifikation

Auch Carnegie glaubt an die Macht des (gedruckten) Wortes und daran, daß man durch das Lesen und Umsetzen seiner Werke ein anderer Mensch werden kann – im Gegensatz zu den meisten anderen Propheten des »positiven Denkens« aber gibt er (bei »Sorge dich nicht – lebe!« in Form von neun Regeln) auch konkrete Handlungsanweisungen, Strategien, Techniken vor, wie man mit seinen Anweisungen arbeiten soll.

Der Leser könne, so die Grundannahme, aufgrund seiner Weisheit, seiner Erkenntnis und seines Wissens sein Verhalten über den Verstand steuern. Dies schmeichelt einerseits dem Leser und gibt andererseits dem Werk den Anstrich einer Art Zusatzausbildung oder eines zweiten Bildungswegs des Lebens. »Lernen ist ein aktiver Prozeß. Wir lernen, indem wir es tun«, (2/S.16) schreibt Carnegie und hätte damit sicher auch die kritischen Leser auf seiner Seite.

Doch geradezu kurios wird es, wenn er in »Wie man Freunde gewinnt« vorschlägt, wie man dieses Buch »als praktisches Handbuch für den Umgang mit Menschen« nehmen soll (3/S.73): »Wann immer Sie einem besonderen Problem gegenüberstehen – Erziehungsschwierigkeiten mit Ihrem Kind haben, Ihre Frau von etwas überzeugen wollen, einen verärgerten Kunden zufriedenstellen müssen – zögern Sie, impulsiv das Nächstliegende, das ›Natürliche‹ zu tun. Das ist meist verkehrt. Lesen Sie statt dessen die Stellen nach, die Sie in diesem Buch angestrichen haben ... « (ebd.)

Erfolgsmenschen als Zeugen

Carnegie hat seine Thesen mit einer Fülle von Zitaten anderer (erfolgreicher) Personen untermauert. Er las, wie er selber schreibt, »was die Philosophen aller Zeiten zu diesem Thema zu sagen hatten.« (2/S.13) Dabei dürfte es sich um eine Art von stark selektivem Lesen (die Psychologen nennen es »Bestätigungslesen«) gehandelt haben, nach dem Motto: Alles, was in meine Theorie paßt, nehme ich zur Kenntnis (und zitieres es), alles, was nicht paßt, wird erst gar nicht wahrgenommen. (An einer Stelle behauptet er, »Forscher haben selten einen Nervenzusammenbruch. Sie haben keine Zeit für derartigen Luxus« [2/S.75] – obwohl die Geschichte der Wissenschaft voll von neurotischen Forschern ist.)

Indem Dale Carnegie Prominente und weniger prominente Zeitgenossen als Kronzeugen seiner Lehre aufruft und Fallbeispiele präsentiert, erweckt er den Eindruck, als seien die Lebenserfahrungen verschiedenster Leute auf jedes Individuum übertragbar. Dies widerspricht aber jeder Lebenserfahrung, denn die Menschheit besteht aus Individuen, die ihren eigenen Weg gehen. Alle seine Berichte laufen nach dem selben Schema ab: Erst war ich mies, dann hatte ich ein Erweckungserlebnis, heute bin ich reich und gesund.

Die Relativierungen, die Carnegie in seinen eigenen Aussagen gelegentlich macht, werden durch die von ihm ausgesuchten Beispiele als Alibi entlarvt: Carnegie verspricht letztlich eben doch Wunder. Da werden Krebskranke im letzten Stadium durch das Lesen einer Bibelstelle geheilt, da besinnen sich Herzkranke sterbend auf eine Grundregel des »positiven Denkens« (»Akzeptiere das Schlimmste«), genesen wieder und leben gesünder als je zuvor weiter, da wandelt sich ein mit extremen Minderwertigkeitsgefühlen behafteter Jugendlicher innerhalb einer Viertelstunde zum umjubelten Redner, der zielstrebig in die Politik geht und Senator eines US-Bundesstaates wird – die Beispiele sind das eigentlich Märchenhafte an dieser Literatur, wahrscheinlich auch der Kern des Erfolges: Indem Carnegie seine Leser mit diesen erfolgreichen Menschen vergleicht, verkündet er ihnen die Botschaft: Auch ihr könnt soviel erreichen wie diese Personen. Und wer träumt nicht gerne den amerikanischen Traum? Schade nur, daß dieser Traum für Menschen mit psychischen Problemen auch eine Verschlimmerung ihrer Krankheit bedeuten kann.

Kein Allmachtsanspruch und dennoch ein Heilsversprechen

Gegen Mißerfolge seiner Leser hat sich Carnegie abgesichert. Er formuliert keinen ausdrücklichen Allmachtsanspruch seiner Lehre, so wie dies Murphy, Peale und andere tun, sondern räumt ein, daß es Menschen geben mag, die mit seiner Philosophie nichts anfangen können. Denen gibt er mit auf den Weg: »Bitte, lesen Sie Teil eins und Teil zwei, und wenn Sie dann nicht spüren, wie Sie neue Kräfte und neue Einfälle bekommen, wenn Sie dann nicht aufhören, sich Sorgen zu machen, und nicht anfangen, das Leben zu genießen – dann werfen Sie dieses Buch weg. Es taugt nicht für Sie.« (2/S.14)

Dieser pragmatische Ansatz mag es einer bestimmten Leserschicht ermöglichen, das Buch unter dem Aspekt zu lesen, soviel wie möglich für sich herauszuholen. Doch kann Carnegie nicht verdecken, daß wir es auch bei seinen Aussagen mit einer Art Heilsversprechen zu tun haben. (Carnegie scheut sich nicht, in »Sorge dich nicht, lebe!« als letzten ›authentischen Bericht‹ eine Frau zu zitieren, die angeblich schon nach der Vorablektüre des Textes von einer schweren Depression geheilt wurde.)

Er, der nach eigener Aussage schon als Jugendlicher daran dachte, Missionar zu werden, macht dieses Vorhaben in seinen Büchern doch noch wahr.

Doch wie bei allen Heilslehren ist es so, daß diejenigen, die sich voll und ganz auf diese Pfade begeben, die sich ernsthaft Mühe geben, die propagierten Ziele zu erreichen, ihr Fiasko erleben werden – zumindest wenn es sich um irgendwie gestörte Persönlichkeiten handelt – da die anzustrebenden Ziele in Reinkultur gar nicht zu erreichen sind.

Auch der Weg, den Dale Carnegie empfiehlt, ist nicht immer ungefährlich. Wenn er zum Beispiel dazu rät, Sorgen zu verscheuchen, indem man sich in Aktivitäten stürzt (2/S.72 ff.), so kann dies bei entsprechend disponierten Personen später durchaus zu ernsthaften psychischen und psychosomatischen Erkrankungen führen – weil nämlich die Probleme nie bewältigt, sondern nur verdrängt wurden und dann andere, unbewußte, neurotische Lösungen suchen.

Konstruktive Planung für die Seele

Sich zu sich selbst zu bekennen, (2/S.167) fordert Dale Carnegie seine Leser auf und schränkt ein, daß dies ein Problem sei, »so komplex wie das menschliche Leben selbst« (ebd.).

Aber nicht das Zu-sich-selbst-bekennen ist das eigentlich Komplexe, sondern die Frage, was das Selbst eigentlich ist. »Zu sich selbst stehen«, »man selbst bleiben«, »sich selbst treu bleiben«, »sich zu sich selbst bekennen« – all diese Aufforderungen stoßen ins Leere, sind Worthülsen – wenn man nicht weiß, wer man selber ist. Und wer weiß das schon? An dieser Frage sind schon viele Philosophen gescheitert. Ist das »Selbst-Sein« ein statischer Vorgang? Ist man immer gleich «Ich-Selbst«? Ist man »Ich-Selbst« so, wie man sich gerade fühlt? Und sind nicht auch Gefühle trügerisch? Carnegie tut so, als gebe es ein objektives Selbst, zu dem man sich nur bekennen müsse, und alles wird gut. Jeder, der das ernsthaft versucht, wird bald merken, wie heterogen und widersprüchlich dieses »Selbst« ist . . .

Nebenbei bemerkt, steht der Ratschlag »Finden wir zu uns selbst und stehen wir zu uns selbst« im direkten Widerspruch zu Carnegies eigener Aufforderung, man solle positiv denken und sich von negativen Gedanken befreien. Was ist, wenn mein »Selbst« eigentlich melancholischer Natur ist?

Als Hauptunterschied zwischen positivem und negativem Denken führt Carnegie an: »Positives Denken beschäftigt sich mit Ursache und Wirkung und führt zu logischer, konstruktiver Planung. Negatives Denken hat häufig Spannungen und Nervenzusammenbrüche zur Folge.« (2/S.24)

Seine mechanistische Sicht drückt sich in dem Ratschlag aus, das »Leben in Einheiten von Tagen« zu gliedern. (2/S.21 ff) So als fügten sich seelische Prozesse schlicht und einfach logischen und konstruktiven Überlegungen. Und so kann man laut Carnegie sein Leben rein verstandesmäßig in einzelne Tage gliedern und das Gestern und Morgen ausklammern.

Wieder bedient sich Carnegie hier einer Sehnsucht breiter Bevölkerungsschichten, die nicht nur dem »positiven Denken« anhängen, sondern auch in zahllosen nicht selten verworrenen sogenannten Psychotherapie- und Selbsterfahrungs-»Schulen« ihr Heil suchen, welche mit der Hauptmaxime vom »Leben im Hier und Jetzt« auf Kundenfang gehen: »Also begnügen wir uns damit, den Zeitraum zu leben, den wir tatsächlich leben können: von jetzt bis zum Schlafengehen.« (2/S.27)

Im Gegensatz zu Murphy und Freitag etwa gesteht Carnegie also die mögliche Existenz schwerwiegender Probleme zu, empfiehlt aber nicht eine Auseinandersetzung mit ihnen, sondern ihre Zerstückelung: Er will dem Leser eine Technik anbieten, wie man praktisch jede Last tragen kann, einfach indem man das Leben in Häppchen, jeweils vom Aufstehen bis zum Schlafengehen, unterteilt. Eine solche Grundeinstellung muß schließlich dazu führen, daß wichtige emotionale Prozesse nicht durchgestanden werden. Sie negiert, daß die Auseinandersetzung mit inneren und äußeren Einflüssen einen kontinuierlichen Prozeß darstellt, daß Vergangenheit (mit allen positiven und negativen Einflüssen) und Zukunft (in Form einer vorausschauenden Perspektive) in die Persönlichkeit integriert werden müssen und daß man sie nicht einfach mit der Schere von unserer momentanen Existenz abschneiden kann. (Etwas ganz anderes ist es, in einem psychotherapeutischen Prozeß Probleme zu analysieren und Therapieziele in einzelne Schritte aufzuteilen.)

Unparteiisch und objektiv?

Auch die Aussage, wir bräuchten »uns nur das geistige Rüstzeug zu beschaffen, um mit den verschiedenen Arten von Ängsten fertig zu werden« (2/S.55), gehört zu Carnegies Weltsicht. Er ist überzeugt davon, daß man seine Probleme durch rein verstandesmäßige Vorgänge, beispielsweise durch ein Analysieren von Angst und Sorgen, lösen kann: »Wenn man sich also genug Zeit nimmt und alle Fakten unparteiisch und objektiv sammelt, verschwinden Sorgen und Nöte im Lichte dieses Wissens in den meisten Fällen.« (2/S.56)

Dabei ist es dann allerdings von Nöten, daß wir »unsere Gefühle aus dem Spiel lassen und wirklich ›unparteiisch und objektiv die Fakten sammeln‹«. (2/S.57)

Ein Versuch, der so nicht klappen kann. Jeder Psychotherapeut kann unendlich viele Fallgeschichten davon erzählen, wie wenig das bloße Sammeln von »objektiven« Fakten einem von Sorgen und Ängsten besetzten Menschen hilft. Nur wenn man auch seine Gefühle wahrnimmt, zuläßt und sie in den Entscheidungsprozeß integriert, ist eine autonome, reife Entscheidung überhaupt möglich. Wissenschaftlich gesehen gibt es ohnehin keine objektive Selbstbeurteilung eines Menschen. Um ein einigermaßen realistisches Bild von sich zu erhalten, bedarf es des Hinzuziehens anderer Personen (etwa eines Therapeuten).

Das Schlimmste akzeptieren

Dale Carnegie unterscheidet sich, wie bereits ausgeführt, von den meisten anderen Vertretern des »positiven Denkens« dadurch, daß er (und dies läßt seinen Ansatz realistischer erscheinen) Probleme nicht ganz ausklammert. Zum Beispiel hält er es für einen sinnvollen Kniff, bei sich auftürmenden Problemen zunächst einmal das Schlimmste ins Auge zu fassen, was überhaupt passieren kann. Durch die Akzeptanz dieses Schlimmsten könne man dann die wirklich eintretenden Folgen abmildern. Gemessen am bereits akzeptierten Schlimmsten habe man dann ein positives Ergebnis.

Solche sogenannten paradoxen Interventionen aber, das zeigt die psychotherapeutische Praxis, helfen nicht jedem, nicht immer und vor allem nicht unbedingt dauerhaft. Auch dürfte es ins Reich der Märchen gehören, daß man allein aufgrund solcher Vorstellungen ein Leben »fast völlig frei von Sorgen« führen kann, wie Carnegie den Ingenieur Willis Carrier zitiert (2/S.35).

Hinzu kommt, daß anfällige Personen, indem sie sich die schlimmsten zu erwartenden Folgen einer Handlung ausmalen, auch genau das Gegenteil erreichen können: Es kann zu Traumatisierungen, Angstausbrüchen und Depressionen kommen.

Faszinierend ist, daß Dale Carnegies Ratschläge scheinbar sehr einfach umzusetzen sind. »Akzeptieren Sie das Unvermeidliche« heißt ein Kapitel in »Sorge dich nicht, lebe!«, und tatsächlich wird der Leser diesem Appell gerne folgen wollen, denn sein Sinn ist ausgesprochen leicht einzusehen. Die Komplikationen kommen beim näheren Hinsehen. Wer, bitte schön, definiert, was das »Unvermeidliche« ist, welche Lösungen und Auswege offenstehen und welche verschlossen sind? Carnegie führt hier den »gesunden Menschenverstand« an, der »uns sagt, daß eine Sache ist, wie sie ist – und nicht anders«. (2/S.104) Wer jemals in einer komplizierten Lebenssituation gewesen ist, in der existenzielle Entscheidungen gefordert waren, weiß, wie schwer sich herausfinden läßt, welche Lösung nach dem »gesunden Menschenverstand« wirklich die beste und gleichzeitig machbare ist. (Der Volksmund sagt: Hinterher ist man immer klüger!)

Die Akzeptanz neuer, schmerzhafter Lebensumstände ist ein tiefgehender emotionaler Vorgang, der viel Zeit für Trauerarbeit bzw. für die Auseinandersetzung mit dem Opfer oder Verlust benötigt. Der einfache Vorsatz: »Ich akzeptiere es halt« wird in den allermeisten Fällen nicht viel bringen.

Carnegies Naturgesetze

Obwohl sich Carnegie von den missionarischen Eiferern Murphy oder Freitag wohltuend abhebt, verkündet auch er Dogmen und glaubt, daß sein Weg der einzig wahre sei. So ist er felsenfest davon überzeugt – und beeinflußt seine Leser entsprechend – daß schon alleine das »So-tun-als-ob« zur Bewußtseinsänderung eines Menschen führen könne. Ja, daß es »physisch unmöglich« sei, »traurig oder deprimiert zu sein, wenn man sich benimmt, als sei man überglücklich«. (2/S.137) Und er nennt dies »eines der kleinen fundamentalen Gesetze der Natur«. (ebd.)

Nicht unbedingt zu den Gesetzen der Natur, aber doch zu den Eigenschaften der Spezies Mensch gehört es, daß viele von ihnen – bewußt oder unbewußt – wahre Verstellungskünstler sind. Wir brauchen hier nicht näher auf das Beispiel vom melancholischen Clown einzugehen, der andere durch seine vorgebliche Heiterkeit glücklich macht, selbst aber depressiv ist. Aber Menschen, die die Ruhe selbst zu sein scheinen, während es in ihnen brodelt, kennt jeder Psychologe aus seiner Praxis, vorgebliche »Frohnaturen«, die im Karneval als »Stimmungskanonen« Furore machen, können im Alltag ein »Häuflein Elend« sein. Zu den Erfahrungen der Psychotherapie gehört weiterhin der Umgang mit Menschen, die maskenhaft durchs Leben gehen, ohne ihre wahre Identität zu leben. Mancher muß erst lernen, seine Emotionen auszudrücken, kann sie vielleicht nicht einmal in ihrer Existenz wahrnehmen. Will man ihm eine »So-tun-als-ob«-Verhaltensmaßregel überstülpen, so besteht die Gefahr, daß er überhaupt keine Identität mehr hat und nur noch schauspielert – was letztlich zu Depressionen und zur absoluten Haltlosigkeit führen kann.

Carnegies Maxime »Denken und handeln Sie voll Heiterkeit, dann empfinden Sie auch heiter«, (2/S.141) kann höchstens im Rheinland für die Dauer der drei tollen Tage gelten.

Bestärken bis zur Selbstüberschätzung?

Der Blick auf weitere der Gesetze Carnegies ist ebenso aufschlußreich: »Bestärke den anderen immer in seinem Selbstgefühl.« (3/S.122)

Nun mag es im Verkaufsgespräch nützlich sein, den anderen zu hofieren, um etwas »an den Mann zu bringen«. Dies aber als allgemeines Gesetz zu formulieren, bedarf schon äußerster psychologischer Unkenntnis oder Verdrängung. Es gibt eine ganze Menge von Menschen (ob Chefs oder Angestellte, ob Freunde oder Verwandte), die mit Anerkennung, mit Lob nicht umgehen können und die dann an Selbstüberschätzung leiden, unausstehlich werden, arrogant auf alle anderen herabsehen. So manche Eltern beklagen später, daß sie ihre Kinder zu sehr verhätschelt haben, dann nämlich, wenn das Pendel umschlägt und die lieben Kleinen ihnen, spätestens in der Pubertät, auf der Nase herumtanzen. Sie sind dann überheblich, aggressiv und undankbar.

Es ist eben auch wichtig, dem Gegenüber Grenzen aufzuzeigen. Einseitiges Lob kann auf die Dauer viel Schaden anrichten.

Eine Spezialität Dale Carnegies ist die Empfehlung der Aggressionsunterdrückung. Wo andere nur allgemein von ewiger Harmonie und Zufriedenheit sprechen, rät Carnegie explizit, sich Auseinandersetzungen zu entziehen.

Das Jesus-Wort »Liebet eure Feinde« werde so zu einem Wort »über moderne Medizin. Als Jesus sagte: ›Vergebt nicht siebenmal, sondern siebzig siebenmal‹, da sagte er Ihnen und mir, wie wir verhindern könnten, hohen Blutdruck, Herzbeschwerden, Magengeschwüre und viele andere Krankheiten zu bekommen.« (2/S.143)

Die Psychologie weiß, daß Ärger und Wut wichtige Gefühlsausbrüche sind mit einer wichtigen Funktion für die psychische und körperliche Gesundheit. Sie verhindern, daß die Menschen ihre Frustrationen »in sich hineinfressen« und psychosomatische Beschwerden, aber auch Depressionen entwickeln.

Zum anderen sind diese Gefühlsausbrüche lebensnotwendig, um dem anderen, dem Gegenüber die Grenzen aufzuzeigen.

Ziel: Die Mitmenschen manipulieren

Das ganze Buch »Wie man Freunde gewinnt« ist eine Anleitung zur Aggressionshemmung und damit einhergehend zur Übervorteilung und Ausnutzung seiner Mitmenschen. Dale Carnegie beschreibt ausführlich, wie man sein Gegenüber durch taktische Manöver manipuliert. Man geht auf ihn ein, kritisiert nie, behandelt ihn immer positiv – um dann die Früchte zu ernten.

Doch Taktik hat nichts mit Wahrhaftigkeit, mit Echtheit zu tun. Sie führt zur Maskenhaftigkeit eines Menschen. Es gibt immer Zuneigung und Abneigung, Sympathie und Antipathie, und wer solche und andere Gefühle versteckt, läuft Gefahr, krank zu werden.

Während Carnegie verlangt, Gefühle bei sich selbst zu unterdrücken, soll man sich diejenigen des Gegenübers zunutze machen: »Im Umgang mit Menschen dürfen wir nie vergessen, daß wir es nicht mit logischen Wesen zu tun haben, sondern mit Wesen voller Gefühl, Vorurteile, Stolz und Eitelkeit.« (3/S.42) Auf diese Befindlichkeiten solle man eingehen.

Carnegies Lehre ist letztlich nichts anderes als ein Verkäufertraining, das er auf alle Alltagssituationen eines Menschen auszudehnen bemüht ist. Die Welt besteht aber nicht nur aus Käufern und Verkäufern. Wer seine Mitmenschen ständig so manipuliert, wie dies möglicherweise ein guter Autoverkäufer tut, der wird Schiffbruch erleiden. Dale Carnegie zitiert einen Professor mit dem »klugen Rat«: »Man muß immer zuerst im andern das Bedürfnis erwecken, das zu tun, was wir von ihm wünschen. Wem dies gelingt, der hat die ganze Welt auf seiner Seite.« Doch dieser Ratschlag, auf das gesamte Leben ausgedehnt, kann sich bitter rächen. Irgendwann nämlich durchschaut das Gegenüber diese Taktik. Niemand läßt sich gerne auf Dauer überlisten. Es kommt unweigerlich zu einer Reaktanz, zu Widerstand und Gegenwehr.

Zusammenfassung

Dale Carnegie ist wohl der realistischste unter den Verfechtern des »positiven Denkens«. Doch wenn man seine Zitate und Fallbeispiele hinterfragt, merkt man rasch, daß auch er nur ein Heilsbringer ist. Sein Gott ist nicht die Religion, sondern das kapitalistische System und in ihm das Verkaufen von Waren und Überzeugungen. Damit scheint seine Methode vor allem als Management- und Verkäuferschulung ideal. Allerdings ist ein Scheitern auch hier eher wahrscheinlich.

Erhard F. Freitag –
religiöser Eiferer oder Scharlatan?

»Erhard F. Freitag wandte sich nach einer kaufmännischen Ausbildung dem Beruf des Heilpraktikers zu.« Mit dieser schlichten Feststellung beschreibt sein Verlag den Umstand, daß sein Erfolgsautor in München ein »Institut für Hypnoseforschung« offenbar ohne jedes psychologische oder psychotherapeutische Studium betreibt.

Zum »positiven Denken« gekommen ist Freitag (wie jeder anständige Guru) durch ein Erweckungserlebnis: Ihm fiel das Buch »Die Macht des Unterbewußtseins« von Joseph Murphy in die Hände. Dort stand, daß dieses Buch das Leben des Lesers verändern werde, wenn er tue, was Murphy sage.

Freitag las das Buch offenbar wie eine Bibel – um dann später in seinen Werken dem Leser ebenfalls strenge Gläubigkeit abzufordern.

Bis zu dem Zeitpunkt, als er auf Murphy stieß, war er »fett« und außerdem ein »heranwachsender, in seiner Persönlichkeit beschränkter, destruktiver, minderwertigkeitsgeplagter, sogenannter normaler Mensch«. (1/S.44)

Aber dann verlief alles wie im Bilderbuch (oder wie in den Fallbeispielen aus Freitags späteren Publikationen): »Meine Übersäuerung des Magens, mein Sodbrennen, meine Gastritis verschwanden in wenigen Tagen, nachdem ich in einem emotionalen Aufbruch mein Unterbewußtsein richtig motivierte ... Ich entschloß mich, mein Leben von jetzt an als erfolgreich zu betrachten. Ich wollte den Weg des positiven Denkens gehen. ... Mein Unterbewußtsein befolgte meine positiven Gedanken zu meiner Gesundung wie ein getreuer Befehlsempfänger. In Jahresfrist hatte ich dreißig Kilo meines Übergewichts verloren und sah nun auch aus wie ein neuer Mensch, der ich innerhalb weniger Tage innerlich bereits lange geworden war.« (1/S.44 f.)

Worthülsen und Heilsversprechen

Schon im Vorwort seines Hauptwerkes »Kraftzentrale Unterbewußtsein« läßt Freitag keinen Zweifel an seinem einfachen Weltbild: »Jeder Mensch«, heißt es da, »bekam das Recht mit auf die Welt, sich selbständig mit den höchsten Kräften des Seins und seinem Urgrund zu beschäftigen, ohne den fachmännischen Filter von Psychologen und Theologen.«

Solche Worthülsen sagen nun überhaupt nichts aus und implizieren dabei, daß ausgerechnet diejenigen, die »den fachmännischen Filter von Psychologen oder Theologen« in Anspruch nehmen, auf ein menschliches Recht verzichten – also mehr oder weniger unmündig seien. Und: Es handelt sich um die Anforderung an den Leser, nur sich selbst zu befragen und nie Hilfe von außen zu suchen (mit Ausnahme natürlich der des Herrn Freitag).

Freitag bringt es für den gläubigen Leser auf den Punkt: » Es gibt kein Problem, keine Krankheit auf dieser Erde, deren Ursache wir nicht in uns selbst erfahren könnten.« (1/S.16)

Diese Überzeugung überhöht er gerne und ausführlich mit Bibelzitaten, die seiner Lehre eine mystische Dimension verleihen sollen. »Glaubet, und ihr werdet selig sein«, sagte Jesus den Menschen. Lazarus, den er von den Toten erweckte, oder die Aussätzigen, die er heilte, nahmen diesen Satz wörtlich und mit ihrer Seele auf. Sie erfuhren die Kraft ihres Unbewußten in herrlicher Größe.« (1/S.16) Und im nächsten Satz fordert er die Leser auf, auch in seinem Buch »jedes hier geschriebene Wort hintergründig« zu nehmen: »Versuchen Sie, seinen neuen Sinn im neuen Zusammenhang zu erfassen.« (ebd.)

Gleichzeitig verlegt Freitag das Himmelreich auf die Erde. »Sie müssen nicht auf die Erlösung in einer unendlich fernen Zukunft warten ... Sie sind Ihr eigener Erlöser.« (1/S.17)

Doch selbst mit dieser Aussage sieht er sich in Übereinstimmung mit dem Christentum und auch den anderen Weltreligionen, die er sich für seine Belange zurechtschnitzt.

Gedanken als »lebendige Wesen«

Wenn Freitag dann an anderer Stelle seines Werkes »Kraftzentrale Unterbewußtsein« behauptet: »Was immer Sie in Ihrer eigenen Umwelt als Form, Funktion, Erlebnis wahrnehmen, ist ausschließlich das Resultat Ihrer eigenen Gedanken. Gedanken sind lebendige Wesen, die nach Realisation, Materialisation streben« (1/S.26), dann fragt man sich geradezu, warum Erhard F. Freitag nicht – statt seine Lehre in Büchern zu verbreiten – persönlich beim

Interessenten als »heiliger Geist« vorbeikommt … An diesem Punkt wird es richtiggehend gruselig. Dem »positiven Denken« wird eine geradezu unheimliche Macht zugeschrieben. Ob körperliche Krankheit oder kläffende Hunde – alles läßt sich mit der Macht der Gedanken bekämpfen: »Setzen Sie Ihr eigenes psychisches Potential zur Erfüllung Ihrer Sehnsüchte auf Ihre persönlichen Vorstellungen an. Ob Sie eine Arthrose bekämpfen oder den Hund Ihres Nachbarn – mit Liebe – zum Schweigen bringen, alles Positive wird sich verwirklichen. – Ich sagte tatsächlich: *alles*!« (1/S.117)

Traumhafte Erfolgsquote

Wie jede andere Heilslehre, so beansprucht auch das »positive Denken« für sich eine Allmachtsfunktion: Es allein ist der Weg zum Glück, wer dieser Lehre nicht anhängt, ist mehr oder weniger verloren.

Dies soll dann mit Erfolgsmeldungen untermauert werden. Wer etwa Bedenken hat, sich dem Hypnotherapeuten Freitag anzuvertrauen, der wird mit der Behauptung geködert, die Praxis des Heilpraktikers Freitag habe »eine völlig von der Norm abweichende Erfolgsquote«.

Weder wird hier ausgeführt, wie denn die »Normquote«, auf die hier Bezug genommen wird, überhaupt aussieht, noch wird in irgendeiner Weise definiert, was »Erfolg« in der Behandlung von Freitag überhaupt ist. Ganz zu schweigen davon, daß es völlig offengelassen wird, ob und in wieweit bei dieser »Erfolgsquote« Nachuntersuchungen und Langzeitbeobachtungen berücksichtigt werden.

«Tausenden meiner Patienten gelang es, ihr Gefühl positiv zu programmieren und die unendliche Weisheit ihres Unbewußten als den höchsten und besten Maßstab in ihrem Leben gelten zu lassen«, (1/S.111) behauptet Freitag, womit er eigentlich nur sagt, daß seine Praxis ein reiner Massenbetrieb sein muß. Selbst wenn er es wollte, könnte er bei diesen Menschenmassen unmöglich Erfolgskontrollen durchführen.

Von Selbstzweifeln ist Freitag, getreu seiner Lehre, unbehelligt. Dem willigen Leser, dem der Inhalt dieses Buches »in Zukunft näherbleibt als die Tageszeitung«, garantiert er »eine positive Lebensveränderung innerhalb der nächsten zwei Monate«. (1/S.17)

Eine Aussage, über die man fast lachen könnte, wenn sie nicht in einem so ernsten Zusammenhang stünde. Aus der klinischen Erfahrung mit therapiebedürftigen Menschen heraus muß man diese Aussage aber leider als ungeheuerlich und menschenverachtend bezeichnen. Nicht einmal der erfahrene Arzt kann eine solche zeitlich exakte Aussage über die Wirkung klinisch getesteter Arzneimittel machen, weil er nie genau voraussagen kann, wie ein Mittel auf den inviduellen Menschen wirkt. Jeder Mensch ist anders, jeder Mensch reagiert anders auf Medikamente, eine Psychotherapie oder auf eine Heilslehre.

Zwar konstatiert Freitag richtig, daß Buchwissen im allgemeinen ein Handicap beinhaltet: Wer über die Lebensbewältigung anderer lese, wisse sich noch längst nicht selbst zu helfen. Doch unmittelbar danach bescheinigt er *seinem* Buch durchschlagendere Wirkung: »Dieses Buch soll ... ein Handbuch für Sie sein, mit dem Sie Ihre ganz persönlichen Zwänge und Motivationen erkennen und lenken lernen können. Es wird Sie befähigen, *ohne weitere äußere Hilfe* in das diffuse Gewirr Ihrer Gedanken ordnend und richtungsbestimmend einzugreifen.« (1/S.14)

Darin kommt eine maßlose Überschätzung dessen, was ein Buch leisten kann, eine noch größere Überschätzung des Wortes zum Ausdruck: »Das Wort wurde mir zum Energieträger geistiger Kraft, nicht nur, wie üblich, zum beschreibenden Bildwerkzeug.« (1/S.14)

Psychodarwinismus

Erhard F. Freitag hat insgesamt eine sehr eigenwillige Vorstellung vom menschlichen Wesen und der Gesellschaft. Er predigt eine Art Psychodarwinismus und offenbart darin eine grenzenlose Verachtung menschlicher Not: Reichtum oder Armut sind für ihn eine Frage der persönlichen Einstellungen. »Sich der Armut ergeben, bedeutet, sein Lebenslicht freiwillig ersticken zu lassen. Es gibt keine unverschuldete Armut.« (1/S.183) Und an anderer Stelle: »Nehmen Sie einem Millionär seine Millionen weg. Es wird ihn nicht treffen. Sein Geist ist auf Wohlstand, Harmonie und Gesundheit programmiert. Mit keiner Mark in der Tasche hätte er in wenigen Jahren wieder Millionen. Wer sich innerlich reich fühlt, wird reich werden – auch ohne

Elternvermögen.« (1/S.192) (Daß er an einer anderen Stelle die »Geldgieri-
gen, die ewigen Spekulanten auf materiellen Gewinn« [1/S.189] aufspießt,
scheint ihm kein Widerspruch.)

Und wer halt kein Millionär ist, der soll auch zufrieden sein mit dem, was
er hat: »Negative Einstellung zur Arbeit, *wie beispielsweise das ständige
Gerangel in der Wirtschaft um höhere Löhne,* macht die Menschen zu Zerstö-
rern ihrer Mitarbeiterschaft. Inflation ist die Folge sinkender menschlicher
Qualität.« (1/S.192)

Abgesehen davon, daß die Terminologie an den NS-Jargon erinnert, ist die
Aussage unverblümt folgende: Arbeiter und Angestellte sollten doch gefäl-
ligst zufrieden sein mit dem, was sie verdienen, ganz gleich, wie die Ertrags-
lage der Betriebe aussieht.

Das Übel des Verstandes

Den Verstand als Leitprinzip für das Handeln zu gebrauchen ist für Erhard F.
Freitag eines der Grundübel unserer Zeit und des westlichen Kulturkreises.
»Wir alle«, schreibt er, »aus jedem Beruf und jeder Bildungsstufe, verlassen
uns einhellig auf den Verstand als einzigen Umschlagplatz unserer Informationen und Handlungsimpulse.« Unter uns allen gebe es dann noch besonders schlimme Verstandesmenschen: »Von diesem Diktat des Verstandes werden ganze Berufsgruppen in die Enge einer dogmatischen Lebensweise
getrieben. Am Ende einer Negativauslese von einflußreich wirkenden Beru-
fen stehen die Ärzte, Juristen, Polizisten und dann die Lehrer. Diese Berufsgruppen ... betrachten fast durchweg nur die materielle Seite unseres
Lebens.« (1/S.178)

Freitag negiert in seiner Verstandeskritik völlig, daß jeder Mensch individuell mit seinem Verstand umgeht, doch braucht er diese Pauschalisierung,
um sein eigenes Weltbild zu stützen.

Tatsache ist, daß Menschen immer auf verschiedenen Ebenen entscheiden,
sie haben vielfältige Informationseingänge. Wir wissen, daß auch unzählige
nonverbale und sonstige Informationen aufgenommen werden. Und so vielfältig wie die Informationen, so vielfältig auch die Handlungen: Auch angeblich rational denkende Manager großer Industrieunternehmen neigen zu irra-

tionalen Entscheidungen, bei denen Vorlieben und Aggressionen möglicherweise eine größere Rolle spielen als der Verstand.

In den Intellektuellen hat Freitag ein ausgesprochenes Feindbild. Diese vertrauen eben ihrem Verstand (und mißtrauen vielleicht allzu simplen Erklärungsmustern). Im Zusammenhang mit den Segnungen der Hypnose, deren Wirkung Freitag maßlos überschätzt, betont er: »Ich bezeichne gern jene Hypnosepatienten als ›normale‹, die noch Intuition und Gefühl besitzen. Das sind auch die Voraussetzungen, um sich jemandem richtig anvertrauen zu können. Intellektuellen gelingt es meist seltener; sie haften an ihrem Wissen, an ihren gußeisern installierten Vorstellungen. Ihr weltliches Ich will sie einfach nicht aus seinen vorgefaßten Meinungen entlassen.« (1/S.130)

Die moderne Hypnoseforschung und gute Praktiker wissen hingegen, daß Intellektuelle mit auf das spezifische Klientel zugeschnittenen Techniken der Hypnose genauso zugänglich sind wie andere Menschen. Aber sie werden vielleicht eher stutzig, wenn es um zu simpel gestrickte Hypnoseverfahren geht.

»Die Intuition ist dem vom Willen gelenkten Verstand haushoch überlegen«, behauptet der Heilpraktiker Freitag und fährt mit der verwegenen Aussage fort: »Keine Planung eines Intellektuellen mit allen Finessen seines vielseitig gebildeten Verstandes kann einen einzigen, intuitiven Gedankenblitz ersetzen. Das beweist der Lebenserfolg aller großen Forscher und Dichter.« (1/S.19)

Was natürlich völliger Unsinn ist. Gerade der Lebenserfolg der großen Forscher und Dichter beweist, daß zielstrebiges intellektuelles Handeln, eine langatmige, begeisterte Beschäftigung mit einem Gegenstand die Voraussetzung für mögliche Geistesblitze ist. Die Intuition braucht also eine solide Grundlage (von der in der Lehre Freitags keine Rede sein kann). Mit der Aussage »Die Energie, die Sie einsetzen, um ein Ziel zu erreichen, ist das Hindernis auf dem Weg zum Ziel« (1/S.19) propagiert der Autor eher eine Philosophie des Nichtstuns.

Wunderheilmittel »positives Denken«

Patienten, die zu Erhard F. Freitag kommen, können sich glücklich schätzen. Er schützt sie vor der drohenden fehlerhaften Behandlung durch Schulmediziner und Psychotherapeuten: »Du bist, was du denkst. Diese Erkenntnis erscheint mir so grundlegend und entspricht so meinem östlich orientierten Denken, daß ich einen Patienten nicht einfach zum Neurochirurgen schicke oder – noch einfacher – ihn nur pharmazeutisch ruhigstellen lasse.« (1/S.25)

Nun können wir Gott sei Dank sicher davon ausgehen, daß Freitag keine Neurochirurgen kennt, die einen hirnchirurgischen Eingriff bei einer psychischen Störung vornehmen. Diese Ärztegruppe ist natürlich eher für körperliche Krankheitsbilder wie Hirntumore etc. zuständig.

Warum aber spricht Freitag vom Begriff »Neurochirurg« im selben Zusammenhang wie von der pharmazeutischen Behandlung? Um den Leser zu ängstigen und seine Denk-Therapie attraktiver zu machen? Denn statt Neurochirurg und Tabletten empfiehlt Freitag dem Patienten eine einfache Lösung: »positives Denken«.

Auch körperliche Gebrechen heilt Magier Freitag durch Suggestion:

»Einem Diabetiker empfahl ich die Suggestion, sich das Zusammenspiel seiner Organe im Körper vorzustellen, in das sich die Bauchspeicheldrüse wieder voll eingliedert. Alle Organe bedanken sich bei der Bauchspeicheldrüse, sie gehen ganz im Miteinander auf, und ein tiefes, entspanntes Harmoniegefühl durchströmt anschließend den Körper, das der Übende als Bestätigung seiner vollen Gesundung empfindet.« (1/S.84)

Abgesehen davon, daß es einen durchaus komischen Aspekt hat, sich vorzustellen, wie die eigenen Organe sich höflich beieinander bedanken, kommt hier wieder die Hybris des »positiven Denkens« zum Vorschein: Alles ist machbar, lautet die Kernaussage.

Dies aber ist, wie man an dem vorstehenden Beispiel deutlich sehen kann, ein durchaus gefährlicher Anspruch. Hier werden nämlich reale körperliche Gefahren ignoriert, und es wird suggeriert, man könne auf der rein seelisch-geistigen Schiene alle Krankheiten heilen. Nur allzu leicht werden dabei die Gefahren mißachtet, die mit körperlichen Erkrankungen nun einmal verbunden sind.

Lebensgefahr inbegriffen

Zumindest aber sollte man verlangen können, daß ein »Therapeut«, der mit körperlichen Erkrankungen umgeht, die Reaktionen auf seine Methode abschätzen kann. Genau dies ist bei Erhard F. Freitag nicht der Fall, wie sich am Beispiel seiner Ausführungen zum autogenen Training nachweisen läßt.

Das autogene Training sei eine »gut bekannte und leicht erlernbare Methode der körperlichen Entspannung« (1/S.87), schreibt Freitag – außer acht lassend, daß jeder Trainer dieser Methode davon ein Lied singen kann, daß es sehr viele Menschen gibt, die sich schwer mit dem Erlernen dieser Entspannungsmethode tun, ja daß es viele Menschen gibt, die Kurse zum autogenen Training besucht haben, ohne es bisher zu erlernen.

Aber davon einmal abgesehen, beweist Freitag seine medizinische Unkenntnis, wenn er mit autogenem Training zum Beispiel Asthmaanfälle in den Griff bekommen will. Es ist ein bekanntes Phänomen, daß gerade durch Entspannung bei bestimmen Personen (sog. vagotoner Typ) Asthmaanfälle auftreten können und dadurch eine Verstärkung der Symptomatik entsteht. Viele Asthmatiker wachen z.B. mit Asthmaanfällen aus dem entspannenden Schlaf auf.

Auch wenn er das Beispiel einer Hypnosebehandlung eines Asthmatikers schildert (1/S.134 f.), dann läßt er jede Differenzierung vermissen und erweckt statt dessen den Einruck, als sei die Hypnose ein adäquates Mittel für alle asthmatischen Erkrankungen. Vor dieser Aussage kann aber nicht eindrücklich genug gewarnt werden.

Sicher gibt es psychogen stark überlagerte asthmatische Beschwerden, aber es gibt natürlich auch alle möglichen anderen Formen: allergisches Asthma etwa, das bis zum Status Asthmaticus führen und für den Patienten tödlich sein kann. Für ihn kann eine ausschließlich hypnotische Behandlung Lebensgefahr bedeuten.

Es ist außerordentlich gefährlich, Erkrankungen, die sowohl seelische als auch körperliche Ursachen haben, *ausschließlich* auf psychische Ursachen zurückzuführen. Es werden möglicherweise lebenswichtige medizinische Behandlungen der körperlichen Krankheitssymptome nicht durchgeführt, was z.B. bei allergischen Reaktionen zu einem anaphylaktischen Schock führen kann, bei dem Lebensgefahr besteht.

Da bei Freitag die Ursachenbestimmung gerade bei diesen auch körperlich mitbedingten Erkrankungen sehr oberflächlich ausfällt (wenn er darüber überhaupt ein Wort verliert), muß der Verdacht entstehen, daß dies aus

Unwissenheit geschieht. Dies allerdings könnte sich für viele seiner Patienten als Katastrophe auswirken.

Auch bei Herzneurosen empfiehlt Freitag übrigens autogenes Training, obwohl solche Patienten durch diese Methode durchaus gefährdet werden können. Bei ihnen kann sich gerade durch das verstärkte Körperbewußtsein, durch Körpersignale, die durch das Hineinhorchen in den Körper verstärkt werden, eine Panikattacke entwickeln. Viele Autoren (z.B. Bernt Hoffmann, Handbuch des autogenen Trainings, München 1981) warnen in ihren Veröffentlichungen davor, autogenes Training bei Herzneurosen, Panikattacken etc. unbedacht anzuwenden.

Die »Überflutung des Unterbewußtseins«

Selbst die Grundlagen der Psychologie werden von Erhard F. Freitag kurzerhand umgedeutet. So schreibt er in seinem Hauptwerk: »Sie beginnen zu ahnen, wie nötig es wird, diese wilde Gedankenflut, die sich in unseren Tiefenschichten in Bilderform manifestiert, nicht zügellos Ihr Unterbewußtsein überfluten zu lassen.« (1/S.60)

Dies ist aus der Sicht der Psychologie eine krasse Fehlaussage. Die »wilde Gedankenflut« überflutet nicht das Unbewußte, sondern sie kommt aus dem Unbewußten, ist Teil des Unbewußten und damit Teil des Lebens.

Ähnlich unkorrekt wird mit psychologischen Erklärungen für menschliche Verhaltensweisen umgegangen. So schildert er den Fall eines aggressiven Jugendlichen, der seinem Meister einen Hammer an den Kopf geworfen habe (und den er natürlich mit einer harmonisch-friedvollen Suggestionsformel von seiner Roheit heilte), und behauptet: »Fehlende Liebe und Zuwendung in den ersten entscheidenden Kinderjahren haben sich in erschreckend zunehmendem Maße als ausschlaggebende Ursache für den Mißerfolg in der Erziehung gezeigt.« Ausgeklammert werden alle weiteren Erklärungsversuche, z.B. die interaktiven Problembereiche in der Arbeitswelt, die Entwicklungsproblematik in der Schule, innerhalb der Peer-group. Und natürlich können auch Probleme von Jugendlichen – z.B. in der Pubertät – relativ unabhängig von irgendwelchen Lieblosigkeiten der Eltern auftreten.

Mit Unkenntnis und Pauschalurteilen erhebt sich Freitag über die klassische und wissenschaftliche Psychologie und behauptet z.B.: »Kein Psychologe konnte Ihnen das bisher erklären, denn auch sie arbeiten ausschließlich mit dem Verstand, der dem Unterbewußtsein gegenübersteht wie der Mond der Sonne.« (1/S.83)

Bei soviel medizinischem und psychologischem Unverstand ist es auch kein Wunder, daß die Fallbeispiele, die Erhard F. Freitag in seinem Werk veröffentlicht, immer diffus bleiben. Klare, fachlich korrekte Diagnosen werden nicht mitgeteilt, wahrscheinlich auch durch den Heilpraktiker Freitag gar nicht erst erstellt. Ob der Patient unter einer Depression, einer Angstneurose oder Zwängen litt, ist anscheinend unerheblich. Freitag schildert in der Regel lediglich die äußere Problemsituation.

Dies macht es auch nahezu unmöglich, seine angeblichen Therapieerfolge kritisch nachzuvollziehen. Es bleibt alles im Allgemeinen, und so ist auch der Therapieweg (Autosuggestion mit Formeln des »positiven Denkens«) und natürlich das positive Therapie-Ergebnis allen Fällen gemeinsam.

Die Vielfalt psychologischer Methoden ist ihm offensichtlich nicht bekannt. Und auch nicht der Umstand, daß diese Therapien (inklusive der Verhaltenstherapie) keineswegs hauptsächlich mit dem Verstand arbeiten. Sie wenden Interventionsmethoden (z.B. Reizüberflutung, Konfrontation, rational-emotive Verfahren) an, die auch innerste Lernprozesse und damit gerade die emotionale Ebene ansprechen.

Zusammenfassung

Erhard F. Freitag wird von seinen Anhängern als der »deutsche Murphy« bezeichnet, und das sagt schon, in welche esoterische Ecke er gehört. Schlimm ist nur, daß Freitag seine Methoden als »Psychotherapie« ausgibt und damit nicht nur seine Leser, sondern vor allem hilfesuchende Menschen täuscht und von wirksamen Behandlungen abhält.

Anspruch und Wirklichkeit
des »positiven Denkens«

Das Denken als alles bestimmende Macht

Was kann man mit »positivem Denken« bewirken? Wenn man den Propheten dieser Denkrichtung glauben darf, praktisch alles. Und zwar mehr oder weniger mühelos.

Dazu, so die Lehrmeinung, muß der Veränderungswille nur das »falsche Denken« durch das »positive Denken« ersetzen. Dabei wird der menschliche Geist, ja der Mensch an sich quasi wie ein Computer gesehen, in den man nur die richtige Software (= positive Gedanken) einzugeben braucht, um zukünftigte Geschehnisse in eine günstige Richtung zu beeinflussen.

Um von der Eindimensionalität solcher Gedanken abzulenken, wird per esoterischem Vokabular eine mystifzierende Überhöhung betrieben. So spricht man von den »höchsten Kräften des Seins«, vom »Urgrund« im Menschen, von seinem »ureigensten Kraftkern« (Freitag). Oder von einer »unendlich heilenden Macht«, die im »tiefsten Seelengrund« eines jeden Menschen wohne (Murphy). In den Autosuggestionstexten appellieren die Patienten an ihren »göttlichen Kern«, an die »unendliche Weisheit meiner höheren Intelligenz«, an die »unerschöpfliche Quelle meiner Existenz«.

In diesem Kapitel sollen die Kernaussagen der Lehre mit ihren tatsächlichen Leistungen konfrontiert werden.

Was »positives Denken« angeblich alles bewirkt

Die Vertreter des »positiven Denkens« betreiben unisono eine maßlose Überschätzung des Denkens und der Sprache. »Heute weiß ich mit unumstößlicher Gewißheit, daß das größte Problem −eigentlich beinahe sogar das *einzige* − mit dem Sie und ich uns herumschlagen müssen, die Wahl der richtigen Gedanken ist.« (2/S.127) So Dale Carnegie in seinem Hauptwerk »Sorge dich nicht, lebe!«.

Norman Vincent Peale verkündet: »Die Gedanken, ob ausgesprochen oder nicht, besitzen eine große Macht. Sie setzen Kräfte in Bewegung, die unvermeidlich zu den geplanten, ausgesprochenen und herbeigedachten Ergebnissen führen.« (10/S.55)

Damit behaupten die Autoren einerseits, daß Menschen ohne weiteres wählen könnten, welche Gedanken (welche richtigen Gedanken) sie denn nun gerne haben möchten, und sie sprechen andererseits den Gedanken einen allmächtigen Einfluß auf das menschliche Leben zu.

Geradezu apodiktisch bestehen die Verfechter des »positiven Denkens« darauf, daß Neurosen und Ängste mit »falschem Gedankengut« (Freitag, 1/S.39) erzeugt werden und der Patient sie folglich mit »rechter Lenkung seiner unendlich vorhandenen Energie« überwinden und »Gesundheit und höchste Vollkommenheit« erreichen kann.

In Schwarz-Weiß-Manier wird das Denken in zwei Richtungen eingeteilt: Es gibt das sogenannte »falsche Denken« und – dagegengesetzt – das seligmachende »positive Denken«. Und zwar nicht nur für den einzelnen, sondern auch auf gesellschaftlicher Ebene. Für Erhard F. Freitag ist es höchste Zeit, »dem Kernübel unserer Epoche, dem falschen Denken, dem Verhaftetsein an unnötige, kraftzehrende Vorstellungen, zuleibe zu rücken«. (1/S.15)

Der Geist ist der Materie überlegen

Nicht nur psychische, auch schreckliche körperliche Krankheiten können nach Ansicht der Autoren des »positiven Denkens« durch das richtige Bewußtsein bezwungen werden. Bei Joseph Murphy heißt es: »Ich selbst wurde Zeuge, wie die Macht des Unbewußtseins Siechen und Krüppeln wieder völlige Genesung und die alte Kraft der Glieder schenkte, so daß sie von neuem in die Welt hinausschreiten konnten und Glück und Erfolg ernteten.« (4/S.21)

Zunächst aber schildert er seinen eigenen Fall, sein persönliches Erweckungserlebnis. Er litt als junger Mann an einer »bösartigen Hauterkrankung« (ohne uns mitzuteilen, wie die genaue Diagnose lautete). Jedenfalls wurde die Lage »von Tag zu Tag ernster« (4/S.51). Da machte ihm (seltsamerweise) ein Geistlicher klar, daß das »Unterbewußtsein« (und nicht etwa

»Gott«, d. Verf.) »alle Organe aus einer rein geistigen Keimzelle formt und gestaltet. Und was das Unterbewußtsein in Übereinstimmung mit einem ihm einprägenden Vorbild schuf, könne es auch nach demselben Muster wiederherstellen und heilen«. (ebd.)

So sprach Murphy fortan zwei- oder dreimal am Tag das »Gebet«: »Mein Körper wurde von der unendlichen Weisheit meines Unterbewußtseins geschaffen, das auch mich zu heilen vermag. Seine Weisheit formt alle meine Organe, Gewebe, Muskeln und Knochen. Dieselbe unendliche und heilbringende Kraft in meinem Inneren ist nun dabei, jedes Atom meines Organismus zu verwandeln und mich unverzüglich wieder heil und gesund zu machen ...« (ebd.) Nach etwa drei Monaten war Murphys Haut wieder »völlig heil und gesund«. (ebd.)

Der Glaube an die Macht der Sprache und der daraus folgenden »therapeutischen Möglichkeiten« ist bei den Vertretern des »positiven Denkens« uneingeschränkt. »Selbsterkenntnis führt zur Heilung«, sagt Norman Vincent Peale. (6/S.53) So als sei der Körper eine amorphe Masse, die allein durch das Denken gesteuert wird.

Wenn die Propheten des »positiven Denkens« ihren Klienten die Grundmaxime »Du bist, was du denkst«, gepaart mit eingängigen Autosuggestionsformeln mit auf den Weg geben und das ausdrücklich als Alternative zu therapeutischer oder pharmakologischer Behandlung verstehen, dann negieren sie vollkommen die Realität psychischer Krankheit.

Es ist vielmehr so, daß es zum einen so schwere psychische Störungen (Psychosen) gibt, daß eine psychiatrische Behandlung absolut unumgänglich ist. Zum anderen ist es in der modernen Psychotherapie (beispielsweise durch die »Verhaltensmedizin« repräsentiert) unumstritten und durch eine Vielzahl von Therapiestudien belegt, daß, zumindest zu Anfang der Behandlung, bei bestimmten Krankheitsbildern wie Depressionen und Ängsten eine Kombinationsbehandlung von Psychopharmaka und Psychotherapie oft der einzig gangbare Weg ist, um den jeweiligen Patienten überhaupt erst einmal ansprechbar zu machen.

Das gehorchende Unterbewußtsein

Das »Unterbewußtsein« wird bei Murphy zu einem wahrhaft schillernden Begriff. Einerseits ist es strohdumm, denn es reagiert nur auf die Gedanken: »Ihr Unterbewußtsein prüft nicht nach, ob Ihre Gedanken gut oder schlecht, bzw. wahr oder falsch sind, sondern es reagiert einzig und allein in der Ihren Gedanken und Vorstellungen entsprechenden Weise.« (4/S.32)

An anderer Stelle versteigt sich Murphy zu der abenteuerlichen Aussage an den Leser: »In *Ihren* Händen liegt die Kommandogewalt, *Sie* erteilen die Befehle – und Ihr Unterbewußtsein wird gehorchen...« (4/S.31)

Andererseits aber ist das Unterbewußtsein allwissend: »Ihr Unterbewußtsein kennt die Lösung aller Probleme.« (4/S.29) Es ist allmächtig, und schließlich besitzt es sogar ein eigenes »Gehirn«: Der Solarplexus (Sonnengeflecht) werde als »Gehirn des Unterbewußtseins« bezeichnet (4/S.49), schreibt Murphy: »Dort entfalten Ihre Gedanken und Vorstellungen ihre reale Wirksamkeit und offenbaren sich in Ihren Erlebnissen.«

Als wenn nicht alle Menschen, vor allem aber die Menschen, die sich mit ihrem Inneren z.B. in Therapien auseinandersetzen, immer wieder die Erfahrung machen würden, daß genau umgekehrt das Unbewußte die Gedanken prägt, ja manchmal geradezu ›diktatorisch‹ ein bestimmtes Verhalten erzwingt.

Das Denken ist nur eine Ebene des menschlichen Bewußtseins, des menschlichen Tuns, Verhaltens und Fühlens. Auf dieser Ebene *alleine* finden in der Regel keine Veränderungsprozesse statt, sondern Veränderungsprozesse gehen auf den verschiedensten seelischen Ebenen und auch Verhaltensebenen vor sich.

Es gibt ganz unabhängig von der Sprache und den Verstandesebenen primäre Lernbereiche – beispielsweise das emotionale Lernen oder die körperliche Bewegung und Geschicklichkeit – Lernprozesse, die durch Denken und Sprache nicht zu ersetzen oder auch zu beeinflussen wären. Ja, man kann sogar sagen, daß Denken, Verstand und Sprache vollkommen verschieden davon sind und nichts damit zu tun haben. Hier geht es um Fähigkeiten, nicht um Philosophie und Einstellung zum Leben! Ein typisches Beispiel hierfür ist der Theoretiker, der anscheinend alles weiß, und wenn es dann an die Praxis geht, überhaupt nicht klarkommt. Oder der Neueinsteiger beim

Tennis, der ein hervorragendes Anleitungsbuch vollständig gelesen hat, sich gedanklich haargenau darüber im klaren ist, was er tun muß, der aber ohne Übung natürlich keinen vernünftigen Schlag zustande bringt.

Statt seriöser Behandlung, statt Therapiearbeit aber verspricht das »positive Denken« eine mühelose, automatische Heilung: »Beim ›positiven Denken‹«, doziert der »deutsche Murphy« Erhard F. Freitag, »überlassen Sie sich einfach Ihren positiven Suggestionen, und Ihr Leben ändert sich von allein.« (1/S.112)

Tatsächlich aber können Worte nachgewiesenermaßen nur dann wirklich etwas bewirken, wenn Gefühle, Erfahrungen und Überzeugungen dahinterstehen. Das heißt, sie müssen mit ganz bestimmten Lebenserfahrungen korrelieren. Jeder Psychotherapeut kennt die Situation, daß bestimmte Analysen, Erklärungen, Deutungen, Behandlungsverfahren bei dem einen oder anderen Patienten nichts auslösen, so daß möglicherweise die ganze Therapie auf der Stelle tritt. Nach einem halben Jahr gibt es dann möglicherweise schon eine veränderte Situation, und dieselben Worte bzw. Maßnahmen fallen auf fruchtbaren Boden.

Ein anderes Beispiel: Jeder weiß, daß kleine Kinder, die die Welt neu entdecken, auf die Ratschläge und Vorhaltungen der Erzieher wenig geben. Da kann die Mutter hundertmal darauf hinweisen, daß die Herdplatte zu heiß, die Treppe zu steil, der große Bruder empfindlich ist – erst wenn das Kind sich selbst Brandblasen zugezogen hat, die Treppe heruntergefallen ist oder vom Bruder attackiert wurde, hat es den Inhalt der Worte gelernt.

Heilung … über 10 000 km hinweg

Eine Spezialität bei Joseph Murphy ist, daß nicht nur die positive Einstellung des psychisch oder physisch Kranken selbst, sondern auch die positive Einstellung eines anderen Menschen Heilung bringen kann. Und das gar über 10 000 km, wie Murphy an Selbsterlebtem aufzeigt. So sollte seine Schwester in England an der Gallenblase operiert werden. Murphy stellte in den USA »folgende positive Behauptung auf: ›Dieses Gebet ist für meine Schwester Katharina. Sie ist völlig entspannt, im Frieden mit sich, ausgeglichen, voll Ruhe und Heiterkeit. Die heilbringende Weisheit ihres Unterbewußtseins, die ihren Körper schuf, verwandelt in diesem Augenblick jede Zelle, jeden Nerv, jedes Gewebe, jeden Muskel und jeden Knochen und bringt jedes Atom ihres Organismus wieder in Übereinstimmung mit dem vollkommenen Muster und Vorbild, das in ihrem Unterbewußtsein aufbewahrt ist . . .‹« (4/S.91). Usw, usw.

Fazit: »Diese meine tiefe Überzeugung vergegenwärtigte ich mir täglich mehrere Male. Zwei Wochen später stellten die Ärzte verblüfft eine völlig ungewöhnliche Heilung fest, die auch auf dem Röntgenschirm ihre Bestätigung fand.« (4/S.90 f.)

. . . per Postboten

Bei Norman Vincent Peale ist zur Heilung über weite Entfernung immerhin noch ein Postbote nötig. Er gibt den Bericht einer Frau wieder, deren Vater beruflich völlig erfolglos war und der fern von seinen Kindern in Florida ein neues Leben beginnen wollte. Es klappte nicht, und der Mann erlitt einen Herzanfall und mußte sich einer Operation unterziehen. Die Frau schreibt: »Zu gleicher Zeit kamen meine Schwester und ich auf den Gedanken, unserem Vater Material über das positive Denken zu senden. Vater las es, und Gott begann auf sein Dasein Einfluß zu nehmen.« (Vorher hatte sich derselbe wohl versteckt, d. Verf.)

Ein Wunder geschah. Ein halbes Jahr später war mein Vater vollkommen genesen, er sieht zwanzig Jahre jünger aus und ist voller Vitalität und Unternehmungslust. Er unterhält gute menschliche Beziehungen zu jedermann (!), und am Tag, da ich ihn besuchte, gelangen ihm allein drei bedeutende Geschäftsabschlüsse.« (7/S.22 f.)

. . . bei Selbstmordgefahr und Depression

Das »positive Denken« hilft, wenn man den Autoren glauben darf, auch in den dramatischsten Lebenssituationen. Und zwar immer auf dieselbe wundersame Weise: allein durch Aufsagen einer vorgegebenen Autosuggestion. Freitag schildert in seinem Werk »Kraftzentrale Unterbewußtsein« unzählige

solcher Fälle, so zum Beispiel den einer 24jährigen, die gerade einen Selbst-
mordversuch mit Tabletten hinter sich hatte. Diese offenbar psychisch
schwer gestörte Persönlichkeit, die ihren Freund mit existenzbedrohender,
krankhafter Eifersucht verfolgte, wurde nach Angaben des Autors durch folgende Suggestion geheilt:

»Ich bin durchlässig für die unendliche Kraft meines Unterbewußtseins, die
mich aus der Mitte meines Wesens durchstrahlt und sich bis in meine Umwelt
ausdehnt. – Ich fühle, wie mich meine Lebenskraft durchströmt und kräftigt.
Alle meine Vorhaben gelingen mir dadurch leicht und sicher. (...) In mir ist
tiefe Ruhe und Harmonie. Ich erkenne in Zukunft sofort falsche, eigensüch-
tige Gefühle oder echte seelische Verbundenheit zu anderen Menschen.
Geborgen ruhe ich in meiner Seelenstärke. Diese innere Sicherheit befreit
mich zu positivem, glücklichem und erfolgreichem Leben.« (1/S.69)

Und wie ging der Erfolg vonstatten, worin bestand er? Freitag berichtet
lakonisch: »Nach der Behandlung hatte Elvira Fuß gefaßt in ihrem neuen
Leben und bedankte sich, daß sie endlich einen Halt in sich selbst entdeckt
hatte.« (ebd.)

Punktum. Und wir, die Leser, sollen's glauben.

... von Kriminellen

Selbst Kriminelle können durch »positives Denken« angeblich wieder auf
den rechten Weg gebracht werden. Erhard F. Freitag berichtet über zwei
»ähnlich gelagerte Fälle«, den des 35jährigen Willi K., der »ein Drittel seines
Lebens ... wegen Kleptomanie hinter Gittern verbracht« hatte und den des
36jährigen Werner F., der »seine Zeit in ständigem Wechsel zwischen kleinen
Unterschlagungen oder Diebstählen und Gerichtsverhandlungen und
Gefängnis« verbrachte. (1/S.145)

»Bei beiden mußte ich damit beginnen, ihre Persönlichkeit auf einen festen
Grund zu stellen«, berichtet Freitag, »lieblos, unbeachtet, in verwahrlosten
Elternhäusern aufgewachsen, hatten sich beide voller Haß gegen eine Welt,
die sie herabdrückte, zu Menschen entwickelt, die unbewußt in kriminellen
Handlungen die einzige Möglichkeit sahen, sich an ihrer Umwelt zu rächen.«
(1/S.145 f.)

Drei Monate später war alles in Butter. Dank folgender Suggestionen, die sich beide ständig vorsagen sollten: »Ich bin eine starke Persönlichkeit. Mein Zusammenleben mit meiner Familie und allen meinen Mitmenschen ist harmonisch und voller Liebe. Ich vertraue voll auf die unerschöpfliche Kraft meines Unterbewußtseins. Es macht mich stark in allen Lebenssituationen und erfolgreich in allem Handeln. In mir ist vollkommene Ruhe und Harmonie. Ich höre auf meine innere Stimme, die mich immer das Richtige und Gute tun läßt. Die Harmonie zwischen meinem Selbst und der Umwelt füllt mich mit Freude und Zufriedenheit. Ich lebe jetzt in tiefer Ruhe und Harmonie auf der Sonnenseite des Lebens.« (1/S.146)

Noch drei Jahre nach dieser beeindruckenden Autosuggestion war angeblich keiner der beiden wieder rückfällig geworden.

Grundsätzlich ist anzumerken, wie leichtfertig hier mit dem Wort »Kleptomanie« umgegangen wird, die ja eine echte psychische Störung darstellt und die – falls es sich hier überhaupt um eine solche handelt – keinesfalls »ähnlich gelagert« ist wie das kriminelle Verhalten des anderen Delinquenten. (Auch ob ein verwahrlostes Elternhaus die Ursache für Kleptomanie sein kann, muß hinterfragt werden.)

Unzulässige Kausalkette

Die esoterische Literatur, aber auch die Dokumentationen von Natur- und Wunderheilern sind voll von solchen Beispielen. Viele Boulevardzeitungen oder Fernsehmagazine à la »Explosiv« oder »Schreinemakers« bestreiten einen großen Teil ihrer Berichterstattung mit solchen (für den einzelnen Kranken natürlich immer erfreulichen) wundersamen Heilerfolgen.

Dabei wird oft unterschlagen, daß auch jeder schulmedizinisch orientierte Arzt über Fälle von Spontanheilungen z.B. bei Krebs berichten kann. Kein Mensch weiß heute wirklich, wie solche Heilungen zustande kommen. Sicher ist: die Bildung einer Kausalkette wie »Ich habe gelächelt (oder gebetet), also hat mein Körper den Krebs besiegt« kann zu völlig unrealistischem Zweckoptimismus führen, der später möglicherweise in tiefe Ängste und Frustration mündet, wenn das erwartete positive Ergebnis (ein Aufschub der Krankheit oder gar Heilung) nicht eintritt.

Letztlich ist die Vorstellung, man könne alles, auch die Seele durch Gedanken *vollkommen* beeinflussen, eine von Wunschdenken beseelte naive Position. Es wird unterstellt, der Wille könne mit der Seele herumfuhrwerken, wie er will.

Alles ist kontrollierbar, alles ist machbar, heißt die Losung, die eher dem Gedankengut unreifer Kinder und Jugendlicher entspricht. Wer damit wirbt, die Kunst zu vermitteln, ein »von Ängsten und Aufregungen befreites Leben zu finden« (Untertitel des Carnegie-Werkes »Sorge dich nicht – lebe!«) setzt voraus, daß der potentielle Leser die unreife Position vertritt, ein solches Leben sei in der Realität überhaupt zu erreichen.

Zusammenfassung

Das Denken ist nur ein Teil der menschlichen Natur. Genetische und frühkindliche Prägungen, vorbewußte und erlebte Emotionen, Lernprozesse und Fertigkeiten auf allen Ebenen des menschlichen Organismus sind viel elementarer. Schon diese simple Erkenntnis beweist, daß über das Denken beziehungsweise die Sprache *allein* auch keine grundlegenden Veränderungsprozesse beim Menschen erreicht werden können.

Traumhafte Ziele

Die Ideale des »positiven Denkens« können fast ausschließlich als unreif bezeichnet werden: Ziele sind traumhafte Zustände wie Reichtum, umfassende Gesundheit, die Freiheit von Zweifeln, Irrtümern, Ängsten, Aggressionen und Kritik, vollkommenes Selbstbewußtsein, absolute Selbstsicherheit, jederzeit verfügbare Intuition für alle Situationen, das Gefühl der absoluten Kontrolle und Kontrolliertheit, unbegrenzte Machbarkeit, umfassende Formbarkeit der Umgebung, problemlose Anpassung der Umgebung an die eigenen Sehnsüchte. Der Mensch soll sich immer »gut drauf« fühlen und dauerhaft vollkommene Harmonie verspüren.

»Kein Mensch«, verspricht Freitag seinen Lesern, »der in sich ruht und durch positives Denken und Handeln den Kontakt zu seiner göttlichen Lebensquelle aufrechterhält, hat in diesem Leben das geringste zu befürchten. Er ist völlig in den Kreislauf des kosmischen Reigens eingebunden.« (1/S.196)

Ohne Ängste, Sorgen, Krankheit und Tod leben

Ohne Ängste und Sorgen soll der Mensch leben können, der die Regeln des »positiven Denkens« befolgt. Dieses Ziel wird als absolut erstrebenswert angepriesen, ganz ohne in Erwägung zu ziehen, was denn wirklich passieren würde, wenn ein Mensch dieses Ziel erreichen könnte. Abgesehen davon, daß Ängste zur Gefahrenvermeidung und -abwehr vielfach lebensnotwendig sind, kann man sich ein solches Leben nur als lethargisches Dahinvegetieren vorstellen, ohne Highlights, ohne Auf- und Abwärtskurven. Ein Leben ohne Ängste und Sorgen bedeutete, kurz gesagt, ein Leben in seelischer Verarmung. Dies zeigen z. B. Experimente zur Reizdeprivation (Reizarmut), bei denen sich Menschen nach einiger Zeit selbst durch Halluzinationen reizen, um nicht an Langeweile zu sterben. Oder denken wir an die Existenz von Menschen, die in absolutem Reichtum vollkommen in Sicherheit – aber auch in schwerer Depression – leben...

Die Autoren des »positiven Denkens« gehen in ihrem Weltbild davon aus, daß man mit psychischer Gesundheit die menschliche Krankheit generell und für immer eliminieren könne. Die Psychosomatiker führten »bereits achtzig Prozent« der Krankheiten auf seelische Ursachen zurück, behauptet Erhard F. Freitag unbefangen, wobei mit dem Wörtchen »bereits« impliziert wird, daß sie demnächst hundert Prozent der Krankheiten auf diese Ursachen zurückführen werden. Joseph Murphy geht sogar so weit zu sagen, »daß Krankheit und Leid nichts anderes als die körperlichen Erscheinungsformen destruktiver Denkgewohnheiten sind«. (4/S.92)

Ein absurder Gedanke, der völlig im Gegensatz zum gegenwärtigen Stand verhaltensmedizinischer Forschung steht. Die nämlich spricht davon, daß sich Körper und Seele in *Wechselwirkung* miteinander befinden und sich gegenseitig beeinflussen.

In der wissenschaftlichen Diskussion gibt es keinen Zweifel daran, daß wir es bei der Entstehung von Krankheiten sehr häufig mit körperlichen *und* seelischen Faktoren zu tun haben, und wir können andererseits nicht so tun, als wenn es keine Bakterien, keine Viren, keine Verletzungen und Verstümmelungen durch Unfälle, keinen Altersverfall, keine genetische Veranlagung gäbe (um nur einige Faktoren zu nennen, die dem Einfluß der Seele, wenn überhaupt, dann nur in geringem Maße unterliegen).

Von ähnlicher Qualität ist die Aussage, im psychischen Bereich gehe alles auf »wenige, einfache Grundfunktionen« (Freitag, 1/S.99) zurück. Wenn die Welt zu kompliziert erscheint, dann machen wir sie uns eben einfach – und das, obwohl die Psychologie als Wissenschaft gerade erst am Anfang des Versuchs steht, in die Geheimnisse der komplizierten seelisch-körperlichen Interaktionen einzudringen.

Daß der Tod, das Sterben untrennbar zur menschlichen Existenz gehört, daß wir alle irgendwann einmal sterben *müssen*, davon ist in den Büchern des »positiven Denkens« nirgendwo die Rede. Vielmehr muß man mit Erstaunen bemerken, daß der Tod in dieser Lehre nur in der Form vorkommt, daß ihm jemand durch »positives Denken« von der Schippe gesprungen ist. Und zwar handelt es sich dabei oft durchaus um todkranke oder alte Menschen.

Ja, wenn wir nicht wüßten, daß Carnegie, Murphy und Peale längst gestorben sind, müßte man eigentlich annehmen, daß diese seligmachenden Vertreter des »positiven Denkens« unsterblich sind.

Armut als geistige Krankheit...

»Armut ist nicht gottgegeben, sondern basiert auf einer falschen Vorstellung vom Leben. Die Fülle, die das irdische Leben bieten kann, ist für jeden da.« (1/S.34) Solche an Zynismus kaum zu überbietenden Aussagen stammen von Erhard F. Freitag. Und Joseph Murphy konstatiert gar: »Armut ist keineswegs etwas Tugendhaftes oder Verdienstvolles, sondern es handelt sich um eine von vielen geistigen Erkrankungen.« (4/S.123) Punkt. Ein gesellschaftliches, weltpolitisches Problem wird so ganz einfach und plump zum psychischen Problem des einzelnen Betroffenen umgedeutet. Wenn er's glaubt, ist die Abhängigkeit von den Gurus vorprogrammiert.

Damit der empfindsame Mittelstandsmensch in der Wohlstandsgesellschaft nicht zu sehr über solche Sätze stolpert, wird dann (bei Freitag) schnell betont: »Andererseits ist das Dasein des irdisch reich Begüterten nicht *absolut* mit Lebensglück gleichzusetzen.« (Hervorhebung d. d. Verf., 1/S.34) Und (wahrscheinlich zum Trost für die Armen) folgt unter dem Motto »Geld macht nicht glücklich« das Beispiel des Leiters »eines Werkes in Westdeutschland«, dessen Sohn drogenabhängig und dessen Frau psychosomatisch erkrankt war. Schnell erkannte Freitag bei seinem Patienten »die typischen Zeichen der Berufsverbohrtheit«. Und er ließ ihm folgende Behandlung angedeihen: »Ich versuchte, Geist, Leib und Seele in ihm wieder zu harmonischem Dreiklang zu vereinen. In vielen Sitzungen brachte ich ihn dazu, seinem Sohn und seiner Frau liebevolle, kraftgebende Gedanken zu senden und ihrer aller Lebensweg für wichtiger zu halten als totale Berufsarbeit.« (1/S.35)

Natürlich ließ der Behandlungserfolg nicht auf sich warten: »Die Ruhe und Harmonie, die ich ihm mit Hilfe von Formeln vermittelte, brachten ihm eine frappierende Erfahrung. Seine berufliche Spannung verlor von ganz allein ihre zwingende Gewalt ... Vor kurzem erhielt ich von diesem Direktor eine Urlaubskarte. Es war ein froher Gruß, auch von seiner Frau, deren psychosomatische Krankheitszustände seit der Wandlung ihres Mannes verschwunden waren.« (ebd.)

Erfolg ist alles

Beim »positiven Denken« ist der Erfolg (der als Leben in absoluter Harmonie, Glück, Reichtum definiert wird) oberste Maxime. Andere wichtige Ziele im Leben werden völlig unberücksichtigt gelassen, wie zum Beispiel Menschlichkeit, das Sammeln von Erfahrung, das Umgehen mit Schicksalsschlägen, Trauerarbeit, Trennungsprozesse, Einsicht in die Begrenztheit des Menschen, Zufriedenheit mit den objektiven Gegebenheiten sowie emotionale, geistige und soziale Reife.

Der Erfolgsbegriff wird nicht hinterfragt. So soll sich – nach dem Postulat des »positiven Denkens« – zum Beispiel beruflicher Erfolg allein durch autosuggestive Beeinflussung erreichen lassen. Daß zum Erfolg immer viele Faktoren beitragen, wird dabei unberücksichtigt gelassen. Auch beruflicher Erfolg unterliegt den verschiedensten Einflüssen, von denen das Denken und der Erfolgswille nur ein Teil sind. So ist es beispielsweise genauso entscheidend, ob man zur rechten Zeit das Richtige tut, ob der Erfolg überhaupt erwünscht ist, ob jemand da ist, der den Erfolg bewerten kann, etc.

Und letztlich braucht auch der Tüchtigste noch ein Quentchen Glück (der Volksmund nennt es das »Glück des Tüchtigen« oder »Fortüne haben«). Die Grundthese, Erfolg komme ausschließlich aus eigener Kraft, ist also eine zum Zwecke der Beeinflussung aufgestellte, unhaltbare Behauptung.

Der Verstand setzt aus

Es ist beachtlich, welche Wunderdinge das »positive Denken« verspricht, welche Segnungen auf den gläubigen Leser und Anwender warten. Solche Versprechungen erinnern an Zeitungsannoncen, in denen für Geldanlagen sagenhafte Gewinne von hundert Prozent und mehr versprochen werden.

Daß derartige Angebote der reine Schwindel sind, ja sein müssen, ist jedem nüchternen Betrachter klar. Dennoch fallen immer wieder Zahnärzte, Rechtsanwälte und andere »Besserverdienende«, die im Beruf durchaus erfolgreich sind, auf solche Anlagenbetrüger herein. Ab einer bestimmten Größenordnung der Gewinnerwartung setzt offenbar bei manch einem der Verstand aus.

Um wieviel stärker sind psychisch labile oder gar kranke Menschen anfällig für die Glücksversprechen des »positiven Denkens«! Die dort propagierten Ziele sind Bestandteil einer ganz großen Sehnsucht, so daß eine erhebliche Zahl von Menschen daran glauben *will*. Leider mit den besten Chancen, dadurch »arm und elend« statt reich und gesund zu werden.

Es ist völlig unerheblich, ob der Buchautor, der solche Versprechungen macht, selbst an seinen Unsinn glaubt oder ob die Bücher, Vorträge und Seminare reinem kaufmännischen Kalkül entspringen: das Ergebnis ist für die Betroffenen gleich schlimm. Sie sind letztlich auf einen so großen Schwindel hereingefallen, wie er von betrügerischen Anlageberatern verkauft wird.

Zusammenfassung

Das »positive Denken« propagiert Ziele, die auf den ersten Blick nahezu jeden Menschen ansprechen: absolute Gesundheit, Reichtum, Harmonie usw. Tatsächlich sind solche Ziele aber unreif, da sie einerseits unerreichbar, andererseits aber auch nicht wirklich erstrebenswert sind. Denn eine solche Existenz hätte mit dem, was menschliches Leben ausmacht, nichts mehr zu tun.

Jeder ist seines Glückes Schmied

Das »positive Denken«, richtig und konsequent angewendet, führt nach Ansicht seiner Propheten unweigerlich und mit absoluter Sicherheit zum gewünschten Erfolg. Sollte dies einmal nicht so sein, so hat man sich für diesen Fall weise abgesichert: dann ist der Patient, nicht die Methode schuld. Wenn eines der Postulate lautet, jeder könne durch »positives Denken« gesunden, wenn er es nur intensiv genug will, dann lautet der Umkehrschluß: Wer mit der Methode nicht zurechtkommt, ist *selber schuld*, und zwar im Wortsinne. Er hat sich nicht an die Anweisung des Therapeuten gehalten und deshalb versagt. Damit ist diese Art von Therapie fein raus.

Und es gibt noch eine zweite Absicherung: möglichst oft nämlich betont man die Eigenverantwortung des Patienten. »Übernehmen Sie voll die Autorität in Ihrem Körper. Sie tragen ohnehin die Verantwortung für jede Eigenbehandlung selbst«, sagt zum Beispiel Erhard F. Freitag und entläßt sich damit selbst vollkommen aus jeder Verantwortung für seine Aussagen und Behandlungsmethoden.

Selber schuld am Mißerfolg

Der allergrößte Prozentsatz der Leser, die sich mit Literatur zum »positiven Denken« beschäftigt, wird sehr wahrscheinlich nicht den Weg in einen individuellen Veränderungsprozeß etwa in Form einer Therapie finden, selbst wenn dies dringend nötig wäre. Diese Menschen werden, wenn sie sich intensiv mit dem Inhalt dieser Bücher befassen, aufgrund ihrer Probleme, Konflikte und psychischen Störungen von den dort propagierten Zielen fasziniert sein. Sie werden aber letztlich mit dem Stoff allein gelassen und scheitern zwangsläufig an dem Absolutheitsanspruch der Lehre. Versagensgefühle sind vorporgrammiert.

Denn wer es nicht schafft, positiv zu denken, macht etwas falsch. »Es ist nur eine seelische Schwäche des einzelnen, wenn er in Lethargie oder Fehlmotivation versinkt. Er kann sich sehr schnell – und selbst – wieder befreien« (1/S.15), behauptet Erhard F. Freitag zynisch.

Depressive oder ängstliche Menschen, die dies lesen und dem dort postulierten Anspruch nicht gerecht werden können (selbst Gesunde können dies nicht), werden mit Sicherheit noch tiefer in ihre Krankheit gestoßen. Statt Hilfe anzubieten, wird den lethargischen und fehlmotivierten Lesern eine »seelische Schwäche« bescheinigt.

Schuld – Frustration – Mißerfolg: ein Teufelskreis

Wie soll ein durchaus veränderungswilliger, aber hilfloser Depressiver mit der Aussage von Erhard F. Freitag fertigwerden: »Sie sind der Meister Ihres Schicksals und durch Ihre Handlungen – jede einzelne – verantwortlich für Ihre negativen Erfahrungen und für Ihren Weg in die Höhe harmonischer Lebenserfüllung«? (1/S.17)

Und wie soll ein durch unverschuldete Schicksalsschläge unglücklich gewordener Mensch die Aussage von Norman Vincent Peale aufnehmen, »daß wir durch unglückliche Gedanken das Unglück herbeirufen«? (6/S.59)

Da bleiben doch nur Schuld, Frustration, Mißerfolgserlebnisse für den Betroffenen. Denn was kann ein Mensch dafür, daß ihm liebe Menschen durch Unfall oder Krankheit genommen werden, daß er möglicherweise selbst an einer unheilbaren Krankheit leidet, daß er bei einem unverschuldeten Autounfall schwer verletzt wird?

Es kann nicht ausgeschlossen werden, daß einzelne, die ohnehin schon »fit« sind, durch solche Thesen profitieren. Aber die anderen, die aufgrund schwieriger persönlicher Probleme die beschriebenen Bücher lesen, werden auf sich selbst zurückgeworfen. Dies sind beispielsweise depressive Menschen, ängstlich-panische Personen oder andere psychisch Belastete, die mit ihrem Leben nicht klarkommen.

Aber ich bezweifle auch, daß psychisch relativ gesunde Leser, die einfach nur mehr Erfolg im Leben haben wollen, wie etwa Manager, Kaufleute, Akademiker, Selbständige oder auch der ganz normale Handwerker vom »positiven Denken« als Methode profitieren.

Die amerikanische Devise »Alles ist machbar« nämlich führt dazu, daß das Bestehende nie zufrieden sein läßt. Auch psychisch gesunde Menschen werden diese Frustration auf Dauer nicht ertragen können.

Zusammenfassung

Leser, die von der Lehre des »positiven Denkens« zuviel erwarten (und was dort versprochen wird, ist immer zuviel), sind dazu verdammt, ihr Ziel nie erreichen zu können. Doch anstatt die Unerreichbarkeit ihrer Ziele einzugestehen, machen die Vertreter der Lehre ihre Leser selbst für ihr angebliches »Scheitern« verantwortlich. Dies mündet in einen Teufelskreis aus Schuldgefühlen und Frustration, der häufig zum gleichen Ergebnis führt: Die Leser werden arm und elend statt reich und gesund.

Warum die Methode nicht wirken kann

Voraussetzung für die Überbetonung des Denkens ist eine Simplifizierung psychischer Vorgänge, ja der Psyche selbst. Dale Carnegie zitiert den englischen Arzt Sir William Osler, der seinen Studenten als Lebensweisheit u.a. mit auf den Weg gab: »Drücken Sie auf den Knopf und hören Sie, wie auf jeder Ebene Ihres Lebens die eisernen Türen die Vergangenheit abschließen – das tote Gestern. Drücken Sie auf einen anderen Knopf und verriegeln Sie mit einem eisernen Vorhang die Zukunft – das ungeborene Morgen. Dann sind Sie sicher, für heute sicher! ... *Wenn die Bürde von morgen mit der von gestern heute getragen werden muß, wankt auch der Stärkste...*« (2/S.22) Damit funktionalisiert, ja mechanisiert er die Seele. So als wenn man mit ihr beliebig herumspringen und alle Prägungen und Verwundungen des Gestern sowie alle Zukunftsängste einfach abstoßen könnte.

Eindimensionales Unterbewußtsein

Eine zentrale Rolle spielt in der gesamten Ideologie des »positiven Denkens« der Begriff »Unterbewußtsein«, und auch hier zeigen die Autoren ein eindimensionales Denken und eine geradezu impertinente Ignoranz gegenüber den aktuellen Forschungsergebnissen. Diese zeigen letztlich, daß bei der Erforschung des Unbewußten (der sublimen Wahrnehmung, der Gedächtnis- und Vernetzungsstrukturen, der spontanen und erlernten Emotionsreaktion u.v.a.) die vielschichtigsten Zusammenhänge noch auf eine Klärung warten.

Für Joseph Murphy aber steht unumstößlich fest: »Die tiefsten Schichten Ihres Unterbewußtseins bergen unendliche Weisheit, unendliche Macht und einen unerschöpflichen Vorrat an Möglichkeiten, Anlagen und Talenten in sich, die nur darauf warten, voll entwickelt zu werden und Ausdruck zu finden.« (4/S.20) Ja, man könne sogar das Unterbewußtsein als »Instrument« (Ausdruck von Murphy) richtiggehend handhaben. Was genau Murphy mit »Unterbewußtsein« meint, bleibt trotz Hunderten von Seiten, die er darüber referiert, seltsam unklar und diffus. Er scheint damit wirklich alles und jedes zu bezeichnen, was nicht ganz klares Bewußtsein ist.

Seriöse psychologische Forscher dagegen definieren das Unbewußte vor allem als Langzeitgedächtnis, nämlich als die Ebene, auf der alle tieferen Erfahrungen des Menschen, auch negative wie Traumata und existentielle Enttäuschungen sowie die Triebe und angeborenen Reaktionsmuster verankert sind, weswegen das Unbewußte durchaus nicht selten als Hemmnis zur Entwicklung von »Möglichkeiten, Anlagen und Talenten« des Menschen wirkt und keineswegs zu handhaben ist wie ein Instrument.

Von den Schwierigkeiten, Konditionierungen auszulöschen

Einstellungs- und Verhaltensänderungen bei Patienten mit psychischen Problemen zu erzielen, ist ungemein schwierig. Diese Erfahrung bestätigt jeder, der sich mit psychotherapeutischen Verfahren, beispielsweise mit der Anwendung der sogenannten »kognitiven Umstrukturierung« der Verhaltenstherapie (Methoden der Einstellungsänderung) beschäftigt hat. Es ist an dieser Stelle nicht der Platz, die Grundlagen der menschlichen Psychologie in aller Ausführlichkeit auszubreiten (im fünften Teil des Buches wird darauf näher eingegangen). Ein einziges Beispiel mag hier genügen, den Ansatz des »positiven Denkens« als Therapiemethode ad absurdum zu führen.

Empirische Untersuchungen haben gezeigt, daß sowohl bei Tieren als auch beim Menschen die angstrelevanten Reize – beim Menschen z.B. ausgelöst durch Schlangen, Spinnen, enge Räume, soziale Situationen – oft sehr schnell zu Konditionierungen, d.h. zu immer gleichen Angst-Reaktionen führen. Diese einmal erfolgten Konditionierungen können durch widersprechende Erfahrungen nur sehr schwer wieder ausgelöscht werden. Selbst bei nicht bewußt wahrgenommenen Reizen kann es zu einer löschungsresistenten Konditionierung kommen.

Dies heißt im Klartext: Wir haben hier Belege für automatische, vorbewußte, vielleicht sogar subkortikale (ohne den Weg über das Großhirn gehende) Verarbeitungsmechanismen, die durch bestimmte Reize aktiviert werden. Dieser Prozeß unterliegt nicht der Sprache oder dem Denken. Die ausgebildeten Konditionierungen gehen im Gegenteil vorbewußt in die Reaktionen des Organismus ein. Damit aber ist der ganze Ansatz, durch das reine Denken Persönlichkeitsveränderungen bewirken zu wollen, hinfällig.

Murphy & Co. wollen über das Denken und durch Suggestionen Gefühle und Empfindungen revidieren. Solche Gefühle und Empfindungen sind aber zunächst einmal einfach da; sie sind ein unmittelbarer Ausdruck menschlicher Existenz. Sie ändern sich allenfalls durch Erfahrungen, durch einen längeren Lernprozeß, aber nicht, indem man sie schlicht und einfach umändert.

Außerdem handeln Menschen mitunter (und jeder hat dies schon an sich selber erlebt) ja genau konträr zu ihren Gedanken, entgegen dem, was sie für richtig halten und was sogar für sie richtig wäre. Und dies ist so, weil die Gefühle zu stark sind und sich eben nicht so ohne weiteres über den Verstand oder bloßes »Einreden« beeinflussen lassen.

»Positives Denken« als Einbahnstraße

Die Methode des – durch »Autosuggestion« oder »Hypnotherapie« – erlernbaren »positiven Denkens« steht im Gegensatz zu allen gängigen psychotherapeutischen Vorgehensweisen, weil sie sich nur als Einbahnstraße darbietet. Es gibt ausschließlich die Richtung vom Therapeuten zum Patienten. Individuelle, auf die besondere Persönlichkeit des Gegenüber ausgerichtete Therapie ist nicht möglich und – nach der Lehre des »positiven Denkens« – auch nicht nötig. Schließlich ist das Behandlungsziel bei allen Patienten absolut deckungsgleich. Eine Interaktion im therapeutischen Sinne findet nicht statt, der Patient bekommt das Theoriegebäude des »Therapeuten« (Missionars) in überwiegender Unkenntnis seiner individuellen Bedingungen und Hilfsbedürftigkeit einfach übergestülpt.

Ein einzelner Gedanke bewirkt nichts

Wenn Erhard F. Freitag behauptet: »Ist ein Gedanke erst einmal produziert, dann drängt er zu absoluter, unabänderlicher Verwirklichung« (1/S.26), dann muß man dies als schlichten Unsinn bezeichnen. Ein einzelner Gedanke, und sei er noch so intensiv gedacht, bewirkt zunächst einmal gar nichts. Das zeigt schon die Suggestionsmethodologie, die in der vielfachen Wiederholung eines Gedankens, einer Formel besteht, was dann nur *vielleicht* zum Erfolg, zu einer Wirkung führt.

Imaginationen, die nicht gezielt sind, die nicht auf Persönlichkeit und Fähigkeiten des einzelnen ausgerichtet sind, haben kaum einen Effekt. Sie werden den Betreffenden bestenfalls kurzzeitig ein bißchen unterstützen. Doch niemals werden sie ihn vollkommen verändern und ihn zu einem anderen Menschen machen, wie uns das die Vertreter des »positiven Denkens« weismachen wollen.

So werden auch Wiederholungen alleine nicht die gewünschten Effekte eintreten lassen. Es stimmt einfach nicht, wenn Freitag sagt: »Ständig wiederholte Worte haben eine allmähliche, aber zwingende Bewußtseinswandlung zur Folge.« (1/S.86) Es gibt genügend Beispiele, daß Menschen bei permanenter Wiederholung eines Inhaltes eher sinnentleert mit diesen Formeln umgehen. Häufig verlieren die ständig wiederholten Worte ihren Inhalt, weil sie nicht durch Erfahrungen gedeckt sind, sondern einfach nur mechanisch gebraucht werden.

Die Persönlichkeit eines Menschen ist nicht durch schlichte Wortwiederholungen automatisch zu erreichen, sondern nur dann, wenn sich der Betreffende öffnet und den Sinn der Worte in sich hineinläßt. Dies aber ist keineswegs selbstverständlich. Auch bei der Hypnose wissen wir, daß nicht jeder Mensch gleich reagiert. So sind nach wissenschaftlichen Untersuchungen mindestens zehn Prozent aller Menschen vollkommen unfähig zu Trance, können also überhaupt nicht hypnotisiert werden. Ein erheblich größerer Teil der Menschen zeigt nur geringe oder unzureichende Reaktion auf die Hypnosetechniken. Nur etwa 20 Prozent der Bevölkerung sind in sehr hohem Maße hypnotisierbar. Die Befähigung zur Autosuggestion dürfte bei noch weniger Menschen in idealem Umfang vorhanden sein.

Autosuggestion als Selbstbetrug

In den Suggestionsformeln des »positiven Denkens« wird oft nicht nur das Ziel formuliert, sondern es wird so getan, als sei das Ziel bereits erreicht. Damit sind die Suggestionsformeln zum Zeitpunkt der Anwendung der reine Selbstbetrug und stehen im Gegensatz zur heute psychotherapeutisch häufig angewandten und auch in meiner Behandlungspraxis als wirksam erachteten Vorgehensweise bei der Autosuggestion. So heißt es in einer derartigen Suggestionsformel tunlichst nicht »Ich bin«, sondern »Ich werde sein«. Das Ziel ist ja noch nicht erreicht, und der Prozeß ist noch im Gange. Die Situation ist ein Werden, ein Sichentwickeln hin zu einem gewünschten Zustand. So naiv sind die meisten Patienten nicht, daß sie (inklusive ihres Unbewußten) nicht wüßten, daß etwas noch nicht erreicht ist. Denn natürlich ist die Wahrnehmung bei Suggestionen nicht ausgeschaltet.

An Entspannungsverfahren kann man zeigen, daß es hier schnell zu Gegenreaktionen kommen kann. Wenn eine Person zu sich sagt: »Ich bin ganz ruhig« oder »Meine Arme sind ganz schwer«, registriert sie den Ist-Zustand und merkt die Diskrepanz (etwa beim autogenen Training). Wenn man aber sagt: »Ich werde immer ruhiger« oder »Meine Arme werden immer schwerer«, so kann man leichter entspannen, denn man spürt die erfolgreiche Entwicklung hin zum Ziel.

Aus meiner Erfahrung mit von mir angeleiteten Kursen zum autogenen Training weiß ich, daß viele Kursteilnehmer u.a. an der Ist-Soll-Diskrepanz bei festen Suggestionstexten scheitern oder damit zumindest große Probleme haben, die das Erlernen der Entspannungsmethode erschweren.

Der Anspruch des »positiven Denkens«, einzig mittels Suggestion dauerhafte und für jedermann erreichbare Persönlichkeitsveränderungen herbeiführen zu können, hält keiner wissenschaftlichen Überprüfung und schon gar nicht der psychotherapeutischen Praxis stand. Denn Suggestion kann keine Defizite (etwa mangelnde Fähigkeiten, fehlende Bewältigungsstrategien, ungünstige Lebensbedingungen) aufwiegen, sie kann auch keine Erfahrungen ungeschehen machen. Hier müßte die entsprechende Person doch zusätzlich zur Suggestion erheblich an sich arbeiten. Letztlich handelt es sich bei dem von den Propheten des »positiven Denkens« empfohlenen Vorgehen lediglich um eine Verdrängung der Vergangenheit, des aktuellen Zustandes und der Notwendigkeit, vieles mühsam an sich verändern zu müssen. Die traumatischen Erfahrungen, die Defizite und Problemfelder kommen jedoch wieder hoch. Das muß jeder Therapeut in der Behandlung immer wieder erfahren. Man kann Persönlichkeitsstörungen bzw. psychische Krankheitsbilder nicht mit rein suggestiven Mitteln beseitigen. Sie vermitteln keine echten Bewältigungsfähigkeiten, sondern stellen

allenfalls im Rahmen einer umfassenden Psychotherapie ein psychothera-
peutisches Hilfsverfahren dar.

Und im übrigen – und dies ist eine Kuriosität am Rande – wird schließlich von den Autoren des »positiven Denkens« der Eindruck erweckt, als
sei es vollkommen leicht herauszufinden (und unumstritten), welche Suggestionsformel im Einzelfall angebracht ist.

So ist zum Beispiel die Formel »Ich bin der Größte!« sicher ausgesprochen
unreif und wird diejenige Person, die sie sich immer wieder vorsagt – falls
die Formel überhaupt wirkt –, in erhebliche Schwierigkeiten bringen: Die
Umgebung wird dem betreffenden Menschen schon zeigen, wie groß er
wirklich ist! Es kommt zu Isolation, Ablehnung und Frustration.

Self-fulfilling prophecy?

Es gibt in der Psychologie den Begriff der »self-fulfilling prophecy«. Damit
wird gemeint, daß ein bestimmtes Verhalten, eine Körperreaktion oder ein
interaktives Ereignis, wenn man es jeweils nur allzu sehr herbeisehnt (oder
auch herbeifürchtet), auch mit großer Wahrscheinlichkeit einzutreten vermag. Natürlich ist diese »self-fulfilling prophecy« kein durchgängiges psycho-
logisches Gesetz. Dennoch wird sie auch in der seriösen Verhaltenstherapie
in bestimmten Situationen als Hilfsmittel durchaus eingesetzt: Aber immer
in der Hinsicht, daß konkrete, naheliegende, sich aus den Lebensumständen
des Betreffenden ergebende Teilziele angepeilt werden.

Wenn die »positiven Denker« nun die »self-fulfilling prophecy« auch für
ihre Suggestionsmethoden reklamieren, so ist auch dies ein Schwindel. Was
sich schon daraus ergibt, daß die Ziele, die mit dieser Methode erreicht werden sollen, per se unrealistisch und unerreichbar sind.

Das Gesetz der entgegengesetzten Wirkung

Die Verkünder des »positiven Denkens« versprechen dem Leser immerwäh-
rendes Glück oder schmerzfreie Problembewältigung und erwecken hierdurch ungeheure Erwartungen. Sie erreichen damit aber genau das Gegenteil

von dem, was sie eigentlich bezwecken wollen. Wer besonders viel erwartet, der wird auch besonders enttäuscht und frustriert sein, wenn das Erhoffte dann nicht eintritt. Die unweigerlich eintreffenden Mißerfolge produzieren dann beim Rezipienten Schuld- und Versagensgefühle. Dieser Prozeß endet in einem Teufelskreis: Denn um das Versagen »auszubügeln«, bemüht sich der Anhänger des »positiven Denkens« mit noch mehr Energie um das angestrebte Ziel – mit der Folge, daß er immer enttäuschter wird.

Vollkommen negieren die Apologeten des »positiven Denkens« – in bezug auf ihre Methode – das »Gesetz der entgegengesetzten Wirkung«. Dieses psychologische Gesetz besagt in etwa folgendes: Wenn Du etwas besonders stark vermeiden willst, dann wird oft das Befürchtete eintreten. Wenn beispielsweise jemand einen Vortrag halten möchte und zu sich sagt: Ich darf auf keinen Fall zittern oder stottern – dann ist die Wahrscheinlichkeit, daß dies trotzdem (oder besser: gerade deshalb) eintritt, um so größer, je mehr er sich in dem Wunsch verkrampft. Auch beim Kaffee-Einschenken ist die Gefahr des Verschüttens um so größer, je mehr derjenige davor Angst hat, daß dies geschieht. Oder: Jeder kennt die Situation, daß ihn ein Gegenüber mit Brachialgewalt von seinen Argumenten überzeugen will. Je stärker der andere dies vorantreibt, um so mehr entsteht bei demjenigen, der überzeugt werden soll, eine sogenannte Reaktanz, d.h. er entwickelt Widerstand und läßt sich gerade nicht beeinflussen. Und so habe ich unter denjenigen Menschen, die von der Relevanz des »positiven Denkens« regelrecht durchflutet waren und mit Inbrunst positiv denken wollten, noch nie so viele Personen kennengelernt, die letztlich so unerbittlich und überzeugt negativ dachten.

Der Wunsch und die Absicht, positiv zu denken, scheint negative Gedanken vielfach regelrecht zu beflügeln und ihnen häufig erst richtig den Boden zu bereiten, ihnen geradezu »Nahrung zu geben«!

Vieles spricht dagegen

Die Versprechungen und meistenteils abstrusen Theorien der Propheten des »positiven Denkens« sind bei näherer Betrachtung leicht zu widerlegen. An dieser Stelle seien die gravierendsten Punkte zusammengefaßt, die zeigen, warum das »positive Denken« nicht wirken kann:

• Versprochen wird ein Zustand ständiger Harmonie und immerwährenden Glücksgefühls. Es ist aber eine Binsenweisheit (und auch wissenschaftlich feststellbar), daß Emotionen, daß Gefühle *immer nur* ein vorübergehender Zustand sind. Das Auf und Ab der Gefühle läßt sich gar nicht abstellen.

• Emotionale Strukturen sind älter als die Sprache (das kann man an jedem Säugling studieren), dennoch wollen die »positiven Denker« diese Emotionen alleine über die Sprache ändern.

• Jeder Mensch reagiert nach einem individuellen, zum Teil angeborenen und zum Teil im Sozialisationsprozeß erworbenen Reaktionsmuster. Bei den fraglichen Büchern aber werden alle über einen Kamm geschoren.

• Jedes Kind ordnet den einzelnen sprachlichen Begriffen unterschiedliche Bedeutung zu, je nachdem, in welchem familiären und sozialen Umfeld es heranwächst. So werden auch Bücher unterschiedlich rezipiert und verarbeitet: die Behauptung, die Methode des »positiven Denkens« könne jeder in gleicher Weise und mit demselben Verständnis aus den Büchern lernen, ist also Unsinn.

• Die dem Leser in den Büchern vorgeschlagenen Suggestionen sind schon deshalb bei den allermeisten Lesern unwirksam, weil die Anwender unbewußt schon wissen, daß die angestrebten Ziele für sie nie erreichbar sind. Aus diesem Grund verlieren die meisten Leser schon nach kurzer Zeit wieder das Interesse an den empfohlenen Übungen und beenden sie.

• Auf die Unterschiede zwischen den Geschlechtern wird überhaupt nicht eingegangen. Dabei spricht vieles dafür, daß Gedanken und Gefühle auch hormonell und über die unterschiedliche Geschlechtersozialisation beeinflußt werden.

• Kurz: das Denken, die Kognition, die ja durch die Suggestionen und Autosuggestionen verändert werden soll, ist ein derart komplexer Vorgang, daß ihr die einfachen Methoden des »positiven Denkens« auch nicht ansatzweise gerecht werden.

• Auf Komplexität, Differenzierung, Individualisierung wird von den Propheten des »positiven Denkens« bewußt verzichtet – wie bei jedem anderen Schwindelunternehmen auch.

Zusammenfassung

Die Lehre vom »positiven Denken« ignoriert allgemein anerkannte Erkenntnisse aus der Forschung und der psychotherapeutischen Praxis. Vielmehr baut sie auf falschen oder stark vereinfachenden Annahmen über die menschliche Seele auf. Eine Methode, die Ignoranz und Unwissenheit zur Grundlage hat, muß wirkungslos bzw. kontraproduktiv sein.

4. Fallbeispiel: Depressionen beim Lesen

Andrea Gerlach (Name geändert) begann mit 31 Jahren eine Therapie. Die junge Frau berichtete mir, daß sie schon immer ein sehr ängstlicher Mensch gewesen sei. Im Berufsleben fühlte sie sich als Chefsekretärin von ihrem Chef beobachtet, hatte Angst, zu zittern und überhaupt zu versagen. Selbst einfachste Verrichtungen wie das morgendliche Öffnen der Briefpost, die Annahme von Telefonaten und das Kaffeeservieren wurden zum Problem. Durch Heirat und die Geburt zweier Kinder sei sie glücklicherweise aus dieser Situation herausgekommen.

Auch im Privatleben, auf Parties oder bei anderen Ansammlungen von Menschen hatte sie extrem große Befürchtungen aufzufallen, im Mittelpunkt zu stehen, in irgendeiner Form ihre Unsicherheit zu zeigen und den anderen Menschen nicht zu genügen.

Sie versuchte, dies durch den Genuß von Alkohol, Drogen und Beruhigungsmitteln zu kompensieren, was ihr eine Zeit lang partiell auch gelang.

Bald aber konnte sie kaum noch vors Haus gehen und traute sich nirgendwo mehr hin, auch das Einkaufen fiel ihr schwer. Sie habe auch häufig Phasen, berichtete die Frau, in denen sie sehr verstimmt sei. Dann sei sie so niedergeschlagen, daß sie nicht mehr leben wolle. Hinzu komme die Befürchtung, daß sie ihre Kinder nicht ausreichend versorge, zumal auch Aggressionen gegen diese und das Hausfrauendasein aufkämen.

Nachts wachte Andrea Gerlach mit Panikreaktionen in Form von Herzrasen, Schweißausbrüchen, Zittern und Beben auf. Dabei hatte sie das Gefühl, sie müsse sterben. Auch tagsüber kamen solche Phasen – inzwischen hatte sie häufig den Drang, sich das Leben zu nehmen, weil es so nicht weiterginge.

Die Patientin hatte bereits eine Gesprächspsychotherapie hinter sich. Der Therapeut hatte unter anderem auch versucht, der Patientin Optimismus zu vermitteln und sie immer wieder zu ermutigen, die Situation positiv zu sehen und durchzustehen.

Diese Therapie brachte Andrea Gerlach keinen Erfolg, aber sie führte dazu, daß die Patientin begann, Bücher über das »positive Denken« zu lesen. Sie beschäftigte sich mit Murphy, Carnegie, Freitag und vielen anderen. Obwohl sie glaubte, daß diese Bücher ihr helfen könnten, ging sie an die Lektüre mit ziemlichem Widerwillen. Im nachhinein bemerkte sie, daß sie einen Teil dieser

Bücher ungelesen ins Regal gestellt hatte — sie wollte sich an ihnen festhalten, war aber nicht in der Lage, sich mit ihrem Inhalt auseinanderzusetzen. Andere — wie »Sorge dich nicht, lebe!« oder »Kraftzentrale Unterbewußtsein« — las sie, ohne daß diese Literatur sie aufbauen konnte. Bereits während des Lesens der Bücher, so berichtete sie mir, sei es zu teilweise extremen depressiven Verstimmungen gekommen, da sie sich mit den dort vorgestellten Fallbeispielen nicht identifizieren konnte und schon gar nicht die Kraft fand, ihre Aussagen umzusetzen.

Bereits während des Lesens gingen ihr Gedanken durch den Kopf wie »Vielleicht können das die anderen, ich bin noch nicht einmal dazu in der Lage«. Solche Überlegungen zogen sie weiter nach unten, obwohl sie Freundinnen hatte, die sich ebenfalls mit dem »positiven Denken« beschäftigten und denen es nach anfänglicher Euphorie ähnlich erging. In diesem Bekanntenkreis, der sich durch Empfehlungen zum »positiven Denken« gegenseitig stützen wollte, gab es überdurchschnittlich viele gescheiterte Ehen und sogar Suizidversuche.

Bei Andrea Gerlach scheiterten alle Versuche, die Imaginationsübungen (Bildvorstellungen vor dem geistigen Auge) und die Autosuggestionen durchzuführen, weil sie innerlich einen Widerstand empfand — diese positiven Aussagen entsprachen einfach nicht ihrer seelischen Verfassung. Statt dessen kamen beim Vorstellen verschiedener positiver Szenarien immer wieder Negativbilder in ihr hoch.

Jedesmal, wenn die Übungen fehlgeschlagen waren, fühlte sich Andrea Gerlach am Boden zerstört und frustriert. Sie gab sich selbst die Schuld, daß sie nicht einmal die simpelsten in diesen Büchern vorgegebenen Übungen positiv auszuführen vermochte.

Die Patientin kam immer mehr zu der Überzeugung, niemand könne ihr helfen. So verging ein Jahr der Beschäftigung mit dem »positiven Denken«, bevor sie von einem Neurologen an mich als Verhaltenstherapeuten überwiesen wurde. Ich diagnostizierte eine schwere Panikstörung mit Depression und leichter Alkoholabhängigkeit.

In der Anamnese ergab sich, daß Andrea Gerlach ihren Vater als »Hochstapler« ansah, der das ererbte Vermögen seiner Eltern durchgebracht hatte. Die Mutter wurde als ängstlich, unsicher, kalt, depressiv und tablettensüchtig beschrieben. Sie wuchs mit dem Unverständnis der Eltern auf, die nur mit sich selbst und mit der Wahrung des Scheins beschäftigt waren.

Die Frau entwickelte sich zu einem unsicheren, um Anerkennung heischenden Menschen. Sie flüchtete in Maskenhaftigkeit, antrainierte Freundlichkeit und Fröhlichkeit. Sie stylte sich ausgeprägt durch und bemühte sich um »sehr gutes Aussehen«.

Diese äußere Fassade vermochte sie nur unter größter Anstrengung aufrechtzuerhalten. Jede kleinste Kritik an ihrer Person führte zu einer existentiellen Krise. Als sie dann ihren Beruf aufnahm und man ihr im wörtlichen Sinne »auf die Finger schaute« (weil der Chef ihr gegenübersaß), kam sie in große Schwierigkeiten. Erste Panikreaktionen traten auf. Die einige Zeit später eingegangene Ehe führte zwar zunächst zu einer Entlastung, doch langfristig machte sich Andrea Gerlach immer mehr von ihrem Mann und auch von ihren Kindern abhängig. Der Zustand wurde immer schlimmer und durch die fehlgeschlagene Therapie sowie das Versagen beim »positiven Denken« unerträglich.

Ich machte der Patientin klar, daß ihre Probleme sowohl in ihrem Entwicklungsgang als auch in einem »Sich-Selbst-Hochschaukeln« der Panikreaktionen lägen. Aufgrund der sich aus der Panik ergebenden existentiellen Bedrohung, der dadurch eingeschränkten Lebensweise und des ohnehin vorhandenen mangelnden Selbstbewußtseins würden zusätzlich auch die Depressionen auftreten. Nachdem die Patientin diesen Ansatz akzeptiert hatte, konnte eine gezielte Therapie begonnen werden.

Diese bestand zunächst aus einer Reizüberflutung (teilweise mehrstündige Konfrontation mit den Angstreizen), durch welche die Panikreaktionen innerhalb einiger Monate in den Griff bekommen wurden. Wie vorauszusehen, kam es dann – als ihre Aufmerksamkeit nicht mehr durch Panikerwartungen gebunden war – bei Andrea Gerlach zu schwerer Depressivität mit Identitätsproblemen im Zusammenhang mit ihrer Rolle als Hausfrau und Mutter sowie von Selbstwertproblemen hinsichtlich ihres Äußeren und ihres gesamten Lebensstils.

Jetzt wurde eine paradoxe Intervention durchgeführt (bei der sie lernte, sich blamieren zu können und nicht nur nach dem äußeren Schein zu leben), die ergänzt wurde durch eine kognitive Umstrukturierung (Methode zur realistischen Einstellungsänderung), einen Aktivitätsaufbau (Methode, mit deren Hilfe gelernt wird, Aktivitäten wie Hobbys, Veranstaltungsbesuche, Dinge, die Spaß machen, überhaupt erst wieder anzugehen) und schließlich durch den Auf-

bau sozialer Kompetenz (zu lernen, mit anderen Menschen angemessen, selbst-sicher, entspannt und relativ genußvoll umgehen zu können).

Nach etwa anderthalb Jahren begann Andrea Gerlach eine neue Berufstätig-keit als Chefsekretärin eines großen Unternehmens. Sie brauchte zunächst noch eine therapeutische Begleitung, kam aber zunehmend besser mit der neuen Situation klar. Sie lernte es, sich nicht mehr durch andere irritieren zu lassen und ihre Meinung zu vertreten.

Auch die Depression ging mit der Zeit zurück, so daß Andrea Gerlach die Verhaltenstherapie erfolgreich hinter sich gebracht hatte. Nicht das »positive Denken« hatte den Erfolg gebracht, sondern die Entwicklung reifer Einstellun-gen und das Erlernen echten Bewältigungsverhaltens für problematische Lebenssituationen.

Andrea Gerlach hatte gelernt, daß sie nicht immer die Beste, Größte, Schön-ste sein mußte. Sie hatte erfahren, daß körperliches Unwohlsein nicht automa-tisch zu Panikreaktionen führen muß. Sie durfte auch Fehler haben und konnte diese akzeptieren. Sie durfte sich selbst gestatten, auch mal unten zu sein. Sie konnte auch aggressive Regungen – z.B. gegenüber den eigenen Kindern, dem Ehemann, dem Chef, der angeblich besten Freundin – akzeptieren und inte-grieren. Sie durfte sich auch mal mit den anderen streiten. Kurz: Sie durfte – was die Bücher des »positiven Denkens« eben nicht gestatten – ein Mensch sein wie du und ich, ein Mensch mit Stärken und Schwächen.

Eine pseudowissenschaftliche
Verdrängungsmethode

Warum findet die Lehre vom »positiven Denken« so viele Anhänger? Auf diese Frage gibt es eine simple Antwort: In unserer Gesellschaft gibt es unzählige unglückliche, zumindest unzufriedene Menschen, die auf der Suche nach der Lösung ihrer Probleme sind. Zur Erfüllung dieses Ziels sind einige (leider zu viele) bereit, einfachsten Erklärungsmustern zu folgen und sich dabei einlullen zu lassen – statt sich den Problemen zu stellen. Leser von Literatur zum »positiven Denken« müssen ihren Verstand beim Öffnen der Bücher beiseite legen und willig sein, den Heilsversprechen, die dort angeboten werden, zu glauben.

Nun ist es ja auch wirklich schwer zu akzeptieren, daß man sich mit Dingen, die schmerzhaft sind, die es aber nun einmal gibt – beispielsweise mit Verlusten –, auseinandersetzen muß; daß man auch das Heilsame einer Trauerarbeit anerkennen muß; daß nicht verdrängt werden darf, sondern auch unangenehme Tatsachen und die unumstößliche Endlichkeit der eigenen Existenz angenommen werden müssen.

Tu so, als gäbe es keine Probleme

Die Bereitschaft zur Verdrängung ist eine Grundvoraussetzung für das »positive Denken«. Erhard F. Freitag schreibt: »Wer stets eine Wand von Problemen vor sich sieht, der wird sie nie überwinden.« (1/S.13) Norman Vincent Peale fordert seine Leser auf: »Denken wir darum nie an die Möglichkeit, die Dinge könnten sich schlecht entwickeln...« (6/S.62)

Die alleinseligmachende Botschaft lautet: Verdränge deine Probleme, sieh sie nicht, tu so, als ob es sie gar nicht gäbe. Tu so, als sei alles gut, dann ist es auch so.

Um dieses Ziel der Verdrängung zu erreichen, muß aber erst mal der Verstand ausgeschaltet werden. Folglich beinhaltet die Lehre vom »positiven Denken« zunächst einmal eine Verteufelung des Verstandes ganz im Stile einer Heilslehre. Die Anhänger werden systematisch und mit scheinlogischen Argumenten auf eine Bewußtseinsstufe geführt, die daran zweifeln läßt, ob sie bis drei zählen können.

Ein Beispiel für den hohen Verdrängungsgehalt des »positiven Denkens« bietet Dale Carnegie mit dem Fall eines Geschäftsmannes, eines, wie Carnegie schreibt, mit allen Wassern gewaschenen, erfolgreichen Börsenmanns namens William B. Steinhardt. Dieser war, so berichtet er uns selbst, »einer der griesgrämigsten Muffel, die je den Broadway hinuntergingen«. (3/S.92)

Auf Anregung Carnegies beschloß Mr. Steinhardt von einem auf den anderen Tag, nur noch zu lächeln. Und nicht nur die bisher vernachlässigte Ehefrau profitierte davon: »Wenn ich jetzt zur Arbeit gehe, sage ich dem Liftjungen in unserem Block ›guten Morgen‹ und lächle. Ich grüße den Pförtner mit einem Lächeln. Ich lächle den Kassierer in der Untergrundbahn an, wenn ich meine Fahrkarte kaufe. An der Außenbörse (seinem Arbeitplatz, d. Verf.) lächle ich Männer an, die mich bis vor kurzem noch nie im Leben lächeln sahen.« (3/S.93) Und nachdem er festgestellt hat, daß ihm das »Lächeln jeden Tag Geld einbringt, viel Geld«, kommt dann noch das menschliche Resümee: »Ich bin ein ganz anderer Mensch geworden, glücklicher und reicher, reicher vor allem an Freundschaft und Zufriedenheit – den beiden einzigen Dingen, auf die es im Leben letztlich ankommt.«

Und Carnegie zieht aus diesem Beispiel die Schlußfolgerung: »Tun Sie so, als fühlten Sie sich glücklich. Das wird Ihnen nämlich helfen, sich glücklich zu fühlen.« (3/S.94)

Förderung der Maskenhaftigkeit

Doch wer »zwanghaft lächelt« setzt lediglich eine Maske auf. Es gibt Berufe, in denen das Lächeln sozusagen Vorschrift ist, bei Models etwa, Fernsehansagerinnen, Stewardessen – es ist ein unechtes Lächeln, eine Maske. Aber gerade ihre Maskenhaftigkeit führt die Menschen (natürlich nicht nur aus den angesprochenen Berufsgruppen) häufig in die Depression. Sie haben nicht mehr den Eindruck der eigenen Identität. Sie haben nicht mehr das Gefühl, aus sich selbst heraus zu leben.

Durch das »positive Denken« soll das Leben reduziert werden auf das scheinbar »Positive«. Der einzelne Mensch kann sich nicht mehr entscheiden, wie er sich wirklich fühlt – und wird deswegen um so trauriger.

Auch aus wissenschaftlicher Sicht ist die These, durch ein bewußt aufgesetztes Lächeln werde sich die innere Haltung ändern, Unsinn. So haben Untersuchungen gezeigt, daß die Ebenen Emotion – Ausdruck – Körper nicht in unmittelbarer reaktiver Verbindung stehen. Wir sprechen in diesem Zusammenhang von der Desynchronie der Verhaltensebenen. Wenn sich die eine Ebene verändert, bedeutet dies eben nicht *automatisch*, daß sich auch auf den anderen Ebenen etwas tut. Diesen Automatismus haben die Propagandisten des »positiven Denkens« schlicht erfunden.

Mit einer spontanen, lebendigen Reaktion, die aus der »tiefsten« Seele kommt, hat das »bewußte Lächeln« also nichts zu tun. Auch nicht mit der Bewältigung von unschönen Dingen. Ganz im Gegenteil: Probleme werden beiseite gedrängt, verdrängt. Die Gefahren und Schattenseiten des Lebens bestehen weiter fort und holen den einzelnen meist um so heftiger und drängender ein. Das zwanghafte »Weiß-Denken« ist mindestens genauso schlimm wie das permanente »Schwarz-Sehen«.

Die Realität ausblenden

Daß Probleme nicht bewältigt, sondern verdrängt werden sollen, wird auch deutlich an den Autosuggestionsformeln, die Erhard F. Freitag seinen Lesern vorschlägt: »Ich bin gesund. – Ich lebe in Harmonie mit meiner geistigen, unbewußten Kraft. – Ich bin erfolgreich. – Ich liebe mich und mein Leben. – Ich fühle mich in Liebe mit allen meinen Mitmenschen verbunden. – Ich bin erfolgreich als Mensch in allen meinen Umweltbeziehungen.« (1/S.60)

Er bezeichnet diese Formeln als »reine, positive Werte« (ebd.), die man noch individuell variieren könne und die dann angewendet folgenden Effekt hätten: »Sie erfahren plötzlich unentwegt angenehme, beglückende Reaktionen aus Ihrer Umwelt. (...) Zweifel, Kritik und Streßsituationen werden Sie bald nur noch an anderen erleben, denn Sie haben Ihre unendlich stärkere, unterbewußte Zentrale schon im voraus zur Bewältigung Ihrer äußeren Probleme eingeschaltet.« (1/S.38 f.)

Daß diese innere Haltung letztlich dazu führen kann, daß der Betreffende später um so heftiger zusammenbricht, dürfte klar sein. Die Konflikte werden schließlich so nicht gelöst, auch die Möglichkeit der Bewältigung von Schwierigkeiten wurde um keinen Deut verbessert.

Ganz abgesehen davon, ist der Zweifel unzweifelhaft ein Grundbestandteil der menschlichen Existenz. Der Versuch, ihn auszuschalten, bedeutet nichts anderes, als die betreffende Person »entmenschlichen« bzw. in metaphysische Welten, ins Paradies, zumindest in paradiesische Zustände, entrücken zu wollen.

Vermeidungsverhalten statt Auseinandersetzung

Auch die absolute Vorrangstellung des eigenen Ich bedeutet eine Verdrängung größten Ausmaßes und provoziert unausweichlich eintretende Konflikte. »Setzen Sie sich einfach über alles hinweg, was Sie nicht mehr machen oder erleben wollen« (Freitag, 1/S.119), heißt es schlicht und einfach, und wer dieser Anleitung zur Lebensuntüchtigkeit Folge leistet, der wird sein blaues Wunder erleben: Die Umgebung des Betreffenden wird es herzlich wenig interessieren, was er allein für richtig hält, sondern sie wird auch das relative Funktionieren und die relative Anpassung fordern. Eigenschaften, die zum Erfolg notwendigerweise mit dazugehören – denn Erfolg ist immer ein interaktiver Prozeß.

Das »positive Denken« verlangt mit solchen Verhaltensmaßregeln den Ausstieg aus der menschlichen Gemeinschaft, zumindest aber aus der Struktur, in der der Leser lebt und in der er seinen Erfolg haben will – ohne ihm etwas Adäquates anzubieten und ohne die Gefahren zu benennen, die sich daraus ergeben.

Allgemeine Ratschläge, wie sie die zur Diskussion stehenden Autoren zuhauf geben, können bei psychischen Problemen wenig ausrichten. Vielmehr verhindern allgemeine Ratschläge, daß der Hilfsbedürftige durch konkrete Begegnung erschüttert wird in seinen bisherigen, unproduktiv verarbeiteten Erfahrungen und neue Bewältigungsstrategien für seine Problemsituation erlernt. Der einzelne Leser kann zwar Gedanken nachvollziehen, aber er wird geradezu dazu animiert, die Situationen zu meiden, vor denen er etwa Angst hat oder die ihn belasten, auch wenn er noch so sehr weiß, daß es für ihn richtig wäre, sich diesen Situationen zu stellen.

Oft kann erst eine Therapie helfen, innerhalb der die Klienten durch die motivierende Präsenz des Therapeuten veranlaßt werden, eine Situation durchzustehen und neue Erfahrungen zu machen.

Vulgärpsychologische Schlußfolgerung

Dale Carnegie schreibt in »Sorge dich nicht, lebe!«: »Eine der schrecklichsten Zeiterscheinungen der Gegenwart ist die Tatsache, daß die Hälfte der Krankenhausbetten von Nerven- und Geisteskranken belegt ist, Patienten, die unter der niederschmetternden Last des angehäuften Gestern und der Angst vor der Zukunft zusammengebrochen sind. Aber die große Mehrzahl dieser Menschen hätte nicht ins Krankenhaus gehen müssen, sondern sie hätten ein glückliches, nützliches Leben führen können – wenn sie nur die Worte von Jesus beherzigt haben würden: ›Darum sorget nicht für den anderen Morgen‹.« (2/S.26)

In einer Art vulgärpsychologischer Schlußfolgerung werden hier Erkenntnisse der psychosomatischen Forschung verallgemeinert und übertrieben. Aus dem Umstand, daß viele Krankheiten nicht allein auf physischen Defekten beruhen und daß die seelischen Ursachen von Krankheiten in den letzten Jahren ins Blickfeld gerückt sind, wird abgeleitet, daß die Betroffenen eigentlich gar nicht krank sein dürften.

An anderer Stelle bekräftigt Carnegie, daß es »äußerst wahrscheinlich« sei, daß als Ursache für Geisteskrankheiten »in vielen Fällen Angst und Sorgen maßgebende Faktoren sind«. (2/S.44) Carnegie: »Das verängstigte und gequälte Individuum kann die harte Welt der Wirklichkeit nicht mehr ertragen und bricht alle Kontakte zu seiner Umgebung ab. Es zieht sich in das Reich seiner eigenen Träume zurück, und damit sind seine Probleme gelöst.« Eine geradezu abenteuerlich vereinfachende Theorie über die Entstehung von Geisteskrankheiten, die zudem impliziert, daß man diesen Krankheiten (z. B. Schizophrenie, manisch-depressiven Erkrankungen, hirnorganischen Psychosyndromen) dadurch vorbeugen könnte, indem man Ängste einfach übergeht.

Erfolgsquote: 100 Prozent

Die Vertreter des »positiven Denkens« sind überzeugt davon, daß ihre Methode hundertprozentig erfolgreich ist. Deshalb ist eine Erfolgskontrolle der eigenen Methode aus ihrer Sicht überflüssig. So schreibt Joseph Murphy: »Positives Denken führt unausweichlich zum Ziel. Aus dieser Tatsache ist ganz einfach zu folgern, daß jeder Mißerfolg ausgeschlossen ist, sobald Ihr Unterbewußtsein die gewünschte Vorstellung angenommen hat.« (4/S.105)

Folgerichtig werden in den entsprechenden Büchern ausschließlich erfolgreiche Therapien als Fallbeispiele vorgestellt. (Zumindest solche Fälle, die im Sinne des »positiven Denkens« erfolgreich sind. Erfolg ist ja kein wertfreier Begriff, und psychotherapeutischer Erfolg kann sich nur aus der jeweiligen Interaktion zwischen Patient und Therapeut definieren.) An keiner Stelle werden Gegenindikationen aufgezeigt, die von einer Instruktion in »positivem Denken« abraten lassen, kein Krankheitsbild, psychischer oder körperlicher Art, erscheint schlimm genug, um es nicht durch »positives Denken« in den Griff bekommen zu können. Kurz: das »positive Denken« ist wohl die einzige Therapiemethode, die ausschließlich auf Erfolge verweisen kann. Da dies aber praktisch auszuschließen ist, lassen sich eigentlich nur zwei Schlußfolgerungen ziehen: Entweder wird in der Literatur des »positiven Denkens« der Leser bewußt angelogen, oder die Propagandisten des »positiven Denkens« sind Opfer ihrer eigenen Lehre: Sie sehen praktisch alles positiv und können uns auch noch Behandlungsmißerfolge (die es einfach geben *muß*) als Erfolge verkaufen.

Eine dritte Schlußfolgerung wäre, daß die in den Fallbeispielen abgegebenen Diagnosen (Depression, Zwang, Alkoholismus, Panikstörung u.a.) zumindest teilweise nicht zutrafen, also falsche Beurteilungen darstellten (was bei der mangelnden Professionalität der Autoren nicht verwunderlich wäre) und damit eigentlich psychisch Gesunde »behandelt« wurden – also letztlich gegen Windmühlen angekämpft wurde.

Allround-Therapie im Eilverfahren

Ein weiteres Indiz für die Unseriösität der Methode des »positiven Denkens« sind die unzähligen Fälle von Schnellheilungen, die in den Büchern vorgestellt werden. Die Behauptung, man habe eine Methode zur Verfügung, die schwere psychische Krankheiten innerhalb von Tagen beseitigen könne (Kapitel-Überschrift bei Carnegie: »Wie man in vierzehn Tagen eine Depression heilt«), müssen geradezu verheerende Auswirkungen auf Hilfesuchende haben, die sich der Mühe einer wirklichen Psychotherapie unterziehen.

Sie sind aber auch eine Beleidigung für viele Tausende seriöser Psychotherapeuten, die in langwierigen Behandlungen, oft über Monate und Jahre, Betroffenen helfen. Und die durch den täglichen Umgang mit schweren psychischen Erkrankungen das Wort »Heilung« ohnehin nur ungern in den Mund nehmen – handelt es sich doch bei dem Veränderungsprozeß hin zu einem reifen und wirklich selbstbewußten Menschen in der Regel auch nach einer Therapie um die tägliche, ja oft sogar immerwährende Aufgabe, sich diesem Ziel immer mehr anzunähern.

Typen, denen alles gelingt

Als Vorbild für die schnelle Therapie soll sich der Leser »erfolgreiche Menschen« wählen, »Typen, denen alles leicht zu gelingen scheint. Sie besitzen dieses Talent, ihre unbewußten Energien positiv zu lenken und schon jedes Vorhaben als selbstverständlich erreichbar anzusehen«. (Freitag, 1/S.95) Dabei wird nicht erwähnt, daß erfolgreiche Menschen (ganz gleich, auf welchem Gebiet) deswegen erfolgreich sind, weil sie eine ganze Reihe von Fähigkeiten in sich vereinen, die sie meist durch eine Vielzahl von Erfahrungen und Lernprozessen gewonnen haben. Sie haben in der Regel andere psychische Entwicklungen hinter sich und ganz andere äußere Rahmenbedingungen als der möchtegern-erfolgreiche Leser dieser Literatur. Ganz abgesehen davon, daß auch die Begriffe Zufall und Glück bei jeder Karriere eine wichtige Rolle spielen.

Wenn man aber den Erfolg einzig und allein auf das richtige Denken zurückführt (Peale will beweisen, »daß jeder Mensch, der sich mit Entschlossenheit für ein Ziel einsetzt, dieses Ziel auch erreicht« [10/S.83]), dann ist das nicht nur eine grobe Verallgemeinerung, sondern es bereitet auch den Boden für eine fatale Erfahrung der Leser: Sie werden feststellen müssen, daß sie trotz »positiven Denkens« nicht an ihre Vorbilder heranreichen.

Zusammenfassung

Statt sich mit seinen Problemen auseinanderzusetzen, soll der Leser beim »positiven Denken« einfach nur verdrängen. Aber die psychotherapeutische Praxis zeigt, daß verdrängte Probleme irgendwann erst recht zum Hindernis werden. Je länger man mit der Problembewältigung wartet, um so schlimmer wird hinterher die Last. Daher drängt sich der Verdacht auf, daß die »Heilungserfolge« des »positiven Denkens« bestenfalls von kurzer Dauer sein können.

5. Fallbeispiel: Demütigungen und Prügel

Die 28jährige arbeitslose Alleinerziehende Cordula Brand (Name geändert) kam zu mir in die Therapie, nachdem sie einen fünfwöchigen stationären Aufenthalt hinter sich hatte. Sie war mit einem Notarzteinsatz wegen schwerer Angstzustände in die Psychiatrie gekommen. Sie hatte geglaubt, gleich umzukippen, das Herz hatte »wie verrückt gerast«.

Es stellte sich heraus, daß schon ihr Vater unter Panik und Depressionen litt und eine sehr distanzierte Beziehung zu seiner Tochter hatte. Die Mutter wurde als hysterisch, launisch und ebenfalls depressiv geschildert. Die Patientin fühlte sich von ihr nach eigener Aussage wie »das letzte Stück Dreck« behandelt.

Bis zum Zeitpunkt der Therapie konnte Cordula Brand nicht begreifen, warum die Mutter sie so ablehnte. Sie fühlte sich in ihrem Elternhaus niemals zu Hause.

Aus dieser Not heraus klammerte sich Cordula Brand an ihre erste Beziehung mit einem Mann, den sie abgöttisch liebte und mit dem sie dann bereits im Alter von 17 Jahren zusammenzog. Sie arbeitete damals als ungelernte Verkäuferin.

Es entwickelte sich zunächst eine symbiotische Beziehung, die Cordula Brand auch als glücklich erlebte, doch bald entwickelte ihr Partner ein extremes Dominanzverhalten. Er war eifersüchtig und ließ seine Freundin nicht mehr aus dem Haus. Er begann, sie seelisch zu demütigen und bei mangelndem Wohlverhalten, manchmal aber auch nur aus einer Laune heraus, zu schlagen. Mitunter mußte die Polizei einschreiten, weil Cordula Brand krankenhausreif geprügelt worden war. Entsprechende Anzeigen wurden aber von der Frau jedesmal wieder zurückgezogen.

Bei der Patientin entwickelten sich Panikattacken. Ein halbes Jahre bevor sie in die Therapie ging, konnte sie sich unter Mühen von ihrem Lebenspartner trennen. Mit der jetzt einsetzenden Einsamkeit und auch mit der alleinigen Verantwortung für das zu diesem Zeitpunkt dreijährige Kind wurde die Patientin überhaupt nicht fertig. Die Panikattacken wurden immer schlimmer.

Aufgrund ihrer familiären Situation hatte Cordula Brand schon im jugendlichen Alter begonnen, sich mit dem »positiven Denken« zu beschäftigen. Sie las Carnegie, Murphy, Peale und entwickelte eine entsprechende Haltung, die ihr dann später half, die Beziehung zu ihrem Partner so lange zu ertragen.

(Erwähnt sei, daß dieser Partner später mit der Diagnose Schizophrenie in psychiatrische Behandlung kam.)

Cordula Brand bemühte sich über Jahre hinweg immer wieder, positiv zu denken und manövrierte sich damit in eine seelische Entwicklung, aus der sie bis heute nicht vollständig herausgekommen ist.

Über Jahre entwickelte sie Ängste und Depressionen, ohne eine fachmännische Behandlung aufzunehmen, weil sie sich immer wieder an diese Bücher klammerte. Als sie schließlich in Therapie ging, verursachte diese eine große Frustration, denn sie war sich keiner Fehler bewußt. Sie sah sich selbst als gutmütige, nette Frau, die für ihren Partner alles getan hatte und die trotzdem von ihm so unendlich viele Grausamkeiten erleiden mußte.

Immer wieder hatte sie sich eingeredet, daß sich das »positive Denken«, wenn sie es nur intensiv genug betreiben würde, auf das Gegenüber auswirken müßte. Aber das Verhalten ihres Partners war immer schlimmer geworden.

Der Einfluß des fraglichen Gedankenguts wirkte so intensiv weiter, daß sie ihren Peiniger zu Anfang der Therapie sogar in Schutz nahm und eher positiv beschrieb. Sie war absolut unfähig, Aggressionen und Wut gegen den Mann zu empfinden, geschweige denn zu zeigen.

Aufgabe der Therapie ist es nun, in Form von Reizüberflutung, von Aktivitätsaufbau und kognitiver Umstrukturierung, aber auch durch den Aufbau sozialer Kompetenz (nein sagen können, Aggressionen äußern, sich beruflich entwickeln) die Lebensumstände der Frau zu verbessern.

Besonders schwierig gestaltet sich der Fortschritt hinsichtlich ihrer Partnerwahl. Im Verlaufe des ersten halben Jahres der Therapie knüpfte Cordula Brand zwei neue Beziehungen, die aber jedesmal daran scheiterten, daß die Frau Panik bekam, sobald der Partner Zärtlichkeiten mit ihr austauschen wollte. Ein erster Erfolg in therapeutischer Hinsicht war es, daß die Patientin mich als männlichen Therapeuten akzeptieren konnte, so daß sie jetzt in der therapeutischen Beziehung lernen kann, ihre durch Männer ausgelösten Traumata zu relativieren und hoffentlich zu bewältigen.

Zweifellos ist ein Teil der heutigen Schwierigkeiten von Cordula Brand auf die Literatur des »positiven Denkens« zurückzuführen. Durch sie wurde das »Aushalten« der katastrophalen Beziehung gefördert, wurde die Patientin unfähig gehalten, sich selbst zu verteidigen und wurde der Beginn einer Therapie erheblich verzögert.

Das »positive Denken« als Heilslehre

Die Vertreter des »positiven Denkens« wenden die klassischen Methoden von Gurus an, die eine Heilslehre zu verkünden haben. Daran ändert auch der Umstand nichts, daß von den Autoren immer wieder auf die Eigenverantwortlichkeit des einzelnen und die Aktivierung dessen eigener Kräfte verwiesen wird. So behauptet Joseph Murphy im Zusammenhang mit der Frage, wie die körperlichen und seelischen Gebrechen des Menschen am besten zu heilen seien: »Kein Priester, Naturheilkundler, Psychologe, Psychiater oder Mediziner hat je einen Patienten geheilt.« (4/S.71) Er, Murphy, aber weiß die Antwort auf die Frage nach Heilkräften: Es sei so, »daß dieses Heilprinzip im Unterbewußtsein jedes Menschen ruht und der Kranke nur seine geistige Einstellung zu ändern braucht, um wieder gesund zu werden«. (ebd.)

Die Verborgenheit der Geheimlehren, so Murphy-Schüler Erhard F. Freitag, sei »aufgehoben, weil die Menschen unserer Zeit reif genug sind, sich positiv ihren psychischen Energien zuzuwenden«. (1/S.111) Womit dem Leser die Botschaft gesendet wird: Du gehörst zu den Auserwählten, die »reif genug« sind, die esoterische Botschaft des »positiven Denkens« zu verstehen und anzuwenden.

Gedankenkontrolle

Hat man diese Botschaft akzeptiert, dann ist man offensichtlich auch bereit, in vorgegebenen, ja fast befohlenen Bahnen zu denken. Denn einer der Kernpunkte der Lehre vom »positiven Denken« ist, daß den Bedürftigen die Gedanken verordnet werden.

Höchstes Ziel ist das Ausschalten jeden Zweifels (»Gestatte deinen Gedanken nicht, sich Mißerfolge auszumalen...« [6/S.52]) und die Installation einer neuen Persönlichkeit: »Strengen wir uns an, bis wir wirklich erfaßt haben, daß es uns möglich ist, durch unsere Geisteshaltung unsere Zukunft positiv zu beeinflussen und zu gestalten. Schaffen wir in unserer Vorstellungskraft ein erfolgreiches Bild unserer Persönlichkeit, halten wir daran fest, bis es Wirklichkeit wird« (7/S.31), so Norman Vincent Peale.

Bei dieser Form von »Therapie« handelt es sich um nichts anderes als ein Zwangssystem. »Beginnen Sie *sofort* damit, Ihre Gedanken einer gewissen Kontrolle zu unterwerfen«, befiehlt Freitag seinen Lesern (1/S.47) und hebt das Wörtchen *sofort* hervor. »Verbannen Sie jede negative Überlegung und jeden Zweifel.« (ebd.)

Kein Wunder, daß eine solche Aussage unwillkürlich an die sogenannten Psychosekten denken läßt. Der »deutsche Murphy« bemüht nicht nur an mehreren Stellen Baghwan Shree Rajneesh, sondern sogar den Begründer der Scientology-Sekte: »›Alles Glück, das du findest, liegt in dir‹, sagte einmal L. Ron Hubbard...« (1/S.176) – und Freitag zitiert es zustimmend. Die Leser sollen dazu gebracht werden, genau so zu fühlen und zu handeln, wie es die Verkünder dieser Lehre vorschreiben. Dann, so das Versprechen, werden die Betroffenen eine glückliche Zukunft haben.

In der Konsequenz ist dies ein Versuch der Gehirnwäsche. Denn im Grunde genommen wird der Leser seiner Identität, seiner Persönlichkeit beraubt. Seine Erfahrungen und seine Geschichte, alles, was ihn zu dem gemacht hat, was er heute ist, wird ihm weggenommen.

Ein Zwangssystem

Das Fixiertsein auf absolute Ziele wie Harmonie, Zufriedenheit und Reichtum gekoppelt mit absolutem Erfolgsdruck, birgt einen starken Zwangscharakter in sich und ist auf Dauer ausgesprochen anstrengend.

Kein Wunder also, daß man oft bei der Lektüre der Bücher des »positiven Denkens« das Gefühl hat, in ein eindimensionales, sektenhaftes Zwangssystem hineingeraten zu sein.

Wenn Norman Vincent Peale behauptet: »Das Geheimnis eines besseren und glücklicheren Lebens liegt in der radikalen Säuberung des Geistes von veralteten, ungesunden und toten Gedanken« (6/S.228), dann fordert er seine Leser zu eben dieser »radikalen Säuberung« der Gedanken auf – und benutzt damit ein Vokabular, das wir sonst nur von Diktatoren kennen.

Der Mensch, der doch eigentlich lockerer und großzügiger werden soll, wird durch diese Lehre eher unfrei: Er wird ständig dazu aufgefordert, etwas an sich zu tun, etwas an sich zu manipulieren, etwas an sich zu verändern –

ohne dabei aber zu einer eigenen Identität zu finden, die ja zum Leben so ungeheuer wichtig ist.

Erst wenn einem diese Systematik dann nach und nach bewußt wird, durchschaut man möglicherweise das Zwangssystem, in das der Sympathisant des »positiven Denkens« da hineingeraten ist. Bei Sekten ist bekanntlich der Ausstieg aus dem System extrem schwierig, weil jeder Halt in der Außenwelt fehlt – bei den gläubigen Lesern der Bücher von Murphy, Carnegie & Co. besteht eine ähnliche Gefahr.

Zusammenfassung

Mit dem Absolutheitsanspruch, der von allen Propheten des »positiven Denkens« postuliert wird, begeben sich diese Autoren auf die Ebene von Gurus, die über angebliches »Geheimwissen« verfügen. Sie verkünden damit eine Heilslehre, die sich jeder wissenschaftlichen Überprüfung entzieht. Sie fordern von ihren Anhängern den absoluten Glauben an die Lehre. Deren Ergebenheit gegenüber den großen Vorbildern mündet nicht selten in regelrechte Abhängigkeit. Parallelen zu Vorgehen und Wirkung von Sekten drängen sich hier auf.

6. Fallbeispiel: Von Murphy zu den Zeugen Jehovas

Der 24jährige Speditionsangestellte Manfred Hauser (Name geändert) kam wegen starker Kontrollzwänge zunehmender Intensität sowie wegen eines Putz- und Waschzwangs in meine Praxis. Eine Reihe von neurologischen und eine gesprächs-psychotherapeutische Behandlung waren erfolglos geblieben.

Das alltägliche Leben und die Erwerbstätigkeit litten unter der Krankheitssymptomatik sehr, zumal der Patient auch stark zum Grüblertum neigte und unter Depressionen litt. Zwanghaft mußte der Mann seine Tätigkeiten am Arbeitsplatz ständig überprüfen und alles drei-, viermal ausführen. Dadurch machte er sich bei seinen Kollegen unbeliebt. Auch sein Chef verzweifelte. Zu Hause bekam er mit seinen Eltern Schwierigkeiten, weil er sich teilweise bis zu drei Stunden duschte. Er brachte Tätigkeiten, die ihm aufgetragen wurden, nie richtig zum Abschluß und sammelte in seinem Zimmer zwanghaft Zeitungen und Zeitschriften, bis das Zimmer fast unbewohnbar war.

Manfred Hauser litt unter dem ständigen Schuldgefühl, etwas nicht richtig gemacht zu haben, und fühlte sich permanent dabei ertappt. Immer wieder ging ihm durch den Kopf, daß er ein unreiner Mensch sei. In diesem Zusammenhang war für ihn auch sein Drang zur Onanie eine absolute Verfehlung. Ständig beschäftigte er sich mit der Frage, ob es den Himmel gebe und ob er da später einmal hinkomme. Immer mehr redete er sich ein, daß er verdammt sei und in die Hölle kommen müsse.

Sowohl die Zwangshandlungen als auch die Zwangsgedanken, die er teilweise als lästig und sinnlos empfinden konnte (er hatte also auch eine kritische Distanz dazu), belasteten Manfred Hauser sehr, doch konnte er sie einfach nicht abstellen.

Es bestand eine ausgesprochene Normunsicherheit bei allem, was er tat.

In der Anamnese des jungen Mannes stellte sich heraus, daß auch seine Eltern schon immer Ansätze zur Zwanghaftigkeit gezeigt hatten. Bereits während der Realschulzeit gab es bei Manfred Hauser erste Zwangshandlungen, die sich in der Pubertät verstärken. Zum wirklichen Problem aber wurden sie erst, als sich der unsichere junge Mann im Alter von 17 Jahren das Buch »Die Macht des Unterbewußtseins« von Joseph Murphy kaufte. Dort las er von »Harmonie« und vom »positiven Denken« und davon, daß es von einem selber abhänge, wie man sich fühle.

Jetzt traten erstmals die Zwangsgedanken auf. Immer wieder zermarterte er seinen Kopf, ob er wirklich eins sei mit dem Universum, wie dies dort gefordert wurde. Manfred Hauser konnte das so nicht nachempfinden und meinte, daß er dafür bestraft werde.

Schon aufgrund seiner Ungeschicklichkeit empfand er sich keineswegs als göttliches Wesen, auch nicht als ein Geschöpf, das in die Unendlichkeit hinein- reichte – er kam sich vielmehr ausgesprochen mickrig vor.

Der Zwang, positiv denken zu wollen, führte zum Gegenteil: Manfred Hau- ser steigerte sich immer tiefer in negative Gedanken hinein. Er beschäftigte sich immer mehr mit seiner Endlichkeit, mit seiner Unzulänglichkeit, mit seiner Unfähigkeit und seinen anderen Fehlern. »Ich bin nichts wert, ich bin unfähig, ich kann nichts, keiner mag mich, keiner nimmt mich an, ich bin dumm, ich bin verdammt, ich werde das ewige Leben nicht bekommen, ich werde unterge- hen.« So hämmerte es unablässig in seinem Kopf.

Gleichzeitig zog er sich immer weiter aus seinem Freundeskreis zurück und isolierte sich. Er kaufte jetzt immer mehr Bücher von Norman Vincent Peale, von Erhard F. Freitag und anderen, und betrieb eine ausgeprägte Nabelschau, die aber nicht, wie er erhofft hatte, in ein positives Ergebnis mündete.

Statt dessen kamen erste Zwänge hinsichtlich der eigenen Unreinheit auf. Er begann, sich am Tag zehn-, fünfzehnmal zu waschen. Einfache Tätigkeiten wie das morgendliche Bettenmachen konnten 30 bis 45 Minuten in Anspruch nehmen.

Manfred Hauser verspürte den ungeheuren Drang zum Heil, zum Einssein und zur Harmonie. Zu dieser Zeit lernte er die Zeugen Jehovas kennen, ging sogar in diese Sekte hinein und bekam da natürlich Wasser auf die Mühlen. Die Endzeitstimmung und die Endzeitphilosophie dieser Gemeinschaft brachten ihn immer mehr in Schwierigkeiten. Die Furcht wuchs, die göttliche Weisheit, die Verbindung zu Gott und damit sein ganzes Heil zu verlieren. Verstärkt wurden durch die Lehre der Sekte auch seine extremen Schuldgefühle wegen sei- nes Onanierens.

Die Zeugen Jehovas als Kontrapunkt zu den Propheten des »positiven Den- kens« bewirkten jetzt, daß sich Manfred Hauser ausgesprochen unreif fühlte. Der Waschzwang wurde extrem. Er wusch sich bis zu fünfzigmal am Tag, das Bettenmachen konnte mehrere Stunden dauern. Zusätzlich quälten ihn immer häufiger die oben angesprochenen Zwangsgedanken.

Offensichtlich hat das »positive Denken« im Fall des Manfred Hauser zu mehreren Schädigungen beigetragen:

• Erstens versperrte die Meinung, Heilung könne nur aus der jeweiligen Person selbst heraus kommen, den Weg in eine wirksame Psychotherapie.

• Zweitens führten die Bücher den jungen Mann in Richtung Heil, Harmonie, Allmacht – Zustände, die durch die Verbundenheit mit dem Unbewußten zu erreichen sein sollten. Was zu einer ausgeprägten Diskrepanz zwischen seiner realen Existenz und seinen Zielen und Wünschen führte. Er erlebte seine Unzulänglichkeiten um so schlimmer und um so belastender und geriet in eine totale »Heilsunsicherheit«.

• Drittens machte das »Zwangssystem« des »positiven Denkens« den ohnehin zur Zwanghaftigkeit neigenden jungen Mann erst richtig zu einem Zwangsmenschen.

• Viertens wiesen die Bücher des »positiven Denkens« quasi als Einstiegsdroge auch den Weg in die Sekte, von der Manfred Hauser sich endlich die Erfolge versprach, die ihm die bloße Lektüre der Bücher bisher nicht gebracht hatte.

• Und fünftens führte das »positive Denken« bei Manfred Hauser zu ausgeprägten Depressionen und zu Zwangshandlungen, die aus durch die Bücher selbst hervorgerufener Verunsicherung und Verängstigung mit entstanden waren.

Dementsprechend schwierig gestaltete sich die Therapie, die Manfred Hauser wieder ein normales Leben ermöglichen sollte. Über viele Monate machte er zunächst einmal eine kognitive Umstrukturierung durch. Er lernte, eine neue, weniger zwanghafte Einstellung zu seinem Leben zu entwickeln.

Danach wurde mit einer Reaktionsverhinderung bezüglich der Zwangshandlungen begonnen. Durch eine ganze Reihe von Konfrontationen wurden ihm der Waschzwang und die anderen Zwänge zunehmend genommen. Bis heute ist er jedoch immer noch nicht vollkommen frei davon.

In einer zusätzlichen Gruppentherapie lernte Hauser, daß man auch mit Schwächen vor anderen Menschen bestehen kann und daß es auch möglich ist, im Mittelpunkt der Aufmerksamkeit anderer zu stehen, ohne sich vollkommen unzulänglich und unwohl zu fühlen.

Im Zusammenhang mit dieser ganzen, langwierigen Behandlung besserten sich dann auch die Depressionen. Aus der Gemeinschaft der Zeugen Jehovas ist er schon lange wieder ausgetreten. Allerdings besteht bei ihm weiterhin eine immense »Heilsunsicherheit«, und sein Verhalten ist immer noch durch erhebliche Umständlichkeit und Übergenauigkeit geprägt.

Das Geschäft
mit dem »positiven Denken«

Die Inflation von Literatur zum »positiven Denken«

Der Erfolg von Joseph Murphy, Norman Vincent Peale und Dale Carnegie hat Nachahmer magisch angezogen. Ob in den USA oder auch hierzulande, das »positive Denken« wird in immer neuen Variationen – aber immer mit demselben simplen Kerngedanken – unter die Leute gebracht. Da gibt es längst nicht mehr nur allgemeine »Lebensratgeber«, sondern auch Anleitungsbücher zum »positiven Denken« in allen Lebenslagen. Und anscheinend ist kein Titel dumm genug (»Denken Sie sich gesund«), als daß sich nicht doch noch gläubige Leser finden ließen.

Längst hat diese Literatur das Ghetto der esoterischen Verlage verlassen. Was einen solchen Erfolg hat, zieht auch die allgemeinen Publikumsverlage an. Und so gibt es heute kaum noch einen Ratgeberverlag, der nicht vom »positiven Denken« bis zur Bachblütentherapie all jene »Gesundheitsratgeber« im Programm hätte, die vor wenigen Jahren noch als so unseriös angesehen wurden, wie sie es meistenteils tatsächlich sind.

Jedem Verlag sein Eso-Buch

Dabei braucht man sich nicht vorzustellen, daß in den fraglichen Verlagen nun plötzlich lauter esoterisch angehauchte Programm-Macher und Lektoren säßen. Nein, auf kaum einem anderen Verlagsgebiet ist soviel Zynismus (oder bestenfalls Selbstverleugnung) zu finden wie auf diesem Sektor. Das Argument, das Publikum wolle es halt so und man bediene nur eine offensichtlich vorhandene Nachfrage, ist gerade auf dem Gebiet der physischen und psychischen Gesundheit einfach nur erbärmlich. Tatsächlich geht es den Verlagen hier wohl um nichts anderes als den puren Profit, der sich – wirft man einen Blick auf die Auflagenzahlen der entsprechenden Titel – auf diesem Programmsektor wohl auch leicht erzielen läßt.

Ich möchte im folgenden einige Autoren und Titel aufführen, die exemplarisch für viele hundert andere auf dem Markt erhältliche stehen. Letztlich aber zeigen sie, daß bei aller Fülle der Literatur nichts anderes passiert, als daß die – wie in diesem Buch nachgewiesen wurde – krankmachende Schmalspurpsychologie der Päpste des »positiven Denkens« auf breitester Front unters Volk gebracht wird.

David J. Schwartz' Wunderwirkung

Das Hauptwerk von David J. Schwartz, »Denken Sie groß. Erfolg durch großzügiges Denken« ist im Esoterik-Verlag Ariston erschienen. Das Buch erhielt seinen heutigen deutschen Titel erst in der fünften Auflage. Davor hieß es »Die Wunderwirkung großzügigen Denkens«, was dem amerikanischen Original zwar näherkommt (»The magic of thinking big«), anscheinend aber nicht mehr ganz so in unsere nüchterne Zeit paßt. Doch der Inhalt ist gleich geblieben – und austauschbar mit allen anderen Büchern zum Thema. Hier noch einige Kapitelüberschriften, die schon alles sagen: »Entdecken Sie die Wunderkraft Ihres Denkens«, »Glauben Sie an einen Sieg, und Sie werden ihn erringen«, »Werden Sie gegen die Krankheit der Versager immun«, »Bezwingen Sie Ihre Angst«, »Lächeln Sie frei heraus«, »Ihr Denken bestimmt Ihr Handeln«, »Nichts ist unmöglich«, »Geben Sie sich nie geschlagen«, »Die Wunderkraft geplanten Alleinseins«, »Denken Sie immer groß!«.

Erfolgsrezepte multimedial

Das Autorengespann Napoleon Hill/S. W. Clement Stone verspricht »Erfolg durch positives Denken« in einem »Schlüsselbuch richtiger Einstellung und Motivation« (so der Untertitel). Und damit es auch wirklich klappt, kann man sich unter demselben Titel dann gleich zwei Editionen von Hörkassetten (4 bzw. 6 Kassetten) zulegen, durch welche die Gedanken des Buches in den Kopf des Zuhörers eingepflanzt werden sollen.

Das bekannteste Werk von Napoleon Hill hat den schönen Titel »Denke

nach und werde reich« und ist ebenfalls in einer Buch- und zwei Kassetten-
versionen bei Ariston zu kaufen. Daneben vertreibt der auf Möchte-
gernunternehmer spezialisierte Verlag Norman Rentrop (»Die Geschäfts-
idee«) Hills Werke »Napoleon Hills Gesetze des Erfolges« zum Schnäppchen-
preis von 148.- DM (Stand 1996) und »Die Philosophie des Erfolges« mit 220
Seiten für 128.- DM. (Wie sagt der Rheinländer: »Wat nix kost, kann auch nix
sein.«)

»Positives Denken« als Vehikel

In einem »Ratgeber für Kopf und Körper« (Untertitel) versprechen die Ärzte
Dr. Karl J. Pflugbeil/S. Dr. Irmgard Niestroj uns, wir würden »Immun durch
positives Denken«. Das Denken soll zur Immunität gegenüber allen möglichen Erkrankungen führen. Und dies alles wird in Verbindung gebracht mit
»wissenschaftlichen Erkenntnissen« der noch jungen »Psycho-Neuro-Immu-
nologie« – was ein ziemlicher Unsinn ist, weil die Psycho-Neuro-Immuno-
logie mit dem »positiven Denken« (das von den Autoren als psychotherapeutische Methode angesehen wird) überhaupt nichts zu tun hat. Zum Niveau
des Buches sei nur darauf hingewiesen, daß z.B. das Phänomen der Erfolge
mit »Warzenbesprechung« oder auch mit der Verabreichung von Placebos auf
das ganze Leben übertragen und als ein Beweis für die Richtigkeit des »positiven Denkens« angeführt wird... Das Positivste, was man zu diesem Buch
sagen kann, ist, daß es sich nur zu einem ganz kleinen Teil wirklich mit dem
im Titel vorkommenden »positiven Denken« befaßt und ansonsten ein Sam-
melsurium von gängigen naturheilkundlichen und auch klassischen Therapien zur Stärkung des Immunsystems darstellt.

Positiv denkende Menschen e.V.

Manfred Czierwitzki belegt seine Kompetenz als Buchautor mit dem Hinweis, er sei Vorsitzender der »Vereinigung positiv denkender Menschen e.V.«.
Seit über 20 Jahren beschäftige er sich mit dem »positiven Denken«, schreibt
sein Verlag mvg, und seit 1985 ist Czierwitzki Leiter des von ihm gegründe-

ten POSITIV-Centrums, wo er Kurse und Seminare (worüber wohl?) durchführt. Einen solchen Kurs stellt auch das Buch »POSITIV-Training – Das Praxis-Buch zum Positiv-System« dar. Zwar behauptet Czierwitzky, er wolle in seinem praktischen Ratgeber auch auf die Schwierigkeiten eingehen, die manche Menschen beim Umsetzen des »positiven Denkens« haben (ein interessantes Eingeständnis), doch bleibt dies ein hohler Vorsatz, denn bald wird der Leser wieder mit Aussagen wie »Erfolg erzeugt man, indem man so handelt, als wäre man bereits erfolgreich« bombardiert, welche die Literatur des »positiven Denken« so unerträglich machen und aus denen natürlich auch sein Buch »Positives Denken gezielt einsetzen und sein Leben verändern« (mvg) hauptsächlich besteht.

Patentrezepte für ein glückliches Leben

Sozusagen ein Kapitel für sich ist Josef Kirschner, von dem man im Buchhandel nicht weniger als 19 (!) verschiedene Bücher kaufen kann, die alle schon im Titel Patentrezepte für ein glückliches Leben versprechen. Und zwar jedes einzelne, so daß die Fülle der Literatur schon ein Hinweis darauf ist, daß der Autor seinen eigenen Versprechungen nicht glaubt: Denn wer »Die Kunst, glücklich zu leben« (Untertitel) in den neun Lektionen des Bestsellers »Hilf dir selbst, sonst hilft dir keiner« erlernt hat, warum braucht der noch Titel wie: »Die Kunst, ohne Angst zu leben«, »Die Kunst, ohne Überfluß glücklich zu leben« oder gar »Das Lebenstraining« bzw. »Kirschners Lebensschule, Band 1-4«, um nur einige wenige der weiteren Buchtitel zu erwähnen...

Domäne männlicher Propheten

Den Vornamen von Marion R. Kopmeyer (ein Mann!) fand der Knaur Taschenbuchverlag offenbar so verkaufshindernd, daß er ihn kurz in M. R. abkürzte. In der Tat fällt auf, daß nur ein Bruchteil der entsprechenden Literatur von Frauen verfaßt wurden, sie sind wohl doch die größeren Realisten. Wie auch immer: Kopmeyer schildert seinen eigenen Berufserfolg in dem Buch »Lebenserfolg. So gelangen Sie an Ihre Ziele« so: »Ich brachte es von dem... armseligen Anfänger zum Präsidenten von acht Konzernen und zum Erfolgsberater von einhundertzwei namhaften Gesellschaften.« Vierzig Jahre lang habe er alle Erfolgsmethoden studiert und stelle diese jetzt dem Leser zur Verfügung, der sich – so suggeriert Kopmeyer – nur danach richten muß, um genauso erfolgreich zu werden wie er. Neben »Lebenserfolg« schrieb er die gesammelten Erfolgsrezepte in den Büchern »Wunscherfüllung«, »Wohlstandsbildung« und »Persönlichkeitsbildung«, die alle in der deutschen Originalausgabe bei Ariston und als Taschenbuch bei Knaur erschienen.

Es ist nicht wichtig, wer Sie sind...

Man braucht nur sein eigenes Auftreten, sein Image zu ändern, und schon stellt sich der Erfolg ein – diese These vertritt Alfred Bierbach in dem Buch »Persönliches Image – Schlüssel zum Erfolg«, das als Econ-Ratgeber erschienen ist. Schlüsselsatz (der genauso auch von den Propheten des »positiven Denkens« propagiert wird): »Es ist nicht wichtig, wer Sie sind. Viel wichtiger ist, für wen Sie sich halten.« (S.149)

»Wer wird denn gleich in die Luft gehen?« fragt der amerikanische Psychologe Dr. Paul Hauck in einem Econ-Ratgeber und verspricht im Untertitel das Patentrezept: »So überwindet man Frustration und Ärger«. Das Buch ist ein einziger Aufruf zur Verdrängung von Problemen und lehnt sich stark an die Harmonie-Ideologie des »positiven Denkens« an.

Der katholische Herder-Verlag gibt in dem schmalen Taschenbuch dem »erfahrenen Lebensberater« Helmut Fuchs Gelegenheit, »Mehr Selbstvertrauen durch positives Denken« (Untertitel) zu versprechen, und zwar in dem Buch »Frisch gewagt ist halb gewonnen«. Allerdings ist der Titel wohl eher als ein Versuch des Kundenfangs zu werten, denn in dem Buch selber geht der Autor ziemlich differenziert auf den langwierigen Prozeß von Verhaltensänderungen ein.

Aus dem Amerikanischen ins Deutsche übersetzt wurden die erfolgreichen Bücher von Maxwell Maltz, »Erfolg kommt nicht von ungefähr. Durch Psychokybernetik positiv denken und handeln« (Econ) und »So können Sie werden, wie Sie sein möchten. Methoden der Selbstbildpsychologie«, die beide Abwandlungen der Methoden von Murphy, Peale und anderen darstellen.

Ein ebenfalls erfolgreicher amerikanischer Autor, der sich auf diesem Gebiet tummelt, ist Robert Heller, von dem in Deutschland das Buch »Der Schlüssel zum Erfolg« sowohl als Hardcover (Campus) als auch als Taschenbuch (bei Heyne) lieferbar ist.

Und so geht es endlos weiter: Og Mandino nennt sein Buch zum »positiven Denken« schlicht »Besser leben« (Verlag Norman Rentrop, 157 Seiten, 98.- DM!), billiger kommt man beim Compact-Miniratgeber »Positiv denken. Erfolgreicher leben« davon: Ganze 3,95 DM kosten die 256 Seiten im Miniformat. Vera Pfeiffer heißt die Autorin des Buches »Positiv denken« im Midena Verlag, der zum katholischen Weltbild-Konzern gehört, Marianne Streuer beschreibt die »Zauberformel Gedankenkraft – Vom positiven Denken zum positiven Leben« bei Ariston. Gerhard Leibold beglückt uns mit einem Taschenbuch-Ratgeber »Positiv denken und leben« aus dem Humboldt-Verlag, das Autorengespann Arnold und Barry Fox nennt sein Buch »Positiv Handeln durch positiv Denken« (Verlag Waldthausen) und ein deutscher Namensvetter von David J. Schwartz, nämlich Dieter Schwartz, verspricht seinen Lesern, man könne »Gefühle erkennen und positiv beeinflussen« (mvg), um nur noch die Bände zu nennen, die das Wort »positiv« plakativ im Titel führen.

Hier möchte ich nur noch ein paar der schönsten Blüten dieser Literaturwelle aufführen – als die Spitze eines riesigen Bücherbergs: *»Die sanfte Schmerztherapie – So denken Sie sich schmerzfrei«, »Wirf ab, was dich krank macht«, »Heiltees, die Wunder wirken«, »Nie wieder krank«(!), »Sanfte Heilpraxis – mit selbstgemachten Medikamenten«, »Ganzheitliche Gesundheit – Der sanfte Umgang mit sich selbst«, »Denken Sie sich schlank«, »Nie mehr müde und erschöpft«, »Die unendliche Kraft in uns«, »Die unbegrenzte Kraft des Unterbewußtseins«, »Die Kraft der Vorstellung«, »Seelische Störungen natürlich behandeln«, »Heilkraft, die von innen kommt«, »Sanfte Hilfen für die Seele«, »Gesund durch Lebensfreude«, »Lachen macht gesund«* und schließlich, als Krönung: *»Denken Sie sich gesund«.*

Ach ja, das wird unsere männlichen Leser noch interessieren: »Positives Denken führt zu einem erfüllteren Sexualleben«, sagt Dr. Dudley Seth Danoff und wirbt damit für sein Buch »Superpotenz«. Na denn.

Alles, alles ganz »natürlich«

Vermerkt werden muß noch, daß die gesamte Literatur des »positiven Denkens« eingebettet ist in eine ganze Flut von Gesundheitsratgebern, die schon im Titel versprechen, man könne Krankheiten und gesundheitliche Probleme ganz sanft und natürlich überwinden. Obskure Therapieangebote finden sich heute in nahezu jedem Verlagsprogramm, wie unzählige Bücher zu »Aromatherapie«, »Dufttherapie«, »Irisdiagnose« oder »Ayurverda«. Und ganze Therapieschulen ranken sich um die mittelalterliche Mystikerin Hildegard von Bingen (ja, die mit der wunderschönen Musik): Mit *»Die Psychotherapie der hl. Hildegard«*(!) und *»Die Ernährungstherapie der hl. Hildegard«* seien hier nur zwei von unzähligen Titeln genannt.

Ernährungsprogrammen werden überhaupt Wunderwirkungen zugeschrieben: *»Essen Sie sich schön!«*, *»Wundermedizin Nahrung«*, *»Gesund durch richtiges Essen«* oder *»Fit durch Trennkost«* heißt es da.

Ja, die Leser wollen gesund sein, aber es soll so wenig Mühe wie möglich machen und so natürlich wie möglich sein. »Natürlich« ist überhaupt das Schlüsselwort (und drückt die Sehnsucht nach der »Rückkehr zur Natur« aus, die ein uneinlösbarer Mythos ist).

Über den Tod hinaus

Neben der Vermarktung authentischen Materials werden die Autorennamen selbst über den Tod der betreffenden Persönlichkeit hinaus bedingungslos als Werbeträger für obskure Bücher verwendet. So kam noch Jahre nach Dale Carnegies Ableben das Buch »Der Erfolg ist in dir« auf den Markt, und nur bei ganz genauem Hinsehen konnte man erkennen, daß dieses Buch nicht von Dale Carnegie, sondern von der »Dale Carnegie Inc.« (also der Dale-Carnegie-Gesellschaft) herausgegeben worden war. Der einzige Beitrag Carnegies zu diesem Buch bestand in ein paar Zitaten, die den von einem fremden Verfasser erstellten Kapitel vorangestellt wurden.

1996 – also über 40 Jahre nach seinem Tod – wurde schließlich unter dem Titel »Besser miteinander reden« noch ein »vierter Carnegie« auf den Markt geworfen, und es werden sicher noch weitere folgen.

Zusammenfassung

Die Flut von Publikationen zum »positiven Denken« ist fast unüberschaubar, es gibt kaum einen Verlag, der nicht auch den einen oder anderen esoterisch angehauchten Titel im Programm führt. Ein Blick auf die Auflagenhöhen macht deutlich, daß sich hier ein Geschäft machen läßt.

Die ideale Zielgruppe:
Manager und »positives Denken«

Daß die amerikanischen Erfinder des »positiven Denkens« in der Buchbranche unzählige Trittbrettfahrer auf den Plan gerufen haben, die für sich noch ein paar Mark mit diesem Thema einfahren wollen, davon berichtete das vorige Kapitel. Aber die positive Welle ist noch auf einem anderen Gebiet zu einem großen Geschäft geworden: auf dem Gebiet der Managementschulung.

Manager sind in der Tat die ideale Zielgruppe für die Propagierung des »positiven Denkens« und ähnlicher Zielsetzungen: Sie stehen ständig unter Streß und Druck und sehnen sich nach einfachen, klaren Lösungen für ihre Probleme. Und sie (bzw. ihre Firmen) haben das nötige Kleingeld, in Zweitageseminaren zwischen 1500 und 2500 Mark zu investieren.

Gerade in Seminaren, die sich an die Philosophie des »positiven Denkens« anlehnen, werden sicherlich naturgemäß konkrete inhaltliche Diskussionen nach Möglichkeit vermieden. Statt dessen werden Parolen ausgegeben, die den Teilnehmern eingebleut werden sollen. Zwar wird ein Klima geschaffen, das dem einzelnen Teilnehmer zunächst das Gefühl gibt, auf einer effektiven Veranstaltung zu sein. Doch kommt dann häufig im Alltag die Erfahrung, daß man von den vermittelten Erkenntnissen wenig bis nichts umsetzen kann. Auch die obligatorischen Rollenspiele werden von den Teilnehmern letztlich als künstliche Situationen erlebt. Ein Manager, der selbst unzählige Seminare mitgemacht hatte, brachte es auf den Punkt: »Reich wurden nur die Anbieter – ich wurde an Illusionen ärmer!«

Manager können aus einem fast unüberschaubaren, riesigen Seminarangebot auswählen. Seminare zum Selbst-Coaching, Client Coaching, Team Coaching, VIP-Coaching und Tiefen-Coaching werden in entsprechenden Fachzeitschriften ebenso offeriert wie Trainings zu jedem Aspekt des Managerlebens: Als da sind Innovationsmanagement, Changemanagement, Fehlermanagement, Teammanagement, Umweltmanagement, Strategisches Management, Risikomanagement, Generalmanagement, Erholungsmanagement, Konfliktmanagement, Lebenszeitmanagement...

Abschied vom Motto »Alles ist machbar«

Häufig ist bereits die Grundannahme falsch, mit der Wirtschaftsleute in persönlichkeits- und karrierefördernde Seminare gehen: Sie meinen, es gebe für die meisten Schwierigkeiten, Probleme, Konflikte oder Aufgaben *allgemeine* Lösungen, Ratschläge, Strategien und Tricks, Methoden, Maßnahmen, durch die in jedem Falle *alles* zu bewältigen sei. Leider ist dies bis auf Ausnahmen, die es immer gibt, keineswegs so. Für jeden Menschen gibt es entsprechend seiner Voraussetzungen und seiner psychischen Entwicklung sowie seiner Rahmenbedingungen vollkommen unterschiedliche individuelle Problem- und Konfliktlösungsstrategien – und auch individuelle Grenzen (persönliche, aufgabenbezogene und situative), über die er auch mit noch soviel Anstrengung so ohne weiteres nicht hinauskommt. Was für den einen richtig ist, kann für den anderen vollkommen falsch sein. Dies liegt vor allem daran, daß die Persönlichkeitsmerkmale unterschiedlich ausgeprägt und in einer jeweils eigentümlichen Konstellation vorliegen. So gibt es Menschen, die eher aggressionsgehemmt sind, und andere, die grundsätzlich keinen Streit vermeiden; ist es für erstere wichtig, mehr aus sich herauszugehen, so ist es für letztere geradezu Gift, sie noch weiter in ihrer extremen Selbstbehauptung und Aggressivität zu stärken. Nicht nur ihr Zusammenleben mit anderen Menschen, sondern auch ihr wirtschaftlicher Erfolg wären gefährdet.

Je mehr Versprechungen, desto unseriöser

Die Gedanken des »positiven Denkens« bilden die Grundlage für unzählige Managementseminare, so daß die grundsätzliche Kritik dieser »Lehre« auch auf derartige Fortbildungsveranstaltungen zutrifft. Aber natürlich gibt es auf diesem Gebiet die unterschiedlichsten Ansätze, und man kann nicht das gesamte Weiterbildungswesen für Manager in einen Topf werfen. Sicher ist: Je massiver den Teilnehmern Ergebnisse wie »Erfolg durch positives Denken«, »Persönlichkeitsentwicklung« und »Bewußtseinsveränderung« versprochen werden, desto unseriöser dürfte das Seminar sein. Denn generell gilt, daß diese versprochenen Prozesse mit Sicherheit nicht in einzelnen Wochenendseminaren und in reiner, relativ unpersönlicher Gruppenarbeit erreicht werden können. Ganz zu schweigen von den vielen vollkommen unrealistischen Zielsetzungen und Methoden.

Es ergibt sich aus den Themen (und aus der Tatsache, daß die Seminare in einer Vielzahl von Fällen vom Arbeitgeber bezahlt werden), daß das oberste Ziel der Veranstaltungen meist ein wirksameres Funktionieren im Sinne des Unternehmens ist. Es geht also weniger um die Entwicklung des einzelnen, sondern darum, wie er seine Führungsaufgaben im Sinne der positiven Geschäftsentwicklung optimal ausführt.

Sofern in den Seminaren mit Hilfe des Anstiftens zum Optimismus Tips und Tricks vermittelt werden, wie man seinen Mitmenschen noch mehr Leistung abverlangen kann, als sie eigentlich nach ihrer Motivation oder ihren Möglichkeiten zu geben bereit sind, so werden diese Methoden in der Regel nur kurzfristigen Erfolg haben. Lügen (sprich: ungedeckte optimistische Haltungen) haben kurze Beine, so sagt der Volksmund, und unwahrhaftige, manipulativ gedachte Führungsmethoden werden schnell durchschaut. Langfristig dürfte sich zudem bei den Mitarbeitern eine gewisse Reaktanz oder Abstumpfung einstellen, ein Widerstand, der sich gegen übermäßige Forderungen – seien sie noch so optimistisch verbrämt – quasi automatisch bildet. (Selbst wenn solche Strategien zunächst einmal Erfolg haben sollten, so besteht doch die Gefahr, daß die Mitarbeiter letztlich durch Phänomene wie das »Burn-out-Syndrom« ausgepowert werden.)

Und schließlich ist reiner Optimismus gerade im Wirtschaftsleben gefährlich und kann die gesamte Existenz kosten. Wer würde schon blind Vertragsabschlüsse tätigen, in der Annahme, daß das Gegenüber nur unser Bestes will? Hier wäre nicht selten ein böses Erwachen vorprogrammiert. Wer hätte sich nicht schon in seinem Mitgesellschafter, Geschäftspartner oder »Berater« geirrt und dabei Lehrgeld bezahlt? Wessen Optimismus wurde nicht schon wirtschaftlich ausgenutzt? Und wer von den Aktienanlegern hätte aufgrund seines Optimismus nicht schon häufiger auf das »falsche Pferd« gesetzt?

Gerade im Wirtschaftsleben erscheint das naive »positive Denken« besonders abgehoben, abstrakt, ja geradezu lächerlich. Und gerade hier richtet unberechtigter Optimismus leicht bezifferbaren Schaden an.

»Führungsstil« – eine Frage der Persönlichkeit

Der Interaktionsprozeß zwischen Führungspersonen und ihren Mitarbeitern ist ein komplizierter und differenzierter Vorgang, der keineswegs durch reinen Optimismus, so er denn möglich wäre, automatisch eine neue Qualität bekäme. Dabei spielen nämlich in erster Linie die über lange Zeit entstandenen Persönlichkeitsstrukturen *aller* Beteiligten – also sowohl des Chefs als auch der Angestellten – eine Rolle. Und vor allem auch die gemeinsame »Vergangenheit«, die die Beteiligten miteinander haben, ist hier prägend.

Der »Führungsstil«, die »Führungskompetenz« des Unternehmers oder leitenden Angestellten wurde also über viele Jahre der Lebenserfahrung erworben und richtet sich nicht zuletzt auch nach den Menschen, die damit geleitet werden sollen. Die Persönlichkeit des Mitarbeiters entzieht sich ohnehin zunächst größtenteils der Beeinflussung von außen – aber auch die Persönlichkeit des Führenden, die seinen Stil prägt, kann durch einige wenige Wochenendseminare alleine in der Regel nicht wesentlich beeinflußt werden. Das bedeutet natürlich auch, daß Seminarteilnehmer, die an psychischen Defiziten oder gar an psychischen Störungen mit Krankheitswert leiden, nicht von solchen Kurzveranstaltungen wirklich spürbar profitieren können. Sie möchten sie zwar vielleicht als Therapieersatz nutzen, werden aber damit Schiffbruch erleiden. Denn professionelle, psychotherapeutische Hilfe kann in keiner Weise geboten werden.

Letztlich müssen solche Seminare eher auf der Ebene der kurzfristigen äußeren Beeinflussung, der Manipulation stehenbleiben. In der künstlichen, gruppendynamischen Situation, möglichst in der angenehmen Atmosphäre eines Luxushotels oder Kongreßzentrums und mit dem einzigen Ziel, mit anscheinend erfolgversprechenden, jedoch meist stark vereinfachenden und fragwürdigen Strategien im bestehenden Wirtschaftssystem besser funktionieren zu können, dürften sicher Aha-Erlebnisse hervorgerufen werden, die aber letztlich nur dem Generalmotto der meisten Anbieter entsprechen: Die Hauptsache ist, daß die Seminarteilnehmer glauben, sie hätten etwas Neues gelernt und die Geldausgabe für die Veranstaltung sei somit gerechtfertigt.

Die Persönlichkeit, eigentliche Grundlage einer guten Führungskraft, dürfte dabei in den meisten Fällen nur fragmentarisch berührt werden.

Schlimmer als dies ist jedoch die Gefahr, daß diese Persönlichkeit durch abstrakte und trickreiche Allgemeinplätze eher zugekleistert werden könnte.

Und: die meist gruppendynamischen Methoden sind vor allem in fachunkundiger Hand (die Seminarleiter sind in der Regel keine Psychotherapeuten) und bei mangelnden psychologischen Kenntnissen nicht ungefährlich, so daß Persönlichkeiten auch zerbrechen können. Und schließlich: unreife, utopische Ziele, wie die des »positiven Denkens«, vermögen keine gesunde Persönlichkeit zu begründen.

Die Liste entsprechender Seminare ist jedenfalls schier endlos. Verwunderlich bleibt, wie viele Manager und Führungskräfte, die (zu Recht?) zur geistigen Elite gerechnet werden, auf die inhaltslosen Worthülsen der Seminaranbieter hereinfallen.

Das »positive Denken« als Verkaufspsychologie

Die Lehre vom »positiven Denken« weist nicht nur Parallelen zur Verkaufspsychologie auf, sie ist selbst eine solche. An unzähligen Stellen in ihren Werken weisen Murphy, Peale und vor allem Carnegie darauf hin, daß aus ihrer Sicht das *Verkaufen an sich* ein wertvoller Akt ist. (Der Akt des Kaufens und Verkaufens bildet die Grundlage des kapitalistischen Systems, das alle Autoren des »positiven Denkens« zum allein glücklich machenden erklären.)

Es geht nicht um reale Bedürfnisse, die durch das Handeln befriedigt werden sollen, sondern es geht um die Lust an den Verkaufszahlen. Dabei wird mit psychologischen Tricks der Umstand ausgenutzt, daß auf der Seite des Gegenübers der Akt des Kaufens oft aus irrationalen Momenten heraus geschieht, etwa, um innere Konflikte zu lösen, um das Selbstbewußtsein zu stärken oder um einfach Frust abzubauen.

Wer das Handeln mit Waren und Dienstleistungen lediglich unter diesem Aspekt sieht, schafft zum einen Käufer, die letztlich unzufrieden sind. Aber auch auf seiten des Verkäufers wird auf Dauer der Frust überwiegen. Die fehlende innere Bindung an das zu verkaufende Produkt wird sich über kurz oder lang auch auf die Ausstrahlung des Verkäufers negativ auswirken.

Aus psychologischer Sicht gehört es zum sinnvollen und langfristig erfolgreichen Verkaufen, ein persönliches Kommunikationsklima zu schaffen und die wirklichen Bedürfnisse des Kunden kennenzulernen. Der Kunde und der Verkäufer senden einander subtile Signale zu. Erst mit der Kenntnis der Sollvorgaben des Kunden kann das eigentliche Verkaufsgespräch beginnen. Dazu gehört ein großes Einfühlungsvermögen des Verkäufers und die Einsicht, daß dieses nicht um jeden Preis mit einem Vertrag oder der aus Verkäufersicht optimalen Bestellzahl enden muß.

Und mit Sicherheit wird auch ein allzu euphorisches Vorgehen, so wie es das »positive Denken« nahelegt, eine zu starke Begeisterung für ein Produkt, vom Kunden mit Mißtrauen bedacht werden. Ein echtes Verkaufsgenie wird man sicherlich nicht einfach dadurch, daß man ein oder mehrere Verkaufsseminare besucht und Optimist zu sein vorgibt. Auch das erfolgreiche Verkaufen ist ein ziemlich differenzierter Vorgang und gestaltet sich komplizierter als uns das »positive Denken« glauben machen will. Der wirklich gute Verkäufer weiß dies!

Verkaufsstrategien mit Erfolgsgarantie sind eine Ente

Da stellt sich die Frage, ob man erfolgreiches Verkaufen überhaupt lernen kann oder ob man der »geborene Verkäufer« sein muß, der intuitiv den richtigen Draht zum Kunden findet.

Was die angeblich ultimativen Verkaufsstrategien und Verkaufstricks anbetrifft, so kann mit gutem Gewissen behauptet werden, daß es diese sicherlich in Reinkultur nicht gibt. Alle anderen Behauptungen sind Enten. Denn: Verkaufserfolg ergibt sich aus situativen, produktbezogenen und persönlichkeitsbezogenen Besonderheiten, die permanent variieren. Verkaufserfolg ist zudem auch nur bis zu einem gewissen Grad erlernbar, weil er auch von der Gesamterscheinung des Verkäufers, seiner Ausstrahlung, aber auch von den Vorlieben des Käufers, letztlich jedoch vor allem von dem Produkt selbst abhängt. Ergeben sich hier ungünstige Kombinationen, so ist der Verkaufserfolg von vornherein gefährdet.

Sicherlich gibt es Verkaufsgenies. Der Erfolg dürfte bei diesen aber nur zum Teil von der Strategie und in viel erheblicherem Maße von der Persönlichkeit (der Persönlichkeitsvariable) des Verkäufers geprägt sein. Was dieser erfolgreich als Verkaufsstrategie anzuwenden vermag, wird anderen Verkaufskollegen von den Käufern nicht oder nur bedingt abgenommen. Und das heißt praktisch, es führt nicht zum Erfolg! Daher ist das Einüben von allgemeinen Verkaufsstrategien kein Erfolgsgarant. Es greift viel zu kurz, weil hierdurch keine Persönlichkeit, keine Ausstrahlung und erst recht nicht das ausgesprochen differenzierte, sensible Gespür für die richtige Mischung der Verhaltensweisen erlangt werden kann. Jeder muß die für sich richtigen, angemessenen und erfolgversprechenden Verkaufsstrategien und Verhaltensweisen finden, die zu ihm passen, die ihm abgenommen werden und mit denen er seine spezifische Kundengruppe zu beeindrucken und zu überzeugen vermag.

Persönlichkeit und Vertrauen zählen mehr als Fröhlichkeit

»Positives Denken« als Verkaufsstrategie – diese Rechnung geht also nicht auf. Trotzdem ist es eine weitverbreitete Annahme, daß der fröhliche und gutgelaunte Verkäufer mehr verkaufen wird als sein griesgrämiger Kollege.

Diese Annahme geht von einer Vermutung aus, die so generell sicherlich nicht zutrifft. Der fröhliche Verkäufer muß nicht immer und überall mehr verkaufen als der griesgrämige Kollege. Es kommt vielmehr darauf an, wie der jeweilige Verkäufer auf das Gegenüber wirkt und von diesem »angenommen« wird. Ist die Griesgrämigkeit in ihrer Ursache derart vermittelbar, daß sie keine Feindseligkeit gegenüber dem Käufer und dem Produkt darstellt, sondern eher Identifikation auslöst und Ehrlichkeit vermittelt, kann es durchaus vernünftige Verkaufszahlen geben. Und wirkt die Fröhlichkeit des »in Optimismus machenden« anderen Verkäufers verkrampft und aufgesetzt, dann kann sich dies durchaus negativ auf die Glaubwürdigkeit, das Vertrauensverhältnis und damit auch auf die Verkaufszahlen auswirken. Andererseits ist es sicherlich richtig, daß derjenige, der relativ locker und entspannt »in sich selbst ruht«, eine ganz besondere Ausstrahlung und damit eventuell auch einen größeren Verkaufserfolg hat. Aber ein »In-sich-selbst-Ruhen« ist keine Verkaufsstrategie, sondern ein Persönlichkeitszustand. Wichtig ist es jedoch, immer wieder zu betonen, daß die Ausstrahlung bzw. Wirkung des Verkäufers immer nur relativ sein kann und immer auf den jeweiligen Käufer bezogen werden muß. Was für den einen Käufer angenehm ist, kann unter Umständen dem anderen auf die Nerven gehen.

Ausstrahlung ist kein Hut,
den man kaufen und aufsetzen kann

Was ist überhaupt Ausstrahlung? Es ist die sympathische und vertrauenerweckende Art eines Menschen, die einen Umgang mit ihm nicht nur angenehm macht, sondern die auch die Anerkennung, den Respekt des Gegenübers hervorruft, weil das gewisse Etwas rüberkommt. Diesem Menschen will man, wenn möglich, entgegenkommen. Von dieser Person möchte man geschätzt werden. Natürlich gibt es ergänzend zu dieser Grunddefinition auch spezielle Formen der Ausstrahlung wie die der »Autorität«, der »Seriosität«, der »fachlichen Kompetenz«...

Der Verkäufer muß durch seine Ausstrahlung vor allem Vertrauen und eine menschliche, persönliche Atmosphäre schaffen. Dies gelingt ihm sicherlich nicht, wenn er beispielsweise immer lächelt und immer gut drauf ist, auch wenn dies von den Verkaufsschulen, die von der Lehre des »positiven Denkens« herkommen, immer wieder behauptet und geradezu missionarisch vertreten wird. Ein derartiges Verhalten steht nämlich häufig vollkommen im Gegensatz zu der Befindlichkeit des potentiellen Käufers, der so nur Distanz, Verkrampfung, Arroganz, Aufgesetztheit, Taktik erlebt. Es existiert dann bezüglich des emotionalen Zustands ein teilweise extremes Gefälle zwischen Verkäufer und Käufer. So kann keine entspannte Situation, keine persönliche Nähe entstehen.

Ich weiß von den mir bekannten erfolgreichen Verkäufern, daß sie sich in der Regel von dem Zwang zum »Immer-gut-drauf-Sein« im Laufe ihrer Karriere mehr oder weniger deutlich entfernt haben. Sie zeigen Persönlichkeit und schaffen damit Vertrauen und Nähe. Nur so kann sich der Käufer mit dem Verkäufer – damit teilweise auch mit dem zu verkaufenden Produkt – identifizieren und faßt Vertrauen. Natürlich muß der Verkäufer nicht seine ganze Lebensgeschichte erzählen oder seine tiefsten seelischen Geheimnisse offenbaren. Am geschicktesten ist es sicherlich, wenn er an den Zustand und die Äußerungen seines Gegenübers anknüpfen kann, falls es in seiner eigenen Befindlichkeit zum Zeitpunkt des Verkaufsgesprächs echte Anknüpfungspunkte gibt. Ist die Verkaufsbeziehung schon älter, dann kann sicherlich auch mehr an persönlicher Information ausgetauscht werden.

Ich möchte den vielen Außendienstlern Mut machen, Mut zur eigenen Persönlichkeit. Dadurch wird die eigene Arbeit sicherlich bedeutend erträglicher, die psychische Entspannung steigt und damit die Ausstrahlung. Auch der persönliche Kontakt zum Kunden kann dann enorm zunehmen. Und dies braucht der Kunde, um ebenfalls entspannt zu sein, Vertrauen zu fassen und ihm, dem Verkäufer auch eher einen Gefallen zu tun: nämlich etwas zu kaufen.

Eine Utopie: Der erfolgreiche Verkauf eines nicht marktgerechten Produkts

Auf jeden Fall wird ein heutiger Kunde eher etwas kaufen, wenn auch das Produkt stimmt und seinen Bedürfnissen entspricht. Ein Verkäufer, der das falsche Produkt vertritt, ist sicherlich auf verlorenem Posten und wirklich zu bedauern. Exorbitanten Erfolg wird er langfristig nicht haben. Da stellt sich doch die grundsätzliche Frage, ob er sich nicht bereits bei der Produktwahl – wenn er überhaupt die Wahl hatte – gegen seinen Erfolg entschieden hat. Mit einem schlechten Auto kann auch Michael Schumacher keine Formel 1 gewinnen! Aus Gründen des psychischen Wohlbefindens und des Geldbeutels wird Verkäufern in derartiger Lage ein baldiger Wechsel zu einem erfolgversprechenderen Produkt geraten. Bleiben sie nämlich da, wo sie sind, ist mit noch so viel Persönlichkeit, Taktik und Erfahrung nur wenig auszurichten.

Die Problematik und das Primat eines »marktgerechten« Produkts kann nicht deutlich genug einer allzu optimistischen Bewertung der richtigen Verkaufsstrategie entgegengesetzt werden. Die Seminare, die das zu verkaufende Produkt als relativ nebensächlich bezeichnen – und dazu gehören vor allem solche, die der Lehre des »positiven Denkens« entsprungen sind –, werden den Verkäufer hier nur verheizen und damit allenfalls die Motivation für den Verkauf eines schlechten Produkts fördern. Daß sich daraus auch höhere Verkaufszahlen ergeben, ist zu bezweifeln.

Auch die Bereitschaft zu akzeptieren, daß bei bestimmten Kunden jegliche Mühe vergeblich ist, weil sie von vornherein keine potentiellen Käufer sind, greift bei einem guten Verkäufer sehr bald Platz. Absoluter Optimismus dürfte hier nur schaden und eine unnötige Investition von Zeit und Geld bedeuten. Auch wenn der Verkäufer zu sehr von sich und von seinem Produkt überzeugt ist, kann dies sehr schnell einen Widerstand beim Kunden auslösen, weil er skeptisch ob der allzu offensichtlichen Verkaufsstrategie wird. Sicherlich ist es dann taktisch klüger, zuzugeben, daß man etwas verkaufen will, als auf verlogenen Optimismus zu machen. Besser ist es sicherlich, auch die eine oder andere Schwäche des Produkts bei insgesamt positiver Bewertung zuzugeben. Hier wie überall kommt es dabei auf die richtige Mischung an, die den Erfolg ausmacht. Und dies ist ein Können, welches nicht allein durch Allgemeinplätze »à la Carnegie« vermittelt werden kann.

Und dem Käufer sollte an bestimmten Stellen durchaus auch vorsichtige Kritik entgegengebracht und ihm schon gelegentlich auch widersprochen werden. Jeder wird mißtrauisch, wenn ihm – wie Carnegie empfiehlt – nie widersprochen und er nie kritisiert wird. Wer beleidigend, grob und ohne Manieren ist, der wird beim Verkauf keinen Erfolg haben. Aber deswegen muß der Käufer nicht gleich wie ein rohes Ei behandelt werden, denn das bringt ebenfalls eher Mißerfolg. Der Käufer will schließlich auch etwas vom Verkäufer. Er sucht Bedürfnisbefriedigung, und dies durchaus ebenfalls zielstrebig. Stimmen das Produkt oder der Preis nicht, dürfte alle Anstrengung vergebliche Liebesmüh sein. Optimismus und überangepaßte Freundlichkeit werden hier eher wachsendes Mißtrauen erwecken.

Die Maximen einer wirklich sinnvollen Verkaufsschulung

Neben wenigen Allgemeinplätzen (Technik der Gesprächs- und Verkaufsführung) muß die Verkaufsschulung deutlich individuell gestaltet, d.h. auf den einzelnen Verkäufer und auf das konkrete Produkt zugeschnitten sein. Sich allein eine optimistische Haltung und eine schematische Verhaltens- bzw. Kommunikationsweise im Sinne des »positiven Denkens« zuzulegen, ist keine hinreichende Grundlage für einen (langfristigen) Verkaufserfolg, sondern könnte ihn im ungünstigsten Falle sogar verhindern.

Zur Entlastung des Verkäufers sollte in Verkaufsseminaren immer wieder hervorgehoben werden, daß der wichtigste Erfolgsgarant das marktgerechte Produkt ist. Sollte eine Veranstaltung die Überzeugung vermitteln wollen, daß bei guter Verkaufstechnik nahezu alles verkaufbar ist, dann sollte der

Teilnehmer sein Geld zurückverlangen. Gleichzeitig sollte er zur eigenen körperlichen und seelischen Gesunderhaltung die gelernten »Seminarinhalte« schleunigst wieder vergessen.

Lieber tot als erfolglos

Wenn Manager versuchen, durch Seminare Hilfestellungen bei der Ausübung ihrer teilweise schwierigen Aufgaben oder allgemeine Lebenshilfe zu bekommen, dann muß dazu zunächst einmal etwas Grundsätzliches gesagt werden: Es gibt keine Patentlösungen, die dazu führen, daß plötzlich alles funktioniert, ohne daß etwas an den Grundbedingungen geändert werden müßte. Oft befindet sich der einzelne Mensch in seinem Beruf auch in dem Dilemma, seine Aufgaben und Anforderungen nicht bewältigen zu können, wodurch er nur krank werden kann. Hier muß dann die gesamte Situation hinterfragt werden. Nicht jeder Arbeitsplatz ist auf Dauer erträglich, nicht jede Aufgabe kann gelöst werden, nicht jeder Arbeitsplatz ist auf Dauer gesund, d.h. ohne gesundheitsgefährdende Risiken. Wer sagt uns beispielsweise, daß ein bestimmtes Betriebsklima, eine bestimmte Anforderung, Erwartung oder Belastung nicht auch krank machen kann. Und dann müßte konsequenterweise die Umgebung, sprich der Arbeitsplatz gewechselt werden.

Die eigene Existenzsicherung ist auch heute noch für den einzelnen Menschen, für sein körperliches und seelisches Wohl, mit Gefahren verbunden. So wie in der Vorzeit auf der Jagd und bei der Suche nach Nahrung in unwegsamem Gelände immer wieder Menschen zu Schaden oder gar umkamen, so ist es auch in unserer heutigen Berufswelt nicht von vornherein ungefährlich, seine Existenz zu sichern: Da gibt es nicht nur Arbeitsunfälle, die zu einer körperlichen Versehrtheit führen können, sondern häufig auch Belastungssituationen, die zu seelischem Schaden, zur Beschädigung bzw. Traumatisierung der Persönlichkeit führen. Permanenter Streß, dauerhafter Druck von oben, der eigene Erfolgsdruck und die hohen Ideale, die Erwartungen anderer, Ungerechtigkeit und Konkurrenzdruck sind nur einige der Faktoren, die zu Streß und damit auch zu psychischen und psychosomatischen Krankheitsbildern beitragen können.

Alledem steht gewissermaßen als Beweis zur Seite, daß es viele körperliche und seelische Erkrankungen gibt, die im Zusammenhang beruflicher Belastung entstehen. Dies sind – aus der Vielzahl herausgegriffen – beispielsweise: Bluthochdruck, chronische Gastritis, ständige Infektionen, Erkältungen und Schnupfen, Verspannungen bis hin zu starken Rücken- und Kopfschmerzen, Gliederschwere, Müdigkeit, Schlappheit, Schlaflosigkeit, Depressionen, Versagensängste, Panikattacken, Selbstwertprobleme, Schuldgefühle, Zwänge, Süchte (vor allem Rauchen, Alkoholkonsum, Eßstörungen) und sogar Selbstmordideen.

Keine dauerhafte Karriere ohne körperliche und seelische Gesundheit

Derartige beruflich mitbedingte Erkrankungen sollten uns zu denken geben. Sie sollten uns davor warnen, unkritisch darauf aus zu sein, psychische Unterstützung und Hilfestellung zu suchen mit dem Ziel, immer besser funktionieren und immer angepaßter die Umgebungserwartungen erfüllen zu können. Vielmehr müßte mit jedem Manager und Verkäufer, der ein derartiges Ansinnen hat, zunächst eine grundsätzliche Diskussion darüber geführt werden, wie gesund seine beruflichen und sonstigen Lebensbedingungen für ihn sind. Eine genaue Analyse des Gesamtverhaltens (in Beruf und Freizeit) müßte ermitteln, ob es bei der betreffenden Person überhaupt noch Luft für weitere Anpassungsanstrengungen gibt. Und ob der aktuelle Berufsalltag und die Art der Berufsausübung nicht mit existentiellen und damit übergeordneten Präferenzen im Widerstreit stehen. Beispielsweise könnte dabei in ruinöser Weise die körperliche und psychische Gesundheit vernachlässigt werden. Die Gesundheit ist aber auf Dauer die Grundlage jeder Erwerbstätigkeit und jedes auch privaten Lebensvollzuges. Ist diese (egal ob die körperliche oder die seelische) ernsthaft gefährdet oder sogar überhaupt nicht mehr vorhanden, braucht sich der Mensch auch über den Beruf keine Sorgen mehr zu machen. Er wird zwangsläufig und zwangsweise aus dem Wettbewerb der »Erfolgreichen« ausscheiden müssen.

Zum Funktionieren braucht man eines: Luft zum Leben!

Jemand, der immer funktionieren bzw. immer Erfolg haben muß, kann auf Dauer sicherlich nicht gesund bleiben. Funktionieren heißt, etwas leisten, sich anpassen und ständig aufpassen müssen, sich ständig konzentrieren müssen, einen erheblichen Grad an Perfektion zeigen. Sicherlich wird jeder im Beruf für derartige Attribute bezahlt – gerade auch der Manager oder Verkäufer. Aber ein Mensch ist – entgegen den Parolen des »positiven Denkens« – dazu nicht ununterbrochen in der Lage. Er braucht auch eine Möglichkeit, sich zurückzuziehen, sich fallenzulassen, die Seele baumeln zu lassen, auch mal schwach zu sein (dabei diese Schwäche auch zeigen zu können) und wieder aufzutanken. Man kann nicht dauerhaft Energie nur abgeben, sondern muß auch wieder Energie auftanken. Wenn hier kein ausgeglichenes Verhältnis zwischen Anspannung und Entspannung, zwischen dem Zeigen von Stärke und dem »Schwäche-zeigen-Dürfen« besteht, kommt es zu erheblichem Streß. Der Akku ist dann sehr schnell leer. Aus Streß wiederum ergeben sich nicht nur eine ganze Reihe von bereits angeführten körperlichen und seelischen Beschwerden. Vielmehr wirkt er sich darüber hinaus auch negativ auf die Leistungsfähigkeit und damit auf die Berufsausübung aus: Hier beißt sich die Katze in den Schwanz...

Überangepaßtheit oder der selbstgebaute Käfig

Sicherlich sollte Anpassung nicht von vornherein als negative Kategorie eingeordnet werden, denn ohne ein erhebliches Stück Anpassung wären wir kaum lebensfähig. Andererseits gibt es für jeden Menschen auch Grenzen der Anpassung. Jede bedingungslose Gefolgschaft äußeren Anforderungen gegenüber (wie sie das »positive Denken« fordert) kann ins Verderben führen. Dies wissen wir auch aus der menschlichen Geschichte.

Allerdings wird eine vollkommene Anpassung und Maskenhaftigkeit von einem Menschen im Berufsleben in der Regel nicht oder nur in »pathologischen Ausnahmefirmen« verlangt. Das Problem liegt eher in den einzelnen selbst. Da schießen viele über das, was wirklich gefordert wird, aufgrund eigener Maßstäbe (z.B. Überehrgeiz, bedingungsloses Erfolgsstreben, Suche nach absoluter Anerkennung) und krankhafter Versagensängste weit hinaus – teilweise zusätzlich angestachelt durch die Lektüre von Büchern zum »positiven Denken«. Überangepaßtheit führt jedoch eher zum Gegenteil des Angestrebten, nämlich zu Isolation, Entfremdung und mangelndem Respekt der anderen. Ganz zu schweigen davon, welche psychischen und körperlichen Symptome sich entwickeln können, wenn Berufstätige alles in sich reinfressen und sich und ihre Identität bei der Berufsausübung vollkommen aufgeben.

Die negativen Folgen der Überanpassung im Beruf setzen sich oft bis ins Privatleben und Freizeitverhalten fort. Denn: Leider können viele auch in ihrer Freizeit vom Beruf nicht abschalten. Gerade Führungskräfte und Verkäufer haben oft nicht nur einen Beruf, sondern sie haben sich zum fleischgewordenen Beruf entwickelt. Alleine daraus ziehen sie ihre Identität. Entsprechend anfällig sind sie dann auch für die Unbilden des Lebens, der Seele, aber vor allem für die ihres Berufslebens. Sie stehen mit ihrer gesamten Existenz auf tönernen Füßen.

Zweckoptimistische Manager und Verkäufer: eine Variante des Streß-A-Typs

Gerade Karrieremenschen werden dem sogenannten Streß-A-Typ zugeordnet. Dessen Persönlichkeit führt zwar nicht notwendigerweise zu ständigem Erfolg, dafür aber um so sicherer zu Streß und einer geringeren Lebenserwartung. Dieser Streßtyp hat seine Identität und sein gesamtes Leben dem Erfolg und der daraus erhofften Geltung verschrieben: Streß-A-Typen sind Menschen, die sich in einem chronischen Bewährungs- und Konkurrenzkampf, ja sogar in einem subjektiv übersteigerten Existenzkampf befinden. Sie möchten in kürzester Zeit eine unbegrenzte Zahl von relativ ungenau definierten, aber teilweise auch ausgesprochen genau definierten Dingen tun oder erreichen. Wenn nötig, tun sie dies auch mit vollem Einsatz gegen den Widerstand anderer und gegen jegliche widrige Umstände. Dem Typus immanent sind weiterhin übersteigertes Leistungsstreben, Zeitdruck und Aggressivität. Besonders in herausfordernden und frustrierenden Situationen zeigt sich dieses Verhalten gepaart mit einer erhöhten Gewissenhaftigkeit. An sich, an andere und an die ganze Welt legt der Streß-A-Typ hohe Maßstäbe an und verfällt Idealvorstellungen. Er will mehr respektiert als geliebt werden. Er strebt nach Anerkennung, Macht, Kontrolle, Erfolg. Dabei fühlt er sich zwanghaft von Wettbewerb angezogen und empfindet auch kleine Widrigkeiten und Hindernisse bereits als Herausforderungen. Mißerfolge, Niederlagen, Unterlegenheit werden nur schwer verkraftet, sind »fast tödlich« und haben keinen Platz in seiner Philosophie. Streß-A-Typen sind sehr selbstzentriert. Ärger ist bei ihnen zwar leicht auslösbar, wird aber allzu oft unterdrückt. Zu den weiteren Persönlichkeitsmerkmalen gehören Ungeduld gegenüber Untergebenen und der Glaube, immer alles besser als die anderen machen zu können – zumindest aber zu müssen.

Na, erkennen Sie nicht wenigstens zum Teil die Lehre des »positiven Denkens« in den Persönlichkeitszügen des Streß-A-Typen wieder?

Krankmachender Streß

Manager und Verkäufer gehören auch unabhängig davon, ob sie zum Streß-A-Typ gehören, zu den Personen, die überproportional stark in der Gefahr stehen, unter »krankmachendem« Streß zu leiden – übrigens nicht alle, denn es gibt auch Überlebenskünstler (siehe unten). Ihre Arbeitsbedingungen erfüllen nämlich in der Regel die allgemeine Definition von krankmachendem Streß, die lautet: Krankhafter Streß ist der Verlust der Kontrolle über die eigenen Lebensbedingungen über einen längeren Zeitraum (d.h. über Monate und Jahre).

Warum?

• Im Beruf existieren bei dieser Personengruppe permanent mehr Aufgaben, als Kapazitäten frei sind (überhöhte Leistungsanforderungen), immer mehr Unwägbarkeiten und Variablen, als überschaubar und vor allem kontrollierbar wären; es besteht immer überdurchschnittlich mehr Verantwortung, als bei Würdigung aller Unwägbarkeiten tragbar ist, immer mehr Entscheidungsdruck, als sichere Entscheidungsfähigkeit vorhanden wäre; darüber hinaus zerreiben sich diese Menschen überdurchschnittlich durch Konflikte und Auseinandersetzungen mit Kollegen oder Vorgesetzten; Unsicherheiten im Zusammenhang mit möglichen Berufswechseln (erhöhtes Kündigungsrisiko bei Mißerfolg), und evtl. drohende Arbeitslosigkeit sind weitere Faktoren, die die eigenen Berufsbedingungen unkontrollierbar erscheinen lassen.

• Im Privatleben und im Freizeitverhalten geht aufgrund der beruflichen Anspannung und der sich daraus entwickelnden Symptome die gesunde Eingebundenheit immer mehr verloren – wenn sie überhaupt jemals da war. Demgegenüber herrscht eher Monotonie vor.

• Die Dauer dieses Zustands: Jahre bis Jahrzehnte...

• Die Folge: Kontrollverlustgefühle führen bei vielen betroffenen Menschen zu Erregungszuständen bis hin zu Panikattacken und teilweise schweren Depressionen; sie führen zu sehr viel Anstrengung, alles doch noch irgendwann unter Kontrolle und in den Griff zu bekommen; der Betroffene ist im Dauerstreß und reibt sich auf; zufrieden ist er sicherlich nicht; ob er sich überhaupt entspannen und sich fallen lassen kann, ist die Frage; da drängt sich eher das Bild vom Hamster im Käfig auf, der unablässig die Rolle dreht...

Die Notwendigkeit von Überlebens- und (relativen) Erfolgsstrategien

»Nur ein erfolgreicher Manager bzw. Verkäufer ist ein guter Manager/Verkäufer, und nur ein guter Manager/Verkäufer langfristig für sein Unternehmen tragbar.« Mit dieser Ausgangsbedingung und Grundhaltung dürften sicher viele Manager in Fortbildungs- und Führungsseminare oder Verkaufstrainings gehen. Trotz Streß und gesundheitlicher Gefahren!

Natürlich ist der Leistungs- und Anpassungsdruck in der Wirtschaft wie generell im Berufsleben unbestritten groß. Was kann der Betroffene tun, um trotz teilweise unvermeidbarem beruflichen Streß und »Funktionierenmüssen« zu überleben – und dies möglichst erfolgreich?

Selbstredend kann das Thema »Streß und Streßbewältigung«, das hiermit angesprochen ist, in diesem Buch nicht differenziert abgehandelt werden. Im Sinnzusammenhang mit dem »positiven Denken« und den sich daraus ableitenden Verkaufs- und Managementtrainings sind hier nur Skizzierungen einzelner wesentlicher Aspekte möglich.

Einstellung ändern und Ideale kippen!

Auch wenn der Anpassungsdruck noch so groß ist: Körper und Seele wird dies langfristig nicht interessieren! Die Person, die hier keinen Kompromiß, keine Entlastungsmöglichkeiten findet und allzusehr über die Stränge schlägt, muß dies meist teuer bezahlen. Ein Manager oder ein Verkäufer kann, wie jeder andere Mensch auch, nicht immer gut drauf sein. Solchen Idealen und den überhöhten Maßstäben des Streß-A-Typs darf er sich erst gar nicht hingeben, zumal sie mit der Realität nichts zu tun haben, ja gar nicht verlangt werden können. Ein guter Schutz für Körper und Seele, aber gerade auch für eine erfolgreiche Berufstätigkeit ist es, sich von den absoluten Idealen zu verabschieden. Wenn man merkt, daß man die falschen oder zumindest zu hohe Ideale hat, bringt dies dem unter Anpassungsdruck stehenden Menschen schon ausgesprochen viel Entlastung.

Dies heißt, daß in vielen Fällen bereits eine Einstellungsänderung (ohne Änderung der Rahmenbedingungen) eine starke Entlastung darstellt. Einstellungsänderungen fallen jedoch nicht vom Himmel und sind nicht einfach zu bewerkstelligen (siehe weiter unten unter »Kognitiver Umstrukturierung«).

In jedem Falle muß erst einmal die (seltene) Bereitschaft dazu bestehen, das bisherige Weltbild, die bisherige Philosophie zu hinterfragen und grundsätzlich in Frage zu stellen. Dann muß das persönliche Präferenzsystem des eigenen Lebens überprüft werden: Da steht häufig der Erfolg vor der Gesundheit, der Beruf oder Geld und Macht *weit* vor dem Lebenspartner, dem Genuß und der Entspannung, da ist ein Luxusauto vor der Tür und ein zweiter Fernseher oder Videorekorder wichtiger als Freizeit und Hobbys – auch und gerade bei denjenigen, die dies nicht wahrhaben wollen.

Gedanken und Wünsche allein erzeugen auch im Berufsleben keine Realität. Realität existiert auch unabhängig von Gedanken und Wünschen, und sie sieht meist anders aus als das Bild, das man sich von ihr macht. Und diese Realität muß möglichst lebenswert, gesund und mit einer klaren Entscheidung für eine dauerhaft befriedigende Wertehierarchie bewältigt werden. Eine Dekonditionierung von den Einstellungs- und Verhaltensmustern des Streß-A-Typs ist hierfür eine Voraussetzung.

Viele wissen nicht, daß sie ein Streß-A-Typ sind

Nicht jede Führungskraft und nicht jeder Verkäufer ist ein Streß-A-Typ. Aber jeder – vor allem jedoch der Zweckoptimist – sollte sich fragen und überprüfen, ob er nicht vielleicht doch einer ist. Nicht jeder in dieser Richtung gefährdete Mensch zeigt die Züge dieses Typs offen und unverhohlen. Viele von ihnen sind sehr beliebt und wirken gar nicht so bewährungs- oder konkurrenzorientiert. Aber im Inneren läuft es ab, dort brodelt es: Da ist der Zeitdruck, da ärgert man sich über den dämlichen Mitarbeiter, da könnte man dem einen oder anderen in seiner Umgebung Beine machen, da glauben viele, besser als andere zu sein, da entstehen Erfolgsfrustrationen, da hängt man an Macht, am Ansehen, an seinem Platz in der Hierarchie, auch wenn es keiner wissen soll, da gibt es übertriebene Eifersucht und Mißgunst, ja sogar hier und da Mordgedanken...

Leider gehört es heute zum Image, daß es »einem gutgeht und man zurechtkommt«. Viele Wirtschaftsleute arbeiten an diesem Image und tragen es regelrecht vor sich her. Dem wahren Zustand entspricht ein derartiges Image nur selten.

Entspannungsfähigkeit tut not

Neben der schnell verordneten, aber schwer zu realisierenden Einstellungsänderung ist es vor allem die Fähigkeit, loszulassen und sich zu entspannen, die ein Gegengewicht zu beruflichem Streß und schwierigen beruflichen Situationen darstellen kann. Zu erwähnen sind hier insbesondere autogenes Training, progressive Muskelentspannung nach Jacobson, Yoga und Meditation. Diese Verfahren sollen einerseits durch regelmäßige Übungszeiten dazu beitragen, daß die Geschäftigkeit und Hektik des Alltags rein zeitlich einmal unterbrochen wird. Vor allem sollen sie aber dazu verhelfen, daß man lernt, abzuschalten, loszulassen, sich besser entspannen und fallen zu lassen.

Insgesamt kann dadurch die Grundanspannung und Erregung des Körpers vermindert und die seelische Gelassenheit erhöht werden. Treten dann akute Belastungssituationen bzw. ausgeprägter Streß auf, dann ist der davon Betroffene nicht gleich auf 180, sondern kann viele Situationen noch relativ ruhig, gelassen und mit angemessenem Überblick meistern. Allerdings: Entspannungsfähigkeit bekommt keiner einfach so geschenkt. Einerseits muß die richtige Grundeinstellung dazu vorliegen, die jenseits von derjenigen des Streß-A-Typs steht. Andererseits bedarf es der regelmäßigen und richtig angeleiteten Übung, um sich immer besser und irgendwann regelrecht automatisch entspannen zu können. Auch hier reichen Wille, Wunsch und »Es-wird-schon-klappen« bei weitem nicht aus. Und so gibt es viele, die schon versucht haben, ein Entspannungsverfahren zu erlernen, es aber bis heute nicht gelernt haben. Und da liegt es nicht an dem Verfahren, welches angeblich nichts bringt, sondern an der jeweiligen Person, die einfach noch nicht zur innerlichen Entspannung bereit ist.

Aufbau freudebereitender und entspannender Aktivitäten

Eine weitere unabdingbare Maßnahme, um mit unvermeidlichem beruflichem, aber auch sonstigem Streß fertigzuwerden, ist, einen Ausgleich in angenehmen Freizeitaktivitäten, Hobbys und entsprechenden sozialen Kontakten zu suchen. Und natürlich ein harmonisches Familienleben zu haben – was zumindest nicht vollkommen in der Hand des einzelnen liegt. Im Bereich der Verhaltenstherapie nennt man das »Aufbau angenehmer Aktivitäten«. Und dies ist bei einem Gestreßten mehr als nötig, um eine seelische Abwehrkraft gegen Streß jeglicher Art zu bekommen. Denn leider wird bei beruflich und sonstig gestreßten Menschen häufig eine ausgesprochen negative Tendenz zur Passivität im Privatleben, was etwa Freizeitverhalten, Hobbys und Aktivitäten anbetrifft, festgestellt. Und dies führt unweigerlich zum Verstärkerverlust, was wiederum Depression, Selbstunsicherheit und mangelnde Belastbarkeit nach sich ziehen kann. Diese Neigung muß unerbittlich abgebaut werden, wenn jemand langfristig die Füße am Boden behalten will.

Jeder sollte sich klar werden über für ihn befriedigende Aktivitäten, die entspannen und Freude bereiten können, und sich dann fragen, welchen Platz sie in seinem Leben einnehmen bzw. wann er derartiges zum letzten Mal gemacht hat. Bitte machen Sie sich bewußt, wie häufig oder ob Sie überhaupt solche Tätigkeiten pflegen.

Liste von streßabbauenden Aktivitäten

Da sich der eine oder andere wegen seiner eingeübten Passivität im Ermitteln angenehmer Aktivitäten zunächst einmal schwertun könnte, gebe ich diesem eine kleine Auswahl mit auf den Weg:

Längere Wanderungen, Spaziergänge, Besuch von Zoos, Ausstellungen, Museen, Kinos, Theater, Konzerten, Sportveranstaltungen; Lesen von Büchern und Zeitschriften, die nichts mit dem Beruf zu tun haben, sondern entspannend sind; Sport (Ski, Schwimmen, Jogging, Fitneßtraining, Radtouren etc.), Musikhören, Einkaufsbummel, Hobbys oder Lieblingsbeschäftigungen, unterhaltsame Sendungen im Fernsehen, ohne schlechtes Gewissen faulenzen, Gäste einladen, mit Freunden etwas unternehmen und sich dabei wohlfühlen, sich genügend Schlaf gönnen und genußvolle, aber mäßige Eß- und Trinkgewohnheiten haben.

Suche nach sozialer Unterstützung

Soziale Unterstützung ist, was ja schon in manchen Punkten anklang, ebenfalls ein erheblicher Streßkiller: Partnerschaften, Freundschaften, berufliche Kollegialität tragen den einzelnen und sind ein relativ verläßliches Schutzschild dagegen, daß berufliche Belastungen allzu tief gehen. Leider legen gerade viele Karrierebewußte hierauf relativ wenig Wert. Was sie dann mit der ganzen Wucht des herniederkommenden Stresses bezahlen müssen.

Kommunikations- und Problemlösetrainings

Verhaltenstherapeutisch vermittelte Kommunikations- und Problemlösetrainings sowie das Training der sozialen Kompetenz und der Selbstsicherheit sind weitere Möglichkeiten, Streß am Arbeitsplatz durch die Erlangung von neuen und besseren Fähigkeiten im Umgang mit Menschen, Problemen und Anforderungssituationen abzubauen. Gerade wenn berufliche Konflikte mit anderen Personen existieren, ist unter Umständen eine Überprüfung und Veränderung des eigenen Kommunikationsstils angebracht. Dabei geht es dann nicht nur um eine andere Einstellung, sondern auch um das regelrechte Einüben differenzierter Verhaltensweisen in nachempfundenen sozialen oder problemorientierten Situationen. Allgemeinplätze und mangelndes Gespür für die kleinen situativen Unterschiede sind hier ebenso fehl am Platze wie selbstbezogener Zweckoptimismus. Die inhaltliche Orientierung der Trainingsmethoden unterscheidet sich vom »positiven Denken« neben vielem anderen durch die Vermeidung von Extrempositionen und reinen, aber realitätsfernen Idealen.

Verbale Selbstinstruktion

Gelegentlich können auch verbale Selbstinstruktionen verwendet werden, die man sich in schwierigen Situationen gezielt innerlich vorsagen kann, um dadurch einen roten Faden zu bekommen, an dem man sich entlanghangeln kann (z.B. »nur mit der Ruhe«, »eins nach dem anderen«, »mach jetzt erst einmal Pause«, »tue nacheinander erst x, dann y, dann z«). Natürlich ist es nicht unerheblich, welche Selbstinstruktion gewählt wird. Darüber entscheidet sich dann auch der Erfolg. Derartige Selbstinstruktionen sollten möglichst konkret, realistisch und den eigenen Fähigkeiten angemessen sein. Wenn jemand beispielsweise eine Wissensprüfung zu bestehen und vorher nichts gelernt hat, dann wäre es sicherlich unsinnig, sich zu sagen: »Du wirst es schon schaffen!« oder »Du weißt es!« oder »Atme erst einmal tief durch, schau dann dem Prüfer selbstbewußt in die Augen, und wenn die Frage gestellt wurde, fange einfach an, irgend etwas zu reden, bis du dabei bist, einfach das abzuspulen, was du weißt!« Jemand, der etwas gelernt hat und insofern etwas weiß, könnte durch eine derartige Selbstanweisung sicherlich »mehr Wissen ausprudeln« und seine Prüfungsblockaden verlieren. Jemand, der nichts weiß, weiß jedoch nicht mehr, wenn er keine Prüfungsblockaden hat.

Imaginationstraining als Voraushandlung und Vorwegverarbeitung

Auch ein Imaginationstraining (eine Vorstellungsübung) als Vorwegverarbeitung von Bewährungs-, Problem- oder Konfliktsituationen kann unter bestimmten Voraussetzungen erfolgreich sein. Diese Methode hilft dann nicht nur, Streß abzubauen, sondern auch dabei, eine schwierige Situation erfolgreicher zu überstehen oder ein Problem besser lösen zu können. Die Methode besteht darin, daß sich jemand, dem eine Bewährungssituation bevorsteht, möglichst in allen Einzelheiten vorstellt, daß er sich bereits in der Situation befindet, die eventuell erst am nächsten Tag ansteht. Und ist er mit seinem geistigen Auge in dieser Situation, dann stellt er sich vor, wie er diese mit seinen Möglichkeiten (d.h. so, wie er sich in dieser Situation, wenn sie für ihn gut laufen würde, verhalten würde) erfolgreich bewältigt. Hier wird eine zukünftige Situation sozusagen im vorhinein geistig verarbeitet, mit dem Ziel, sie möglichst gut zu bewältigen. Man spricht in der Verhaltenstherapie auch von einer »Vorweghandlung«.

Ein Beispiel: Ein Verkäufer hat am nächsten Tag einen Termin mit einem wichtigen Großkunden, oder einem Manager steht eine für ihn wichtige Sitzung mit dem Firmenvorstand bevor. Jetzt stellt sich diese Person bereits Tage zuvor ein- bis mehrere Male vor, wie sie sich in dieser Bewährungssituation angemessen, erfolgreich verhält, so daß sie diese Situation entsprechend den Rahmen- und den eigenen Persönlichkeitsbedingungen zufriedenstellend oder sogar gut meistert. Dabei stellt sie sich dann auch die möglicherweise typischen Reaktionen des Gegenübers bzw. die situationstypischen Verhältnisse vor, auf die sie dann zu reagieren hat. So könnte sich der Verkäufer vorstellen, wie er ganz individuell auf den Käufer, dessen persönliche Emotionalität eingeht, dabei aber auch sich selbst in einem angemessenen, ihm aus der Erfahrung bekannten Maße einbringt. Und wie er dann das Produkt wirksam in seinen Eigenschaften anzubieten weiß. Der Manager, der ja seine Vorstandskollegen kennt, könnte sich vorstellen, wie sich einzelne von ihnen ihm gegenüber mit spezifischen Einwänden verhalten und wie er diese überzeugend widerlegt.

Ich bleibe bei meinem Beispiel bewußt im allgemeinen. Denn ich kann für den spezifischen Verkäufer bzw. den spezifischen Manager nicht der kompetente Fachmann für erfolgreiches Verhalten sein. Soll diese Methode wirken, ist es unabdingbar zu wissen, was in der betreffenden Situation tatsächlich erfolgversprechend wäre. Ein Mensch, der keinen Plan hat, wie kompetentes oder angemessenes Verhalten aussehen könnte, muß sicherlich bei der erfolgreichen Anwendung einer »Vorweghandlung durch Imagination« scheitern. Aber ein insgesamt kompetenter Mensch, der aus seiner Branchen-, Fach- und Menschenkenntnis heraus im Grunde genommen genau weiß, was für seinen Erfolg oder für geringeren Streß im Berufsleben das Richtige wäre, aber aufgrund psychischer Blockaden dazu neigt, genau das Gegenteil zu tun, würde sicherlich am meisten von einer derartigen Methode profitieren. Es gelten hier für eine erfolgreiche Anwendung dieser Methode die gleichen Einschränkungen wie bei der positiven Selbstinstruktion.

Bewältigungsstrategien für eine akute Belastungs- oder Streßsituation

Ich möchte es beim Aufzeigen echter Überlebensstrategien nicht versäumen, auch Hilfsmöglichkeiten für die *kurzfristige* Bewältigung von Belastungs- und Streßsituationen anzuführen. Allerdings kann ich im Rahmen dieses Buches nicht ausführlich darauf eingehen.

Folgende nacheinander durchzuführende Schritte und Maßnahmen erscheinen hier sinnvoll:

1. Zuwendung und Entspannung gegenüber aktuellen Belastungssituationen. Der Betroffene sollte nicht vor der konkreten Belastungssituation weglaufen wollen (nicht in Gedanken, Gefühlen, im Verhalten oder körperlich: durch Alkohol oder Medikamente). Die sich aus solchen Situationen ergebenden unangenehmen Gefühle wie Ärger, Wut, Ungeduld, Angst sollten vielmehr als Signal aufgenommen werden, um sich mit dem, was auf einen zukommt, zu beschäftigen. Dies bedeutet etwa, sich regelrecht zu konzentrieren auf den schwierigen Kunden, das unangenehme Verkaufsgespräch, die unangenehmen Verkaufszahlen, auf die unangenehme Besprechung, die eigene schlechte Konzentration oder gesundheitliche Verfassung, den schlechten Führungsstil, den Leistungs- und Erfolgsdruck, den nervenden Mitarbeiter ...

Im Anschluß daran sollten gestreßte Personen, die bereits ein Entspannungsverfahren beherrschen, versuchen, sich mit Hilfe der eingeübten Entspannungstechnik zu entspannen, möglichst mit einer Entspannungskurzform. Dabei soll das, was gerade getan wurde, nämlich die Beschäftigung mit der jeweiligen Streßsituation, abrupt unterbrochen werden.

Durch diesen ersten Schritt wird das Sichabwenden von unangenehmen Situationen – wie dies beispielsweise beim »positiven Denken« als einer Verdrängungsmethode der Fall ist – unterbunden. Dadurch wird vermieden, daß der Streß chronisch wird, und es findet ein aktives Bemühen um Bewältigungsstrategien statt. Neben der Suche nach Lösungen wirkt eine Beschäftigung mit dem Belastenden zugleich konfrontativ-reizüberflutend, wodurch eine Anpassung (Gewöhnung) erfolgt und damit eine Verringerung der emotional-körperlichen Reaktionen eintritt. Dies wird dann noch dadurch gefördert, daß inmitten der Beschäftigung mit den Belastungssituationen ein Entspannungszustand eintritt. Der Entspannungszustand wird unbewußt ursächlich mit den Belastungsreizen verbunden. Durch eine Art Konditionierung entwickelt sich so folgende Bewältigungsstrategie: »Reagiere auf Belastung mit Entspannung!«. Wie Sie sehen, steht diese Art des Vorgehens weit entfernt von primitiven Verdrängungsmethoden. Hier geht es um keine Beschönigung oder um Zweckoptimismus, sondern um eine echte Auseinandersetzung und einen Lernprozeß hin zu verschiedenen Bewältigungsstrategien.

2. Als nächstes sollte versucht werden, eine neue Perspektive einzunehmen: Dabei könnte die gestreßte Person im Geiste in die Rolle eines anderen schlüpfen, den diese Situation nicht oder sehr viel weniger belastet. Oder man könnte sich auch fragen, wie man im nachhinein – nach überstandener Belastung – darüber denken wird. Auch die Wahrscheinlichkeit einzuschätzen, mit der die angenommenen Befürchtungen eintreten könnten, wäre möglicherweise zur Relativierung hilfreich.

Hierdurch kommt etwas Bewegung in die (teilweise dramatisierenden) Gedanken und Einstellungen des Betroffenen. Er wird sie leichter zu relativieren vermögen. Und er wird feststellen können, daß (entgegen der Behauptung des »positiven Denkens«) Gedanken und Einstellungen noch keine Realitäten schaffen können. Gedanken können allenfalls eher realistisch oder eher dramatisierend-unrealistisch (positiv wie negativ) sein. Subjektive gedankliche Überzeugungen zu relativieren heißt meist, daß sie realistischer werden, was gleichzeitig eine gute Grundlage für die Bewältigung bestehender Belastungen darstellen dürfte.

Streßbewältigungstraining

Hat die Verkaufs- oder Führungspersönlichkeit dauerhaften, krankmachenden Streß aufgrund beruflicher Überforderung oder des dauerhaften Kontrollverlusts im Berufsalltag, ist sicherlich ein Streßbewältigungstraining mit einer Problemanalyse, einer Festlegung von Lebenspräferenzen, einer Einstellungsänderung, einem Erlernen von Entspannungsverfahren und einer Veränderung grundlegender Reaktions- und Verhaltensweisen angebracht. Dieses Training dürfte in jedem Falle einige Zeit in Anspruch nehmen, da tiefgreifende und langfristige Veränderungen der gesamten Persönlichkeit angezielt werden.

Psychotherapie bei dem Karrierekiller
»psychisches Krankheitsbild«

Wenn hier einige Überlebens- und (echte) Erfolgsstrategien aufgeführt werden, darf jedoch nicht vergessen werden, daß viele Manager und Verkäufer zumindest ansatzweise auch unter psychischen Störungen leiden, die in diesem Buch ausführlich – auch hinsichtlich ihrer Therapie – beschrieben werden. Sollten Sie beispielsweise unter einer Depression, unter Ängsten oder unter einem Zwang leiden, so ist es für jegliche Überlebens- und Erfolgsstrategie im Beruf erforderlich, sich einer Behandlung der Symptomatik zu unterziehen. Aus diesen psychischen Störungen erwachsen für die Karriere so viele Hindernisse, wie sie sonst kaum andere Faktoren hervorzurufen vermögen.

Die Individualität und Spezifität
einer echten Überlebens- und Erfolgsstrategie

Aus der vorausgehenden Auflistung realistischer Überlebens- und Erfolgsstrategien wird klar: Je nachdem, wo der Schwerpunkt der Belastungen im Beruf liegt, muß sicherlich Unterschiedliches getan werden.

Auch bei beruflichen Überlebens- und Erfolgsstrategien sind entsprechend der jeweiligen individuellen Situation und den Persönlichkeitsbedingungen ganz spezifische Maßnahmen vonnöten, die fern jeder Beschönigung oder eines Zweckoptimismus liegen. Vielmehr steht hier ein Fähigkeitskonzept im Mittelpunkt effektiver Hilfe. Eine Person, die überleben bzw. erfolgreich sein will und damit bisher Schwierigkeiten hat, muß etwas können, das sie bisher nicht kann. Sie muß also etwas lernen, damit sie neue Fähigkeiten, neue Bewältigungsstrategien nicht nur kennt, sondern sie auch innerlich besitzt und damit gekonnt anzuwenden weiß. Dieser erfolgversprechende Ansatz ist fern von jedem einmal gezeigten Trick, einer rein verbal vermittelten Geheimwissenschaft und Könnerschaft, wie sie Führungskräften und Verkäufern häufig in dubiosen Karriereseminaren begegnet.

Nicht Denken, sondern Tun ist gefragt: Tun Sie was!

Natürlich wäre die propagierte lockere Einstellung in der Führungsetage oder im Verkaufsgespräch, ein Distanzhaltenkönnen dort und zu Hause, eine erhöhte Entspannungsfähigkeit, ein Loslassenkönnen sinnvoll. Und natürlich wäre es schön, wenn genügend ablenkende Hobbys (vor allem auch körperliche Betätigung) und ein harmonisches Familienleben vorliegen würden. Aber die Realität sieht doch häufig anders aus. Da kommt ein gestreßter Mensch nach Hause, vollkommen fertig, und sucht häufig nur noch in der Passivität sein Heil. Dies wird sicherlich ein unheilvoller Teufelskreis. Dabei weiß der Betroffene meist, was für ihn richtig wäre. Zumindest jetzt nach der Lektüre des Survival- und Streßbewältigungsteils dieses Buches kann man sich mit blankem Unwissen nicht mehr herausreden.

Tun Sie etwas gegen den Teufelskreis »Streß«! Denken alleine reicht hier nicht! Ich habe Ihnen Alternativen aufgezeigt.

Zusammenfassung

Das »positive Denken« und ähnliche Methoden mit pseudopsychologischem Anspruch werden in unzähligen Seminaren und unter immer neuen, schillernden Namen einem wachsenden Publikum nahegebracht. Reich werden dabei auf jeden Fall immer die Anbieter. Zu hoffen ist, daß die Teilnehmer um einige Illusionen ärmer werden. Das können jedoch nur diejenigen, die etwas merken. Die Chancen stehen jedoch gut, da falsche Orientierungen bei der Karriere ein erhebliches körperliches und seelisches Erkrankungsrisiko darstellen. Leider!

Psychotherapie statt »positives Denken«

Wie die Psyche funktioniert

Natürlich sind die Übergänge zwischen psychischer Gesundheit und krankhaften, behandlungsbedüftigen Störungen fließend, und man kann nur vor laienhaften Individualdiagnosen (nach dem Motto: »Der xy hat 'ne Macke«) warnen.

Andererseits gibt es von der Weltgesundheitsorganisation (WHO) entwickelte Diagnoseraster, die es einem Fachmann sehr wohl nach unserem derzeitigen Wissensstand ermöglichen zu beurteilen, ob es sich im Einzelfall um eine regelrechte psychische Erkrankung, wie etwa eine Depression, oder noch um eine ganz »normale« Stimmungsschwankung handelt. Von letzteren ist jeder Mensch zeitweise betroffen. Niemand lebt im Paradies, und überall gibt es Problemfelder und Konfliktbereiche, die auch seelisch bewältigt werden müssen.

Gerade weil dies so gut wie jeden betrifft, ist auch jeder irgendwie dankbar, wenn ihm eine Möglichkeit geboten wird, sein Leben zu verbessern. Nur so sind die großen Auflagen der Bücher zum »positiven Denken« zu erklären. Der »normale« Mensch existiert nur als statistischer Wert, um den herum sich Milliarden von Menschen mit ihren Befindlichkeiten gruppieren. (Ganz abgesehen von der Frage, wie der Idealwert »normal« eigentlich zu definieren wäre. Hierüber gäbe es sicher ausgesprochen kontroverse Diskussionen.)

Diejenigen, bei denen man klar diagnostizieren kann, daß sie durch seelische Belastungen in ihrer Lebensentfaltung dauerhaft schwer eingeschränkt sind, sind nach unserem Verständnis krank und brauchen eine Unterstützung.

Mal abgesehen von behandlungsbedürftigen Menschen mit typischen psychischen Krankheitsbildern unterliegt aber auch der Mensch, der keine Erkrankung im Sinne der WHO-Gesundheitsdefinition hat, den Gesetzen, Einflüssen und Konflikten unserer Welt und kann darüber in schwere Krisen geraten. Und er kann damit möglicherweise ein behandlungsbedüftiges Krankheitsbild entwickeln.

Psychische Erkrankung stellt also kein statisches Merkmal dar, das jemand ein für allemal hat oder nicht hat. Jeder kann im Laufe seines Lebens in seelische Nöte geraten, und das Eingeständnis, daß man Hilfe braucht, ist oft entscheidend für den weiteren Lebensverlauf. Wir sind ja auch bereit, auf anderen Gebieten Fachleute zu Rate zu ziehen, konsultieren Juristen, Verbraucherschützer und Ärzte. Nur ein kompliziertes Gebiet wie die eigene Psyche meinen die meisten ganz allein durchschauen und allenfalls mit Hilfe von zweifelhaften Selbsthilfebüchern therapieren zu können.

Der eine oder andere Leser wird nun fragen, woran man am einfachsten erkennt, daß eine Therapie nötig ist. Die Antwort lautet: Eine Therapie ist dann angebracht, wenn der betreffende Mensch dauerhaft nicht (mehr) in der Lage ist, die Lebensbereiche zu meistern, die für ihn wichtig sind. Dazu gehören Beruf, Partnerschaft und Freizeitgestaltung ebenso wie das eigene Selbstwertgefühl. Wenn ein Mensch erheblich unter Einschränkungen in diesen Bereichen leidet, darauf stark mit diversen seelischen und körperlichen Symptomen reagiert und nicht in der Lage ist, sich mit den ihm zur Verfügung stehenden Mitteln Abhilfe zu verschaffen, ist es sicher angebracht, professionelle Unterstützung zu suchen.

Leider gibt es auch genügend Menschen (z.B. Psychopathen), die gar nicht merken, daß sie mit ihrem Leben nicht zurechtkommen und die darunter auch nicht leiden. Dafür leiden dann häufig andere Menschen unter ihnen und kommen durch deren Verhalten nicht selten sogar zu Schaden.

Wirksame Therapie richtet sich nach empirischen Befunden

Grundsätzlich gilt, daß die Methode des »positiven Denkens« rein gar nichts gemein hat mit dem, was eine professionelle Psychotherapie ausmacht, auch wenn die Propheten des »positiven Denkens« beides gern gleichsetzen. Daß eine solche Gleichsetzung vor allem für Laien nicht gleich als völlig abwegig erkennbar ist, hat verheerende Auswirkungen.

Diese Gleichsetzung wird von vielen vor allem deshalb akzeptiert, weil das Wissen um psychische Vorgänge und um die Psychotherapie als Behandlungsmethode in breiten Schichten der Bevölkerung nach wie vor sehr gering ist. Außerdem besteht leider noch immer ein »grauer Markt der Psychotherapie«, auf dem sich reihenweise unseriöse »Anbieter« tummeln. Es ist zu hoffen, daß der Gesetzgeber bald ein Psychotherapeutengesetz verabschiedet (die Absicht besteht, eine Gesetzesvorlage existiert), um diesem wilden Treiben ein Ende zu setzen.

Im Gegensatz zum esoterischen Gedankengebäude des »positiven Denkens« orientiert sich insbesondere die Verhaltenstherapie an der empirischen Wissenschaft Psychologie. Sie strebt eine systematische Besserung der zu behandelnden Problematik an. Zu ihren Grundlagen gehört ein überprüftes Wissen über psychische Störungen und mögliche Änderungsprozesse. Die Maßnahmen verfolgen dabei konkrete und operationalisierte (d.h. genau, in allen Einzelheiten definierte und überprüfbare) Ziele auf den verschiedenen Ebenen des Verhaltens und Erlebens. Letztlich können sie sich nur aus einer Störungsdiagnostik und einer jeweils *individuellen* Problemanalyse ableiten.

Eines der wichtigsten Ziele der Therapie ist eine Erhöhung der allgemeinen Problemlösefähigkeit des Patienten hinsichtlich der unterschiedlichsten seelischen Bereiche und Verhaltensebenen. Dies geschieht vor allem auch durch die Vermittlung neuer Erfahrungen, bzw. durch gezielte Problemlösetrainings.

Ein komplexes Ursachenbündel

Ohne den Rahmen dieses Buches sprengen zu wollen, sind hier doch einige grundsätzliche Betrachtungen zur Psychologie und zur Psychotherapie (insbesondere der Verhaltenstherapie) am Platze. Sie zeigen, welch simples und unrealistisches Gedankengebäude hinter dem »positiven Denken« steht.

Bei der Gesamtbetrachtung seelischer Störungen eines Menschen gibt es sogenannte *prädisponierende*, *auslösende* und *aufrechterhaltende* Problembedingungen. Die *Prädisposition* oder Anfälligkeit umfaßt vorexistierende genetische, somatische, psychische oder soziale Merkmale, die das Auftreten einer psychischen Erkrankung wahrscheinlich machen. Die *auslösenden* Bedingungen werden ebenfalls in psychische, somatische oder soziale Aspekte unterteilt. Man kann diese als Erfahrungen, Belastungen, Ereignisse im individuellen Leben des Patienten bezeichnen. Die *aufrechterhaltenden* Bedingungen schließlich beinhalten falsche Reaktionen des Patienten oder

der Umwelt sowie anhaltende Belastungen oder Rahmenbedingungen der Lebenssituation, die verhindern, daß die Beschwerden rasch abklingen und das Problem so teilweise chronisch wird.

Schon aus diesem komplexen Ursachenbündel für psychische Beeinträchtigungen kann man ersehen, daß es keinesfalls (wie von Murphy & Co. behauptet) ausschließlich die falschen Gedanken sind, die Probleme bereiten. Genauso wichtig sind Prädispositionen, chronisch ungeschickte Verhaltensweisen, Reaktionen von Außenstehenden, Anforderungen und Belastungen im sozialen und beruflichen Umfeld. Diese Faktoren sind durch alleinige gedankliche Veränderung nicht oder nur sehr begrenzt zu eliminieren.

Verschiedene Probleme – verschiedene Therapien

Psychische Probleme können auf verschiedenen Verhaltensebenen angesiedelt sein, so daß auch verschiedene Therapieansätze nötig sind. So kann man sagen, daß Patienten mit vorwiegend *kognitiven Defiziten* besonders (nicht ausschließlich!) auf eine kognitive Therapie ansprechen, daß Patienten mit *verhaltensbezogenen Problemen* eher durch ein Verhaltenstraining zum Ziel kommen und daß bei Patienten mit starken *körperlichen Reaktionen* vor allem eine Therapie bevorzugt wird, die diese Prozesse verändert (z.B. Entspannungstraining, Bio-Feedback, Reizüberflutung o.ä.).

Kognition ist der Sammelname für alle Vorgänge oder Strukturen, die mit dem Gewahrwerden oder Erkennen, der Informationsverarbeitung der menschlichen Seele zusammenhängen. Dabei spielen auch vorbewußte Prozesse eine Rolle, die dazu beitragen, daß jemand etwas wahrnimmt, begreift oder erinnert.

Wenn überhaupt, dann spricht das »positive Denken« nur die Teilgruppe von psychisch Erkrankten an, die hauptsächlich auf der »kognitiven Ebene« Probleme haben. Diese Patienten finden aber in Theorie und Praxis des »positiven Denkens« keine wirkliche Auseinandersetzung mit ihren Problemen, sondern ihre kognitiven Defizite werden weiter verstärkt, so daß möglicherweise eine psychotherapeutische Behandlung dann erst nötig wird. Das »positive Denken« hat also auch in dieser Beziehung eher eine kontraproduktive Wirkung (ganz zu schweigen davon, daß beim »positiven Denken« ein sehr eingeschränkter Kognitionsbegriff zugrunde liegt, der sich nur auf das Denken und die Sprache bezieht).

Globale Verfahren wie das »positive Denken«, die alle psychischen Störungen mit der selben Erklärung und Methode angehen wollen, statt krankheits- und störungsspezifische Therapien zu entwickeln, müssen bereits vom Ansatz her scheitern. Ängste, Depressionen, Eßstörungen, Zwänge u.a. sind unterschiedliche Krankheitsbilder, über die ein spezifisches Krankheitswissen existiert – mit einem jeweiligen Ursachengeflecht und entsprechenden charakteristischen Behandlungsverfahren.

Das weite Feld der Wahrnehmung

Bei vielen psychischen Störungen spielt das Phänomen der selektiven Aufmerksamkeit, welches nicht mit dem reinen Denken gleichzusetzen ist, sondern darüber weit hinausgeht, eine wichtige Rolle. Die Mehrdeutigkeit einer Situation oder von Reizen wird zum Beispiel von Angstpatienten schnell auf die Angsterwartung hin interpretiert. Sie hören dann neutrale Geräusche, sehen Verhaltensweisen von Menschen oder nehmen körperliche Reaktionen wahr, die sie sehr schnell als Gefahr deuten, obwohl die Befürchtungen in Wirklichkeit vollkommen unberechtigt sind.

Für Depressive ist das Phänomen der negativen Sicht der Welt charakteristisch. Depressiv verstimmte Menschen werden also häufiger negative Dinge berichten als andere, auch wenn sie «objektiv« nicht öfter Negatives erlebt haben. Bereits ihre Wahrnehmung, nicht nur ihre Gedankenwelt, ist eingeschränkt. Die menschliche Wahrnehmung ist relativ flexibel. Die Grenze zwischen Normalität und Irresein, zwischen »Genie und Wahnsinn« ist fließend. Jeder Mensch – auch jener, der heute noch »putzmunter« ist und fast schon glaubt, die Beschäftigung mit der Seele sei reiner Quatsch, ja absolute Verweichlichung – kann eine psychische Erkrankung erleiden und nimmt dann unter Umständen Dinge wahr, die andere Menschen nicht unbedingt erleben. Im Extremfall, insbesondere bei den psychotisch Kranken, kommt es zu Halluzinationen, zu Fehlwahrnehmungen. Sie sehen ganz konkret etwas vor sich oder hören Stimmen, die für andere Menschen nicht existent sind.

Die Flexibilität der menschlichen Wahrnehmung, des Bewußtseins wird durch eindrucksvolle Experimente belegt. Wenn man gesunde Menschen in einen reizarmen Raum bringt – d.h. sie können nichts mehr sehen, der Raum ist dunkel, und auch das Tastvermögen ist durch Handschuhe eingeschränkt –, dann kommt es nach einiger Zeit zu Halluzinationen. Erklären läßt sich dieses Phänomen damit, daß diese Menschen versuchen, sich – aus Ermangelung äußerer Reize – selbst zu reizen, und dann eine Wahrnehmung haben, die ansonsten nicht vorhanden und nicht möglich wäre. (Diese Art von »Reizdeprivation« wird übrigens auch bei der sogenannten Gehirnwäsche eingesetzt. Und zwar seit Jahrhunderten. Und stellt nicht das einfache Weltbild des »positiven Denkens« auch einen Versuch der Reizdeprivation ganz im Sinne einer Gehirnwäsche dar?)

Ein weiteres Experiment zur flexiblen Wahrnehmung ist das der sogenannten Umkehrbrille: Wenn ein Mensch eine derartige Brille aufgesetzt bekommt – wohlgemerkt, auch hier wieder ein gesunder Mensch –, dann sieht er zunächst einmal durch diese Brille alles auf dem Kopf stehen. Nach einigen Stunden kommt es jedoch zu einer Umkehrung – d.h. der Mensch sieht danach alles so normal wie vorher. Er hat sein Wahrnehmungsvermögen verändert, er hat sich eingestellt auf die neue Rahmenbedingung. Muß er die Brille absetzen, so sieht er zunächst wieder alles auf dem Kopf und nach einer gewissen Adaptionsphase kann er wieder ganz normal sehen.

Flexible Wahrnehmung als Beweis für das »positive Denken«?

Den Umstand der flexiblen Wahrnehmung versuchen die Vertreter des »positiven Denkens« für sich als Beweis ihrer Theorien zu nutzen, indem sie darauf verweisen, daß die Wahrnehmung ein aktiver Prozeß ist und unter bestimmten Bedingungen Einbildung und Realität für den Menschen nicht mehr bewußt voneinander zu trennen sind. Da der menschliche Wahrnehmungsprozeß aber vor allem von genetischen, körperlichen und umgebungsbezogenen Faktoren sowie von der onto- und phylogenetischen Entwicklung geprägt ist, greifen diese Erklärungen jedoch viel zu kurz. Das »reine Denken« erscheint nur als Zwerg in der Unendlichkeit des Weltalls.

Die Verzerrung in der Wahrnehmung bei einzelnen psychischen Störungsbildern ist für die wissenschaftlich orientierte Psychotherapie eine wichtige diagnostische Erkenntnis, der bei der Behandlung Rechnung getragen werden muß. Reines Denken einer umfangreichen, aus der Entwicklung einer Person entstandenen Wahrnehmungsverzerrung als »Heilmittel« entgegenzusetzen, erscheint da jedoch als ausgesprochen naiv. Diesen vollkommen untauglichen Versuch würde ein erfahrener Psychotherapeut sicherlich so nicht unternehmen, und seine gesamte Berufsgruppe wäre dann vollkommen überflüssig. Die Angehörigen, die Freunde, der Arzt oder sonstige Ratgeber könnten ja schon Hilfe geben.

Wer weiß im übrigen, ob beispielsweise ein Depressiver aus seiner Wahrnehmungsverzerrung heraus überhaupt in der Lage ist, die Botschaft der Bücher zum »positiven Denken« zu verstehen oder gar richtig einzuordnen? Ich habe da meine – wie ich glaube – durchaus berechtigten Zweifel. Wie Wahrnehmungsverzerrungen bei spezifischen psychischen Störungen vermindert oder gar beseitigt werden können, wird später (siehe unter der Darstellung der kognitiven Umstrukturierung und der Psychotherapie einzelner Störungsbilder) beschrieben.

Wie unterscheiden sich Freude und Trauer?

Menschliche Emotionen entstehen meist im Zusammenhang mit Wahrnehmungsprozessen und der Interpretation von körperlichen Erregungszuständen. Auch dies kann an experimentellen Untersuchungen belegt werden. So sagte man – im Verlauf eines Experimentes – Menschen, denen das Streßhormon Adrenalin eingespritzt wurde, daß ihnen ein Mittel mit euphorisierender Wirkung verabreicht worden sei. Menschen reagieren auf ein derartiges Streßhormon körperlich und psychisch unweigerlich mit Erregungszuständen, mit Pulsbeschleunigung etc. In diesem Fall interpretierten die Versuchspersonen ihre Erregung als Freudenreaktion, fielen sich um den Hals, waren euphorisch und vollkommen ausgelassen. Die Beschreibung der Wirkung desselben Hormons als angstmachende hätte ebenfalls ein entsprechendes Ergebnis.

Da die menschlichen Gefühle körperlich kaum differenziert sind, d.h. Weinen, Lachen, Trauer und Freude immer mit einem relativ ähnlichen Erregungsprozeß im Körper zusammenhängen, ist es eben auch der Interpretation bzw. Informations- und Reizverarbeitung im Gehirn überlassen, inwieweit diese Körperzustände als Trauerreaktion oder als Freude und Euphorie interpretiert werden.

Dieser Tatbestand beweist jedoch wiederum nicht, daß Gefühle alleine oder gar ausschließlich auf das Denken – wie von den Autoren des »positiven Denkens« behauptet – zurückzuführen sind. Ganz im Gegenteil ist den weiteren Ausführungen zu entnehmen, daß das Denken, wenn überhaupt, allenfalls eine untergeordnete Rolle im Emotionsprozeß bzw. im Gefühlsleben eines Menschen zu spielen vermag. Einerseits ist die Informationsverarbeitung des Menschen, die wir auch als Kognitionsprozeß bezeichnen, sehr viel komplexer, als es das bewußte Denken beinhaltet. Sie beinhaltet vielschichtige unbewußte, reflexartige Prozesse innerhalb unseres Nervensystems, aber auch unbewußte, automatische »Gedanken«, wobei feststeht, daß viele Gedanken gar nicht bewußt gefaßt werden können. Und weil der Begriff der Informationsverarbeitung bzw. der Kognition in der Psychologie sehr weit gefaßt wird und damit nahezu alle ablaufenden seelisch-neurologischen Verarbeitungsmechanismen umschrieben werden, wird es schon fast unmöglich, zwischen kognitiven und emotionalen Prozessen so trennscharf zu unterscheiden, wie es für die Theorie des »positiven Denkens« nötig wäre. Beides sind Reizverarbeitungsmechanismen unseres beseelten menschlichen Organismus, und sie haben eine große gemeinsame Schnittmenge. Gerade auch diese starke Verwobenheit macht es sehr schwer, die alles determinierende Bedeutung des bewußten, willentlichen Denkens für wahrscheinlich zu halten. Vielmehr ergibt sich hieraus, daß es keinen Platz für die scharfe Entgegensetzung von lenkendem Denken und sich selbst durch reines Denken geschaffenem Fühlen gibt.

Hinzu kommt, daß es eine Vielzahl von Befunden gibt, die belegen, daß ein erheblicher Teil der Gefühle sich relativ unabhängig von »gedanklicher«, ja sogar kognitiver Vorarbeit auslösen lassen. Es handelt sich dabei um die für das gesamte Gefühlsleben prägenden und wesentlichen »primären Emotionen«, die regelrecht reflexartig auftreten, und zwar aus jenen Verarbeitungsstrukturen heraus, die sich im Laufe der artgeschichtlichen Entwicklung gebildet haben. Gedanken können keine Gefühlsstrukturen und keine Gefühlsarten oder Gefühlsqualitäten erzeugen. Wenn, dann können sie allenfalls darauf aufbauen und Gefühlsmuster stimulieren.

Ein besonderer Beweis für emotionale Grundmuster, die in direkter Folge von neuronalen Prozessen stehen, ist der Umstand, daß sich beispielsweise Emotionen der Freude oder Trauer, der Angst und der Aggression, auch solche des sexuellen Triebes durch elektrische Stimulation spezifischer Hirnareale auslösen lassen – ohne daß die entsprechende Person überhaupt weiß, warum diese Emotionen entstanden sind. Ein kognitiver Prozeß, eine gedankliche Vorbewertung erfolgt in diesen Fällen nachweislich ebensowenig wie die Stimulation durch äußere Reize. Vielmehr gibt es eine »Neuroanatomie der Emotionen«. Diese beinhaltet eine – allerdings nur grobe – Lokalisation von Hirnzentren, die für die Auslösung bestimmter Gefühle verantwortlich sind, wenn die dazugehörigen Hirnzellen aktiviert werden.

Derartige Befunde (die im übrigen auch bei Säugetieren nachweisbar sind) verdeutlichen, daß die fundamentalen Gefühle Verarbeitungsmechanismen von enormer Urgewalt sind.

Einige Auslösebedingungen für Emotionen

Und so lassen sich auch viele von »kognitiver Verarbeitung« relativ unabhängige Auslösebedingungen für Emotionen benennen, die vor allem mit der Beschaffenheit des jeweiligen menschlichen Organismus, seinem Entwicklungsstand und seinen konkreten Lebensbedingungen zu tun haben. Es handelt sich dabei zum Beispiel um:
• *Instinkte*
• *Triebe*
• *Geschlecht*
• *hormonelle Veränderungen* (z.B. in der Schwangerschaft oder in den Wechseljahren)
• *körperliche Fitneß* (generelle körperliche Verfassung und Beschaffenheit)
• *den Grad der Sättigung* (Bei Sattheit ist kaum noch eine Steigerung möglich. Es ist ein Unterschied, ob jemand hungrig oder satt, zufrieden oder unzufrieden, sexuell befriedigt oder unbefriedigt ist. Dies alles entscheidet sehr stark über das Auftreten, die Art und die Intensität eines Gefühls.)
• *Drogen- oder Alkoholkonsum* (Z.B. können Psychopharmaka die unter-

schiedlichsten Gefühle auslösen, relativ unabhängig von der Situation und von Kognitionen.)

• *unterschwellige Wahrnehmung* (Dies bedeutet, Umgebungsbedingungen ausgesetzt zu sein, die nicht bewußt sind. Zum Beispiel lösten in einem Experiment unterschwellig – im Ultrakurzbereich – dargebotene drohende Gesichter starke emotionale Reaktionen aus, so daß der Betreffende nicht wußte, warum er in dieser Art reagierte.)

• *Motivationsstand* (z.B. machthungrig oder machtuninteressiert; dies berührt auch die Persönlichkeitsmerkmale.)

• *Persönlichkeitsmerkmale* (d.h. feste, reflexartig ablaufende Verarbeitungs- und Verhaltensstrukturen, die so ohne weiteres keiner bewußten und willentlichen Kontrolle mehr unterliegen und als »Charakter« einer Person gelten; z.B. zeigen Neurotiker vermehrt negative Gefühle)

• *Fähigkeiten* (erzeugen Wohlbefinden, evtl. auch Euphorie)

• *Unfähigkeiten* (erzeugen Versagensängste, Gefühle der Wertlosigkeit)

• *Schicksalsschläge*

• *soziale Ereignisse*

• *sportliche Betätigung*

und viele andere Faktoren mehr.

Natürlich existiert bei den unvollständig aufgeführten Bedingungen, die Gefühle auslösen können, zum Teil auch eine kognitive Verarbeitungskomponente. Sie spielt jedoch je nach den beschriebenen Phänomen, aber auch dem jeweils betrachteten Individuum eine unterschiedliche, oft nur sehr untergeordnete Rolle.

Daß Gefühle nicht nur auf der kognitiv-verbalen Ebene beheimatet sind, kann auch dadurch belegt werden, daß der Prozeß der Emotionsentstehung sehr eng mit der Rückmeldung von Körperreaktionen an das Gehirn zusammenhängt. Die Wahrnehmung von körperlichen Reaktionen setzt vielfach überhaupt erst das bewußte Erleben von Gefühlen, das Gefühlsleben, in Gang.

Der Mensch macht sich dann die Bedeutung eines Reizes sozusagen anhand seiner körperlichen Erregtheit bewußt, ist emotional betroffen und beginnt die Bedeutung der aktuellen Lebenssituation zu realisieren. Wäre diese körperliche Reagibilität und deren Rückmeldbarkeit an das Gehirn nicht vorhanden oder aus bestimmten Gründen nicht möglich, käme es trotz »Denkfähigkeit« nicht zu einem ausgeprägten Gefühlserleben. Dafür sprechen auch Befunde zur Querschnittslähmung. Bei diesem Zustand kommt es aufgrund der Erkrankung zur Zerstörung von Nervenverbindungen zwischen einzelnen Bereichen des Körpers, die auch der vegetativen Reagibilität unterliegen (z.B. Muskeln, Gefäße, Gesichtsmimik). Interessanterweise stellte sich heraus, daß häufig ein Zusammenhang zwischen dem Ausmaß der Zerstörung und der emotionalen Erlebnisfähigkeit besteht. Ist die Nervenverbindung zu diesen wichtigen Körperregionen gekappt, treten keine oder nur recht flache Gefühlsreaktionen auf, die nichts mehr mit dem Gefühlsleben vor der Querschnittslähmung zu tun haben. Für den Verarbeitungsprozeß des Gehirns bei der Entwicklung eines »Emotionserlebens« erweist sich der Gesichtsausdruck als Rückmeldung von größter Bedeutung. Aber auch Herzfrequenz (Puls), Hauttemperatur und Muskeltonus (Grad der Muskelanspannung) sind wichtige Rückmeldegrößen.

Dies bedeutet, daß ein bestimmtes körperliches (physiologisches) Zustandsmuster und die damit verbundene Rückmeldung an das Gehirn auch eine jeweils bestimmte Emotion auszulösen vermag. Für die jeweilige situative Entstehung, die Art und die Intensität der Gefühle dürfte im Zweifelsfall die erlernte körperliche Reaktionsweise auf die entsprechenden Reizmuster bedeutend wichtiger sein als die einzelnen Gedanken. Diese Aussage ist vor allem dann richtig, wenn es sich bei diesen Gedanken um eingeübte Denkmuster im Sinne des »positiven Denkens« handelt. Wie wenig positive Gedanken im Sinne dieser Darlegung auszurichten vermögen, zeigt sich auch anhand der Befunde zur Emotionalität depressiver Menschen. Diese leiden bekanntlich meist unter einer emotionalen Ausdrucks- und Erlebensarmut. Eine derartige verflachte körperliche Reaktionsweise wird dann im zentralen Nervensystem registriert, mit der Folge, daß die dortige Verarbeitung dieser Rückmeldung zu einer Verstärkung der Ausdrucksarmut führt. Hieraus ergibt sich nicht nur logischerweise ein Teufelskreis der Emotionsverflachung, sondern auch der Umstand, daß ein aktives Training des emotionalen körperlichen Ausdrucks und der gefühlsmäßigen Selbstwahrnehmung neben anderen psychotherapeutischen Methoden wie Aktivitätsaufbau oder Aufbau sozialer Kompetenz hier sicherlich erfolgversprechender ist, als das willentliche – allerdings wegen der fehlenden Basis nahezu unmögliche – Erzeugen positiver Gedanken.

Die Überzeugung, auf derartige fundamentale Prozesse und teilweise jahrelang eingeübte Reaktionsmuster einen »willentlichen« positiven Gedanken
mit durchschlagender Wirkung aufsatteln zu können, kann hier nur eine
von Unkenntnis getragene Erfindung der »positiven Denker« sein, die nötig
ist, um deren einfaches Weltbild zu ermöglichen.

Keine Chance für aufgesetztes »positives Denken«

Das aufgeführte Beispiel zur Depressivität zeigt, daß die (anerlernte) verflachte Emotion mit negativ-depressivem Vorzeichen eher ein negatives Denken determiniert, und dies zunächst unausweichlich, ohne eine Chance für
jegliches aufgesetztes »positives Denken«!

Daß diese Richtung des Geschehens wissenschaftlich gesehen sehr wahrscheinlich ist, ergibt sich auch aus der Tatsache, daß Kognitionen oder – um
mit dem Vokabular des »positiven Denkens« zu reden – »Gedanken und
Sprache« ihre wirkliche individuelle und existentielle Bedeutung überhaupt
erst durch die dahinter stehenden bzw. parallel auftretenden Emotionen
bekommen.

So unterscheidet man in der psychologischen Wissenschaft zwischen den
»warmen« (mit Gefühlsbeteiligung auftretenden) und den »kalten« (ohne
gefühlsmäßige Beteiligung auftretenden) Kognitionen. Sicherlich haben
hauptsächlich die »warmen Kognitionen« eine tiefgreifende und existentielle
Bedeutung für den einzelnen. So bestätigt sich bei »warmen Kognitionen«
die jedem bekannte Alltagserfahrung, daß gedankliche Strukturen nicht selten sehr hartnäckig und kaum beeinflußbar, da emotionsvermittelt sind. Sie
lassen sich nicht so ohne weiteres durch andere Kognitionen (Gedanken) willentlich wegwischen.

Auch dafür gibt es natürlich Untersuchungsbefunde. So zeigten Experimente, daß durch Elektroschocks induzierte Angst nicht alleine durch eine
sogenannte Neuattribution (gedankliche Umbenennung und Klärung der
Enstehungsbedingungen sowie das Ausräumen der Bedrohung) zu reduzieren
war.

Von der psychotherapeutischen Behandlung der Panikstörung wissen wir,
daß die entsprechenden Patienten rationalen Erwägungen kaum zugänglich

sind. Gerade hier erzeugen körperliche Reaktionen unablässig extreme Gefühlszustände – im Gefolge »warmer« Kognitionen, wie etwa: »Ich muß sterben«, »Ich bekomme einen Herzinfarkt«.

Diesen Patienten wird von allen Seiten und – nach unzähligen medizinischen Untersuchungen – auch von Ärzten immer wieder verdeutlicht, daß sie keine körperliche Erkrankung haben und keine akute Gefahr besteht, sterben zu müssen. Sie selbst wissen das teilweise nach Hunderten von Anfällen – die sie ja alle überlebt haben – mehr als deutlich und mehr als genug. Aber in der entsprechenden Situation haben sie diese »heißen« Kognitionen – und über die geht nichts! Wirklich zunächst gar nichts!

Jede getrunkene Tasse Kaffee, jeder Schwindel, jedes deutliche oder in der Frequenz erhöhte Herzklopfen vermag dann teilweise diese »warmen« Kognitionen der Panik auszulösen, obwohl der Patient z.B. weiß, daß seine Erregung lediglich vom getrunkenen Kaffee herrührt. Er könnte sich dies ununterbrochen sagen, ohne daß eine Besserung des panischen Zustandes einträte.

Emotionen sind sinnvoll

Ziel des »positiven Denkens« ist es, solche Emotionen, die unbewußt – und damit unkontrolliert – entstehen, zu bekämpfen. Vergessen wird dabei, daß Emotionen zunächst einmal eine existentielle, d.h. auch lebenserhaltende Bedeutung haben. Sie sind sinnvoll und sollten nicht einfach abgeschafft oder in eine stromlinienförmige Richtung manipuliert werden. Vielmehr ermöglichen sie im teilweise ausgesprochen bedrohlichen Lebensraum einen schnell und damit automatisch ablaufenden Verarbeitungsprozeß von relevanten Umweltreizen nach einem alten (erprobten) Bewertungssystem. Damit wird ein unmittelbares, unter Umständen lebenserhaltendes Reagieren möglich und unser menschliches Leben in einer vielfältigen, unendlichen, unperfekten und niemals vollkommen kontrollierbaren Welt leichter, vielleicht sogar überhaupt erst erträglich.

Ohne die vereinfachenden Gefühlreaktionen, die auf die seit Jahrtausenden bestehenden und sich aus der individuellen Entwicklung ergebenden Grundprobleme hin orientiert sind, wäre für die meisten Menschen ein angemessenes Verhalten in ihrer Umgebung kaum möglich. Der Kopf würde bei der Flut der Eindrücke, Informationen und Entscheidungsnotwendigkeiten »heißlaufen«, der »Mülleimer der Probleme und existentiellen Gefahren« förmlich überquellen.

Gefühle als »automatische Lebenshilfe«, als »Autopilot«, sind daher menschen- und individualgeschichtlich primäre Abläufe im Lebensvollzug. Sie sind ein arten- und natürlich auch lebensgeschichtlicher Erfahrungsspeicher. Sie beinhalten nicht zuletzt menschenspezifische Reaktionen, wie Zuneigungsgefühle bei der Wahrnehmung des sogenannten Kindchenschemas, Bedrohlichkeits- und Angstgefühle bei Angriff, sexuelle Stimulation und Triebsteigerung bis hin zum typisch menschlichen Paarungs- bzw. Werbungsverhalten bei sexuell relevanten Reizen.

Nicht nur positive Gefühle sind produktiv

Freude, Trauer, Furcht, Wut, Überraschung und Ekel, alle diese »Grundemotionen«, ob positiv oder negativ, sind überlebenswichtig. Mit dieser Erkenntnis haben jedoch die Vertreter des »positiven Denkens« grundsätzliche Probleme! Nach deren Aussagen zu urteilen, halten sie die meisten, nämlich die angeblich »negativen« Gefühle für regelrecht sinnlos. Diese Einschätzung ist aber im Kontext der vorausgegangenen Erörterungen mindestens ebenso (lebens-)bedrohlich, wie die Annahme absurd ist, mit Gedanken *alleine* könnten »echte« Gefühle aus der Retorte produziert werden.

Nein, Gefühle können in Art und Qualität nicht erzeugt, sondern allenfalls – und dann nur unter ausgesprochen günstigen Bedingungen – durch Gedanken bzw. Sprache »mitstimuliert« werden.

Die Überzeugung, mit »willentlich« eingesetzten positiven Gedanken den Gefühlshaushalt grundlegend beeinflussen und verändern zu können, zeugt von einer von bloßem Wunschdenken beseelten Realitätsverkennung.

Die Richtung des Prozesses verläuft eher umgekehrt: Fundamentale Emotionen – die gleichzeitig die jeweiligen Lebensbedingungen widerspiegeln – haben eine Schalt- und Einschaltfunktion für kognitive Verarbeitungsprozesse. Gefühle können also – wie wir aus der Forschung wissen – Gedanken beeinflussen. Aus der Einbahnstraße des »positiven Denkens« wird damit zumindest eine Straße mit zwei Richtungsfahrbahnen.

172

Die Abhängigkeit von Kognition und Emotion ist so vielschichtig, daß es wohl noch lange Zeit dauern wird, bis man alle Prozesse versteht. Und wir wissen noch nicht einmal, ob uns dies jemals vollkommen gelingen wird. Die Autoren des »positiven Denkens« glauben jedoch offensichtlich, deutlich mehr zu wissen als die aktuelle Forschung. Aber bekanntlich heißt ja glauben nicht wissen! Denn in der Weltsicht dieser Missionare und Propheten werden einzelne Faktoren vollkommen überbewertet, andere vollkommen vernachlässigt. Und wer die Beziehung zwischen den Teilen und damit das Ganze nicht wenigstens annähernd zu erfassen vermag, der kann dieses Ganze auch nicht verändern, selbst wenn er noch so sehr daran glaubt.

Zusammenfassung

Die menschliche Psyche ist ein komplexes und differenziertes System. Bei der Erforschung ihrer Funktionsweise stehen Psychologie und Neurologie noch vor vielen ungeklärten Fragen. Sicher ist aber, daß verschiedene Ursachen zu unterschiedlichen Beeinträchtigungen führen. Eines läßt sich vom heutigen Wissensstand bereits zweifelsfrei sagen: Alle Emotionen – seien sie nun »positiv« oder »negativ« – sind wichtig. Versuche, den natürlichen Gefühlshaushalt zu manipulieren und nur noch »positiv« zu denken und zu fühlen, führen zu einer Verleugnung wichtiger – zum Teil lebenswichtiger – Persönlichkeitsanteile.

Die Alternative heißt Psychotherapie

Es bleibt dabei: Die einzige wirklich erfolgversprechende Alternative für Menschen mit chronischen psychischen Problemen ist eine individuelle Psychotherapie. Diese ist in der Regel ein langwieriger, aktiver und auch anstrengender Prozeß. Dabei gibt es für jeden Einzelfall und jede Störungssymptomatik ganz unterschiedliche Verfahrensweisen und Zielsetzungen, die sich keineswegs ausschließlich nur auf eine Modifikation des Denkens beziehen.

Es gilt zum einen, durch die Basisfertigkeiten des Therapeuten wie Gesprächsführung, Beziehungsgestaltung und Motivation eine Grundlage zu schaffen, auf der die Patientin oder der Patient überhaupt erst einer Therapie zugänglich wird. Die eigentliche Therapie besteht dann einmal aus allgemeinen, störungsübergreifenden Maßnahmen, wozu in der Verhaltenstherapie konfrontative Verfahren, Entspannungsverfahren, operante Methoden (Verstärkung, Löschung) und auch kognitive Methoden (Selbstinstruktion, Problemlösungstraining u.v.a.) gehören. Diese therapeutischen Maßnahmen werden für jeden Patienten störungsspezifisch, je nach Krankheitsbild, kombiniert und angewandt.

Daneben werden auch ausschließlich für eine bestimmte psychische Erkrankung entwickelte Therapieverfahren eingesetzt, die auf der Grundlage der Erforschung der verschiedenen Störungsbilder erstellt wurden und damit eine gezielte Behandlung ermöglichen. Dazu ist natürlich eine gründliche und differenzierte Diagnose notwendig, die dann darüber entscheidet, was man wie bei wem anwendet.

Es ist also unsinnig – so wie das beim »positiven Denken« geschieht – *eine einzige* Methode als die allumfassend richtige zu bezeichnen. Man braucht sich nur das Beispiel der somatischen Medizin zu vergegenwärtigen, um zu sehen, daß nicht jede Therapie in jedem Fall und gleichzeitig richtig sein kann. Es wird schließlich auch nicht bei jeder Art von Erkrankung, beispielsweise bei einer Grippe oder einem Bandscheibenvorfall, Valium verabreicht. Ebensowenig wie ein Knöchelbruch mit Vitamin C behandelt wird, wird ein Grippekranker operiert. Im Gegenteil, und dies gilt eben auch für die Psyche: *Jede* Behandlungsmethode kann bei bestimmten Krankheitsbildern auch kontraproduktiv sein.

Aber es ist in Wirklichkeit noch komplexer: Selbst für klar definierte

Krankheitsbilder gibt es nicht immer eine allein helfende Methode. Wenn bei einer Mehrebenenbetrachtung als Ursache psychischer Erkrankung eine Desynchronie zwischen Fühlen, Denken, Verhalten und körperlichen Zuständen diagnostiziert wird, so heißt dies, daß auch die Behandlung mehrschichtig sein muß. Dabei sind die kognitiven Maßnahmen immer nur ein Teil der Gesamttherapie.

Schritte einer Psychotherapie
am Beispiel der kognitiven Umstrukturierung

1. Phase: Ermittlung realitätsverzerrender Bewertungen

Die Änderung von Einstellungen und Bewertungen eines Menschen ist Ziel der sogenannten kognitiven Umstrukturierung in der Verhaltenstherapie. Hierbei wird eine Änderung der Wahrnehmung, der Gedanken, der Vorstellungen, der Ideale und auch der gedanklich-verbalen Gedächtnisstrukturen angestrebt.

Im ersten Schritt geht es darum, überhaupt einmal die wichtigsten *nicht bewußten* »automatischen Gedanken« (Bewertungen) zu entdecken, die problematisch sind, das heißt, die eine beeinträchtigende Verzerrung der Realität darstellen und damit beispielsweise zu Depressionen und Ängsten mit beitragen können. Dies geschieht durch Betrachtung der gefühlsmäßigen und symptomartigen Reaktionen, die in problematischen, belastenden Situationen auftauchen.

Es wird dann danach gefragt, welche gedanklichen Bewertungen, Einstellungen oder Ideale hinter diesen Gefühlen und Verhaltensweisen stehen. Sie sind dem Patienten und auch dem Psychotherapeuten zunächst nicht immer offensichtlich und müssen durch hilfreiche Techniken teilweise mühsam erschlossen werden.

Ohne die Interaktion des psychisch belasteten Menschen mit dem erfahrenen Psychotherapeuten ist es schwierig, derartige »automatische dysfunktionale« Gedanken dingfest zu machen. Außerdem bedarf es einer erheblichen

Eigenaktivität in Form von Protokollen (zu negativen Gefühlen und Gedanken in Belastungssituationen) und einer angeleiteten systematischen Selbstbeobachtung. Wie wir wissen, ist die Selbstbeurteilung nicht objektiv, so daß gerade bei diesem Prozeß der Selbsterkenntnis niemand alleingelassen werden darf. Genau dies aber geschieht permanent durch die Bücher, Selbsthilfetheorien und praktischen Anleitungen des »positiven Denkens«!

2. Phase: Realitätsverzerrungen erkennen

Ergebnis der ersten Phase der sogenannten »kognitiven Umstrukturierung« ist die Klarheit darüber, welche bisher unbewußten Verarbeitungsmechanismen ablaufen, wenn Schwierigkeiten auftreten.

Wenn die problematischen »automatischen Gedanken« (und damit auch die zum großen Teil verborgenen Grundüberzeugungen und Verarbeitungsprozesse) des einzelnen Patienten offengelegt werden, geht es letztlich darum, diese unrealistischen, verzerrten und zugleich für die psychische Gesundheit abträglichen Bewertungen oder Überzeugungen zu hinterfragen und zu erschüttern.

Der Patient soll lernen, die dahinter stehende Realitätsverzerrung zu erkennen und zunehmend weniger von seinen Annahmen überzeugt zu sein. Zusammen mit dem Psychotherapeuten werden neue, alternative, zugleich realistischere oder, wissenschaftlich ausgedrückt, »funktionalere« Bewertungen und Gedanken erarbeitet, die dem seelisch belasteten Menschen helfen, die jeweils problematische Situation besser und für ihn zufriedenstellend geistig zu bewältigen.

3. Phase: Neue Erfahrungen machen

Der Prozeß der »kognitiven Umstrukturierung« kann viele Monate in Anspruch nehmen und bedient sich keineswegs nur der verbalen Analyse oder Vermittlung. Vielmehr muß der »verzerrt Denkende« die fragliche Berechtigung seiner »falschen« Überzeugungen überprüfen und neue, gegenläufige Erfahrungen machen. Sonst wird er nicht zu einer alternativen

Einschätzung kommen können, die sein Leben neu zu bestimmen vermag.

Nur die Erfahrung kann letztlich neue Überzeugungen ermöglichen, nicht die Suggestion, der Verstand oder das argumentierende Gespräch. Eine Psychotherapie, in der nur geredet wird, durch die aber keine konkreten neuen Erfahrungen ermöglicht werden, kann keine tiefgreifende Veränderung eines Menschen bewirken.

Ohne neue Erfahrung erscheint jeder für sinnvoll erachtete, »positive« Gedanke nur aufgesetzt, und auch das rein verstandesmäßige »Wissen« über die Ursache der eigenen psychischen Störung bietet letztlich keine dauerhafte Hilfe. So muß beispielsweise ein Panikpatient in der angstauslösenden Situation (z.B. Fahrstuhlbenutzung, Aufenthalt in Menschenmengen, Fahrt auf der Autobahn) erfahren – teilweise über mehrere Stunden – daß ihm nichts passiert, auch und gerade wenn er sich längere Zeit in der für ihn belastenden Umgebung aufhält. Auch die depressive Frau, die einer sie nicht grüßenden Arbeitskollegin in der Fußgängerzone begegnet und aufgrund solcher Erlebnisse meint, daß sie »nichts wert« sei oder von *allen* Menschen abgelehnt werde, muß neue Erfahrungen machen. Wenn sie die Kollegin aufgrund der motivierenden Unterstützung eines Dritten (z.B. des Therapeuten) dezentdiplomatisch befragt und dann erfährt, daß diese sie wegen einer stressigen Lage (etwa weil sie kurz vor 16 Uhr noch zur Bank mußte, wo ein unangenehmes Gespräch mit dem Filialleiter bevorstand) glatt übersehen hatte, dürfte sich die schlechte Stimmung und das negative Denken sehr schnell auflösen. Gelenkte Erfahrung ist hier alles. Sie ist der unersetzbare Motor, der die gesundmachenden Veränderungsprozesse in Bewegung setzt. Ohne sie geht nichts.

Eine ausführliche Diskussion, die Vermittlung der Überzeugung des Psychotherapeuten alleine bewirken nur wenig. Neue, hilfreiche Erfahrungen zu ermöglichen – gerade dies ist die eigentliche Aufgabe und zugleich die Schwierigkeit einer Psychotherapie.

Und hier müssen die Propheten und die Bücher des »positiven Denkens« letztlich vollkommen versagen. Sie führen keine persönlich vermittelten und geduldig motivierten, dabei individuell gestalteten Realitätsüberprüfungen oder therapeutischen Experimente durch. Sie machen nicht erfahrbar, welche tatsächlichen Bewältigungsfähigkeiten im einzelnen Individuum schlummern und welche wirklich gefährlichen Situationen noch übrigbleiben, von denen man sich zum eigenen Schutz tatsächlich fernhalten sollte.

4. Phase: Veränderung des Bewußtseins und des Unbewußten

Wie sieht das Vorgehen bei einer Realitätsüberprüfung in einer »echten« Therapie aus? Zunächst dominiert die Frage: »Was wäre, wenn es stimmen würde, was der Patient denkt?« Dabei müssen auch Risiken eingegangen werden, um neue Erfahrungen machen zu können. Mit einer Reizüberflutung wird der Patient beispielsweise unter strikter Anleitung und Beobachtung des Therapeuten in die Situationen hineingeführt, die ihm bisher Schwierigkeiten bereiteten. Er lernt, sie auf neue, reife Art zu bewältigen und erlebt seine Fähigkeit, sie unbeschadet zu überstehen. Rollenspiel und Rollentausch (um sich mal von einer anderen Seiten in die Sache hineinzudenken) kommen ebenfalls häufig zum Einsatz. Ein wichtiges therapeutisches Mittel ist auch die paradoxe Intervention, also ein bewußtes Übertreiben durch den Therapeuten, um dem Patienten die Abstrusität seines Denkens klarzumachen.

Gedanken zu verändern ist also ein schwieriger, mit einer Vielzahl von Methoden verbundener, langsam fortschreitender Vorgang mit vielen Rückschlägen, wobei das Ergebnis zunächst offenbleibt.

Jeder, der eine erfolgreiche Psychotherapie hinter sich gebracht hat, kann ein Lied davon singen, daß er einerseits eine sehr leidvolle Phase hinter sich hat, in der er selbst in Frage gestellt wurde, daß sich aber andererseits sein Bewußtsein, sein Unbewußtes, seine körperlich-vegetativen Reaktionsweisen und seine Problembewältigungsstrategien im Zuge der Therapie verändert haben. Und daß viele seiner Überzeugungen und emotionalen Reaktionen, die ihn früher bestimmt haben, im nachhinein eine neue Gewichtung erfahren haben.

Erst krankheitsspezifische Methoden, eventuell auch Gruppenerfahrungen im Rahmen eines längerfristigen Lernprozesses führen zu entscheidenden positiven Veränderungen.

Seriöse Hilfe in Anspruch nehmen!

Es kann nicht Aufgabe dieses Buches sein, alle psychischen Störungen detailliert zu beschreiben und die Behandlungswege bis ins kleinste aufzuführen. Ich möchte kein weiteres Therapie-Handbuch verfassen. Dennoch wird in den folgenden Kapiteln versucht, wenigstens die wichtigsten psychischen Erkrankungen im Bereich der Neurosen – Ängste, Depressionen, Zwänge und Süchte – kurz zu skizzieren und auch psychotherapeutische Behandlungsmöglichkeiten aufzuzeigen. Wer wirklich Probleme hat, sollte sich nicht obskuren Heilsversprechen anvertrauen, sondern lieber eine seriöse professionelle Hilfe, wie sie die Psychotherapie anbietet, in Anspruch nehmen.

Zusammenfassung

Psychotherapie ist ein differenzierter und erfahrungsverändernder Prozeß. Nicht allein die Kognitionen (wie vom »positiven Denken« postuliert), sondern auch die Emotionen, die bisherigen Erlebnisstrukturen und die körperlich-vegetativen Reaktionsgewohnheiten müssen dabei beachtet werden. Da jede psychische Erkrankung Ergebnis eines individuellen Entwicklungsprozesses ist, muß die Behandlung lernorientiert sein. Allgemeine Weisheiten aus Büchern helfen da nicht.

Das große menschliche Problem der Angst

Zu den wichtigsten Versprechen des »positiven Denkens« gehört ein angstfreies Leben, das sich angeblich einstellen soll, wenn man der Methode folgt. Das menschliche Phänomen der Angst wird geradezu verteufelt: »Heraus mit der Angst – aus jeder Körperzelle« überschreibt Erhard F. Freitag ein Kapitel in seinem Hauptwerk »Kraftzentrale Unbewußtsein« und beweist damit eine erschreckende Unkenntnis, das Wesen von Ängsten betreffend.

Angst hat, wie wir wissen, zunächst einmal eine Signalfunktion und hilft dem Menschen, tatsächliche Gefahren zu vermeiden. Es gibt überhaupt keinen Menschen, der keine Angst hätte (auch Freitag nicht), denn sonst würde derjenige spätestens beim nächsten Gang über die Straße vom nächstbesten Auto überfahren.

Es muß also unterschieden werden zwischen begründeter, rationaler Angst und unbegründeter, also irrationaler Angst. Die vor tatsächlichen Gefahren schützende Angst sollte nicht therapiert werden (die Maus, die vor der Katze nicht davonläuft, wird kein langes Leben haben), wohingegen bei irrationalen Ängsten oft nur eine Therapie helfen kann.

Wenn aus Angst Panik wird

In seinem Buch »Die Macht Ihres Unterbewußtseins« behauptet Joseph Murphy, »abnormale Furcht« sei eine »Folge unkontrollierter Phantasie« bzw. »eine Folge fehlgeleiteter Erziehung«. (4/S.224)

Ängste und Panikstörungen entstehen in der Regel jedoch durch emotional aufwühlende, reale Erlebnisse, teilweise schon in der frühesten Kindheit, aber auch nicht selten im Erwachsenenalter. Es kann auch sein, daß solche Traumata (insbesondere bei Panikstörungen) durch das gleichzeitige Einstürmen vieler Belastungen, wie mehrerer Schicksalsschläge und anderer Streßfaktoren (Beruf/Finanzen) bedingt sind, wodurch nicht nur körperliche Symptome auftreten, sondern auch das Gefühl der abgrundtiefen Hilflosigkeit entstehen kann. Dann kann es wie aus heiterem Himmel plötzlich zu einer sogenannten »Panikattacke« kommen: Herzrasen, Schwindel, Schweißausbrüche, Übelkeit, Beklemmungsgefühle in der Brust, Atemnot, das Gefühl, verrückt zu werden und/oder sterben zu müssen.

Mußte ein derartiger Zustand einmal durchlebt werden, besteht die Gefahr, daß der Betreffende immer wieder befürchtet, daß er erneut auftritt. Es kommt also zu sogenannten Erwartungsängsten, die den Patienten veranlassen, die traumatischen Zustände ständig neu zu reproduzieren.

Durch Fehldeutung in den Teufelskreis

Dies geschieht in Form eines psychisch-körperlichen Aufschaukelungsprozesses, der in etwa folgendermaßen abläuft: Der Paniker hat immer wieder oder sogar ununterbrochen Angst vor den Panikzuständen. Er beobachtet jede kleinste Veränderung seiner Körperfunktionen und -zustände. Da der Körper als biologischer Organismus jedoch natürlicherweise in seinen Funktionen und Reaktionen Schwankungen unterliegt, sind immer wieder »Unregelmäßigkeiten« beobachtbar. Mal schlägt das Herz etwas unregelmäßig oder schneller als üblich; mal gibt es leichte Kreislaufprobleme, Schwindel, Kribbeln in den Extremitäten; mal entstehen Übelkeit, Magendrücken, Brustbeklemmungen oder Atemnot.

Neben den natürlichen Schwankungen sind diese Bereiche natürlich auch über das vegetative Nervensystem durch psychische Faktoren beeinflußbar. Aufregung, Ärger, Konflikte (vor allem Dominanzkonflikte in Familie, Partnerschaft, Freundeskreis und Beruf) sowie Psychostimulantien (Kaffee, Aufputschmittel, teilweise auch Nikotin und Alkohol) führen zu psychosomatischen Reaktionen. Und natürlich sind auch körperliche Betätigungen dazu geeignet, die Körperfunktionen und -zustände zu verändern.

Der Paniker greift derartige körperliche Veränderungen – egal wo sie herrühren und wie bedeutungslos sie sind – auf und meint, (erste) Anzeichen einer lebensbedrohlichen Situation auszumachen. Es entsteht zunehmende Angst. Diese Angst und die genaue Beobachtung der eigenen Körperfunktionen mündet schließlich in einem Teufelskreis der »Sichselbstaufschaukelung«: Über das vegetative Nervensystem werden die Körpersymptome wie Schwindel, Herzbeschleunigung, Unwohlsein im Brust- und Bauchbereich etc. verstärkt, bis hin zu einer reaktiven Zuspitzung, die allerdings ungefährlich ist.

Indem der Betroffene diese Zunahme der selbst initiierten Körpersymptome registriert, bekommt er noch mehr Angst und die Gewißheit, daß sich doch etwas existentiell Bedrohliches (Tod durch Herzinfarkt o.ä.) ereignen müsse. So steigt die Erregung und damit die Körpersymptomatik noch einmal, um dann eine noch größere Panik auszulösen und immer weiter so fort.

Je häufiger Panikanfälle auftreten, um so mehr automatisiert sich der beschriebene Prozeß, bis hin zu einer regelrechten Konditionierung. Dann läuft nichts mehr mit Vernunft und Verstand, die Panik schlägt ein wie ein Blitz. Und obwohl betroffene Menschen schon etliche solcher Attacken gut überstanden haben, die befürchteten Konsequenzen nie eintraten und auch der eigene Verstand sowie die Umgebung immer wieder sagen, daß keine reale Bedrohung besteht, vollzieht sich dieser Prozeß immer wieder von neuem, teilweise über Jahrzehnte hinweg.

Solche »eingeübten« Ängste können nur durch neue Erfahrungen bzw. neue Erlebnisse beseitigt werden – keinesfalls aber durch reine Denkarbeit.

Es liegt geradezu im Wesen der Panikreaktion, aber auch der Ängste und Phobien allgemein, daß sie sich in der Regel nicht durch bloße Verdeutlichung der Situation abstellen lassen. Genau dies aber behaupten Murphy & Co., wenn sie Fälle vorstellen, bei denen allein eine einfache Selbstsuggestion oder die Beschwichtigung eines Außenstehenden (»Ihre Angst ist völlig grundlos«) Ängste vertreiben helfen.

Die Therapie bei Panikstörungen

Angststörungen gehören noch vor den Depressionen zu den häufigsten psychischen Problemfeldern, die man in der Psychotherapie (und auch in der hausärztlichen Praxis) vorfindet. Dabei bilden die Panikstörungen sicher die anteilig gewichtigste Form, doch gibt es auch spezifische Phobien, die z.B. auf Tiere, Insekten, Wasser, Spritzen, Tunnel, Brücken und vieles andere bezogen sein können. Auch Sozialphobien, bei denen die betreffende Person Angst hat, im Mittelpunkt zu stehen bzw. etwas Peinliches zu tun, treten relativ häufig auf (hier spielen bei der Therapie Gruppenbehandlungen eine wichtige Rolle).

Der Einfachheit halber verdeutliche ich hier die psychotherapeutische Vorgehensweise bei Panikstörungen, um zu zeigen, daß die erfolgreiche Behandlung von solchen Ängsten in der Regel ein vielschichtiger, anstrengender Prozeß ist und nicht durch einfaches »Umdenken in positive Richtung« geschehen kann.

Bei Panikstörungen durchlaufen die Patienten häufig sehr viele Stationen der ärztlichen Behandlung, d.h. sie werden von allen möglichen Fachärzten wie Internisten, Neurologen, teilweise auch Orthopäden oder Gynäkologen voll »durchdiagnostiziert«. Häufig kommt es zu Notarzteinsätzen und Einweisungen ins Krankenhaus, wo der Patient stationär behandelt wird, ohne daß es eine klare organische Ursache gäbe.

Aufgrund des eben ausführlich beschriebenen Aufschaukelungsprozesses fühlen sich viele Patienten im Verlaufe der Krankheit nur noch zu Hause in gewohnter Umgebung sicher und vermeiden jede Konfrontation mit der angstmachenden Außenwelt. Wenn sie doch das Haus verlassen, so fühlen sie sich in Begleitung sicherer. Auch das Mitführen von Medikamenten und von Telefonnummern ansprechbarer Verwandter oder von Ärzten gibt Halt.

Aufklärung, Konfrontation und Reizüberflutung

In der therapeutischen Praxis beginnt die Behandlung von Panikstörungen in der Regel mit der Aufklärung über den generellen Ablauf des Aufschaukelungsprozesses bei solchen Panikattacken. Dann werden die konkreten Auslösesituationen und individuellen psychischen Aufschaukelungsprozesse in Form einer sogenannten »Verhaltensanalyse« erarbeitet. Bestimmten Patienten geht es, wenn sie die Mechanismen ihrer Panikstörungen verstanden haben, bereits deutlich besser.

Nach der Erklärung der Krankheit kommt es dann zur Konfrontation mit den angstauslösenden Reizen in Form einer »systematischen Desensibilisierung« oder mit Hilfe einer Reizüberflutung.

Bei der systematischen Desensibilisierung werden die Angstreize nach der Schwere sortiert und dann eine Konfrontation durchgeführt – schrittchenweise von den leichtesten bis zu denjenigen, die die intensivsten Ängste hervorrufen. Dies kann auch unter Verwendung von Vorstellungsübungen geschehen. Bei der Reizüberflutung wird der Patient von vornherein mit den stärksten Angstreizen konfrontiert. Dabei geht man in zwei Schritten vor. Einmal geht es darum, den körperlich-seelischen Aufschaukelungsprozeß zu unterbrechen beziehungsweise das »Sich-zur-Panik-Hochdrehen« zu löschen, sprich zu verlernen. Dies geschieht, indem die angstbesetzten Körpersymptome mit Hilfe verschiedenster Methoden (Hyperventilation, sportlicher Betätigung etc.) gezielt erzeugt werden.

Viele Patienten verfallen hierdurch zunächst in eine schwere Panik, lernen aber mit der Zeit, sich psychisch von ausgeprägten Körpersymptomen wie Schwindel, Herzrasen, Schweißausbrüchen, Übelkeit oder Beklemmungen zu entkoppeln, so daß diese Zustände neutral, d.h. angstfrei ohne unrealistische Bedrohlichkeit erlebt werden.

Manchmal ist auch eine paradoxe Intervention nötig – zum Beispiel, daß der Therapeut lacht, wenn der Patient am meisten leidet u.ä. –, um dem Patienten klarzumachen, daß keine Bedrohlichkeit der Situation besteht.

Bei vielen Patienten existieren nach dem Verlernen des inneren Aufschaukelungsprozesses noch eine ganze Reihe situativer irrealer Ängste, die noch verlernt werden müssen. Dazu geht der Therapeut im zweiten Schritt der Behandlung oft mit den Patienten heraus aus seiner Praxis und führt eine sogenannte Reizüberflutung durch. Da wird zum Beispiel über mehrere Stunden ein Kaufhausbesuch abgestattet, vor dem der Betreffende immer Angst hatte. Er muß – wie gesagt in Begleitung und über einen langen Zeitraum – Rolltreppen fahren, sich in Menschenmengen begeben, mit dem Auto über Autobahnbrücken fahren u.v.a. Über mehrere Therapie-Einheiten mit regelmäßiger Wiederholung wird hier eine Gewöhnung und ein Absinken der Erregung erreicht. Der Patient macht immer wieder die zunächst neue Erfahrung, daß ihm nichts passiert. Schließlich kann er sich alleine in diese Situationen begeben, was er dann auch zunächst zu Übungszwecken, später dann in seinem normalen Alltagsleben immer unbefangener tut.

In Verbindung mit der Reizüberflutung wird teilweise ein Hautwiderstandsmeßgerät eingesetzt, welches die körperliche Erregung des Behandelten mißt. Weder der Therapeut und schon gar nicht der gerne vermeidende Patient können aus der reinen Beobachtung heraus vollkommen irrtumsfrei beurteilen, wann die jeweilige Konfrontationsphase (Dauer bis zu mehreren Stunden) lange genug angedauert hat, so daß sie – weil der Patient nicht mehr unnötig beeindruckt ist und keine Angstreaktion mehr zeigt – beendet werden kann.

Der Leser wird aus dieser Beschreibung unschwer erkennen, wie weit die »positiven Denker« von solchen methodisch differenzierten Vorgehensweisen entfernt sind.

Phase der Stabilisierung

Bei den allermeisten Patienten hat man mit dem beschriebenen Vorgehen die Panikstörung nach einigen Monaten beseitigt, oft auch sehr viel früher. Jetzt folgt eine Phase der Stabilisierung, bevor der Patient wirklich als dauerhaft immun gegen Panikattacken bezeichnet werden kann. Wichtig ist, noch anzumerken, daß solche Panikstörungen selten alleine, sondern meist verbunden mit anderen Problemen auftreten, wie z.B. Dominanz- und Partnerschaftskonflikten, beruflicher Überforderung oder Depressionen (oft Folge von Panikstörungen), die dann im Zuge der Therapie auch noch gelöst werden müssen.

Zusammenfassung

Angststörungen und hier insbesondere Panikattacken können unmöglich allein durch einfaches Umdenken beseitigt werden. Die Behandlung von solch schwerwiegenden Persönlichkeitsstörungen bedarf einer umfassenden Therapie, bei der komplizierte Lernprozesse nicht nur auf der rein kognitiven Ebene, sondern mindestens ebenso stark auch auf der emotionalen und der seelisch-körperlichen (psycho-physiologischen) Ebene unumgänglich sind.

185

Teufelskreis Depression

Depressionen sind zu einer Volkskrankheit geworden. In allen Industrieländern nimmt dieses Krankheitsbild stetig zu. Wissenschaftliche Untersuchungen, die auf Behandlungsstatistiken basieren, gehen davon aus, daß die Wahrscheinlichkeit, an einer Depression zu erkranken, bei Männern bei ca. 15 Prozent, bei Frauen bei ca. 25 Prozent liegt. Da aber längst nicht alle Depressionen behandelt werden, gibt es eine wahrscheinlich sehr hohe Dunkelziffer.

Erweitert man den Personenkreis noch um diejenigen, die nur gelegentlich unter »depressiven Verstimmungen« leiden, so dürfte nahezu jeder als Betroffener in Betracht kommen. Kein Wunder also, daß die Versprechungen der Verkünder des »positiven Denkens«, man könne ein Leben ohne Sorgen in vollkommenem Glück und absoluter Harmonie leben, auf so große Resonanz stoßen. Depressiv erkrankte oder zumindest gestimmte Menschen dürften den größten Teil der Leserschaft dieser Literatur ausmachen. Und sie werden auch am meisten enttäuscht werden.

Die Unmöglichkeit, bei Depressionen positiv zu denken

Denn wenn der »Hypnotherapeut« Erhard F. Freitag das »positive Denken« auch für Depressionszustände empfiehlt und dabei auch noch explizit in Suggestionsformeln den Patienten »vollkommene Harmonie« erstreben läßt, so dürfte dies der beste Weg in eine Verschlimmerung der Krankheit sein.

Häufig ist es doch so, daß gerade durch Aggressionshemmung und durch mangelnde Bereitschaft, auch Konflikten gegenüberzutreten, Depressionen zumindest mitentstehen können. Deshalb wird in der psychotherapeutischen Behandlung von Depressionen oft mit Selbstsicherheitstraining, Konfliktübungen und ähnlichen realitätsnahen Techniken gearbeitet. Der Patient soll lernen, nein zu sagen, Aggressionen zu akzeptieren und in gewissem Rahmen als positiv anzusehen; er soll Spannungen, Streit und Auseinandersetzung als durchaus normale, zum Leben dazugehörige und zu einem gewissen Grad sogar produktive Lebensumstände begreifen.

Das »positive Denken« ist in solchen Fällen also eine Kontraindikation, die gerade das erreichen wird, was sie ausdrücklich verhindern will: eine Verstärkung der Depression.

Diese Aussage gilt nicht nur für Personen mit einer reaktiven Depression. Vielmehr muß in diesem Zusammenhang berücksichtig werden, daß es auch Depressionen aufgrund psychotischer Krankheitsbilder – beispielsweise die sogenannte »manisch-depressive Erkrankung« – gibt, die zum Kreis der Geisteskrankheiten gehören und mit ambulanten Psychotherapien nur eingeschränkt zu behandeln sind. Für diese Personen kann die Auseinandersetzung mit der Methode des »positiven Denkens« noch gefährlichere Ausmaße annehmen, zum Beispiel wenn ein Manisch-Depressiver in einer euphorischen Phase die Versprechungen von Murphy, Peale und Co. für bare Münze nimmt und sich noch weiter euphorisieren läßt. Solche kranken Menschen werden vor allem durch die diffusen Versprechungen einer Verbundenheit mit dem All, mit Gott oder wem auch immer sowie einer allgemeinen Unendlichkeit und Machbarkeit angesprochen. Sie leben diese Gefühle aus, fühlen sich unantastbar und supertoll, manchmal mit der Folge, daß sie in dieser Phase völlig euphorisch handeln, z.B. indem sie unkontrolliert Geld ausgeben, was unter Umständen in die Tausende, ja Hunderttausende geht; oder daß sie glauben, ohne Schlaf ununterbrochen am Leben teilnehmen zu müssen in Form exzessiven Lesens, Arbeitens, Feierns (»nächtelang auf Tischen und Bänken tanzend«), um dann irgendwann zusammenzubrechen. Sie können dann unter schwersten Depressionen mit akuten Selbstmordabsichten in einer stationären psychiatrischen Einrichtung landen.

Eine Depression kommt selten allein

Depressive Störungen treten meist in Verbindung mit einer Vielzahl von anderen Störungen auf, die ganz unterschiedlich gelagert sein können. Da gibt es psychische Störungen wie Angstzustände, Zwänge, Eßstörungen, Süchte, aber auch psychotische Erkrankungen wie Schizophrenie und auch chronische körperliche Erkrankungen wie Schmerzzustände, Hauterkrankungen, Asthma, Schlaganfälle bis hin zu Krebs, Multipler Sklerose etc., die alle mit depressiven Zuständen verbunden sein können.

Depressionen hängen oft mit schweren Lebenskrisen zusammen, wie Kün-

digung des Arbeitsplatzes, Partnerschaftskonflikten, allgemeinen Verhaltens-
defiziten oder starken Selbstwertproblemen. Je häufiger Menschen unter
Schicksalsschlägen und schwierigen Lebenssituationen zu leiden haben, um
so größer ist die Wahrscheinlichkeit, daß Depressionen auftreten.

In einer seriösen Psychotherapie ist es das Ziel, mit den Patienten neue
Bewältigungsstrategien für ihre Lebenssituation zu erarbeiten. Sie werden
dahin geführt, ihre Verhaltensdefizite zu erkennen und auszugleichen und
sich in ihrer Umgebung zu verändern. Beispielsweise müssen sie ihre Partner-
schaftskonflikte aufarbeiten und sich gegebenenfalls auch von ihrem Partner
trennen.

Chronische körperliche Beschwerden, die Auslöser für eine Depression
sein können, müssen entweder überwunden werden, oder – wenn dies aufgrund der Schwere der Erkrankung nicht möglich ist – es muß gelernt werden, sie zu akzeptieren und mit ihnen umzugehen.

Wenn die Depression mit einer psychotischen Krankheit in Verbindung
steht, lernt der Patient unter anderem, sein Erregungspotential abzubauen. In
diesem Fall wird auch mit den Angehörigen therapeutisch gearbeitet (das ist
manchmal wichtiger als die Arbeit mit dem Patienten selber), damit eine
Kontrolle der Umgebungsreize möglich ist und frühzeitig von außen eine
Hilfestellung gegeben werden kann.

Erklärungsmodelle der Depression

Ein Erklärungsansatz für Depressionen ist das sogenannte »kognitiv-verhal-
tenstheoretische Störungskonzept«. Dieses sieht im bisherigen Leben des
Patienten ein geringes Maß positiver Verstärkung, das heißt einen Mangel an
positiven Erfahrungen bzw. positiven Reaktionen der Umgebung (wie etwa
Lob) und ein Übergewicht an negativer Erfahrung. Ist die Depression ausge-
brochen, so stellt sich ein Teufelskreis ein: der Mangel an positiven Erfahrungen hält den einzelnen davon ab, nach außen zu reagieren, was natürlich
äußerst destruktiv ist, weil damit verhindert wird, überhaupt positive Dinge
zu erleben, so daß der Weg weiter in die Krankheit führt.

Wenn aber keine positiven Verstärkungen vorhanden oder möglich sind,
kann der Depressive soviel denken, wie er will. Aus seinem Dilemma

kommt er dann nicht heraus. Der einzelne ist also aufgrund seiner Lerngeschichte und seiner Umgebung, die diese Lerngeschichte geprägt hat, nicht in der Lage, positive Bewältigungsstrategien zu entwickeln. Im Gegenteil: Er sendet an seine Umgebung Signale mit der Bitte aus, ihn in seiner Passivität und Hilflosigkeit zu unterstützen. Diese Hilfestellung wird dem Betroffenen nicht selten auch gewährt, mit der Zeit von den Angehörigen allerdings als Last empfunden, so daß der Depressive dann nur noch eingeschränkt in Kommunikation und Aktivitäten einbezogen wird. Der psychisch Kranke wird so aber nicht angestoßen, seine Handlungsunfähigkeit und seine gestörte Kommunikation zu verändern, sondern von seiner Umgebung in seiner Depression geradezu bestärkt.

Für die Unfähigkeit des Depressiven, aus seiner Situation herauszukommen, gibt es als Erklärung auch das »Modell der anerlernten Hilflosigkeit«, das besagt, daß der einzelne aufgrund von Vorerfahrungen keinen Ausweg sieht, aus seiner Situation herauszukommen, obwohl dieser Ausweg objektiv durchaus vorhanden ist. Es ergeht diesen Menschen dann nicht anders als jenen Affen, die in einem psychologischen Experiment in einem verriegelten Käfig mit Elektroschocks gequält wurden: Anfangs suchten sie einen Ausweg, eine Tür. Als sie kein Schlupfloch fanden, der Pein zu entfliehen, überließen sie sich resigniert ihrem Schicksal, den schmerzhaften Elektroschocks. Als nach einiger Zeit schließlich die Käfigtür bei der Verabreichung der Schocks weit geöffnet wurde, machten die Affen trotzdem keine Anstalten zu entfliehen. Sie hatten gelernt: Bei Elektroschocks gibt es kein Entrinnen, du brauchst es gar nicht erst zu versuchen. Dies ist anerlernte Hilflosigkeit: die Tür, den Ausweg nicht zu sehen, obwohl er für jeden anderen deutlich sichtbar ist.

Schließlich kann man Depression auch als kognitive Störung erklären: Das Denken Depressiver ist einseitig, willkürlich, selektiv und übertrieben negativ. Der Hintergrund für diese Störungen sind auch nach dieser Erklärung negative Erfahrungen, Verluste, auch Kontrollverluste (das Ohnmachtsgefühl, nichts bewirken zu können) und die allgemeine Sozialisation hin zu einer depressiven Entwicklung. In der Folge dieser Prozesse entstehen sogenannte »automatische Gedankenmuster und Verzerrungen«, die aufgrund belastender Situationen aktiviert werden und sich in diesem Zusammenhang immer weiter verstärken.

Vorgehensweise und Ziele

Bereits aus den Erklärungsmodellen ergeben sich verschiedene Vorgehensweisen und Ziele der Therapie, die größtenteils zeitlich parallel zueinander durchgeführt werden: Da ist einmal ein sogenannter Aktivitätsaufbau. Hierbei werden die Patienten angeleitet, angenehme Aktivitäten zu suchen bzw. überhaupt erst zu entwickeln, um das allgemeine Aktivitätsniveau und damit auch das Ausmaß positiver Verstärker zu erhöhen. Sie sollen dadurch vor allem neue, positive Erfahrungen und Erlebnisse sammeln, die das Verhältnis negativer und positiver Erfahrung zum Positiven umkehren und damit dann dauerhaft die Blockaden eines depressiven Lebensstils aufheben. Dies geschieht nicht nur durch die Erklärung der Ursachen depressiver Zustände, sondern vor allem durch das Erstellen von Aktivitätslisten, Verstärkerlisten, durch immer wieder geduldige Motivation und Belohnung, auch durch das Ausräumen von gedanklichen, emotionalen, verhaltensmäßigen sowie umgebungsbedingten Blockaden der Aktivität.

Zum anderen wird der Aufbau von sozialer Kompetenz vorangetrieben. Depressiven fehlt oft die Möglichkeit, im menschlichen Kontakt Bestärkung und Bestätigung zu erfahren. Ihnen fehlt die Fähigkeit, eine angenehme Kommunikationsatmosphäre herzustellen. Auch die Kommunikationsinhalte sind häufig negativ-destruktiv und werden von den Mitmenschen als belastend empfunden. Die Betroffenen können zudem häufig nicht nein sagen, sich als eigenes Selbst ausdrücken und behaupten. Deshalb gehört in diesen Teil der Therapie u.a. auch ein Selbstsicherheitstraining, das in Gruppen durchgeführt wird.

Schließlich muß in einem langwierigen Prozeß eine kognitive Umstrukturierung, also eine Veränderung der Wahrnehmung erreicht werden. Das Denken Depressiver ist meist global (stark verallgemeinernd), eindimensional (keine größeren Zusammenhänge sehend), absolutistisch-idealistisch (entweder-oder, alles oder nichts, so muß es sein), wertend, irreversibel (fixiert, Überzeugung von der Unveränderlichkeit der Zustände) und entspricht damit in seinen Merkmalen weitgehend der Charakteristik des »positiven Denkens«.

Dem wird als nicht depressives Denken eine mehrdimensionale, nichtwertende, reversible, relativierende, variable Gedankenhaltung entgegengesetzt.

Wichtig ist dabei eine auf den Einzelfall zugeschnittene problemorientierte Vorgehensweise.

Die Bedeutung des Therapeuten

Eine zentrale Erkenntnis ist es, daß solche Ziele unmöglich nur in theoretischer Auseinandersetzung und ohne menschliche Hilfestellung zu erreichen sind. Dabei ist eine primäre Bezugsperson, zum Beispiel der Therapeut, von großer Bedeutung. Er darf keineswegs rein rational an die Behandlung herangehen, sondern muß auch als authentischer, interessierter Partner wirken, der dem Patienten keine philosophischen Vorträge hält oder rationale Ratschläge gibt. Er muß aufrichtig sein, Verständnis und Akzeptanz vermitteln und fachliche Kompetenz ausstrahlen, damit der Depressive zunehmend bereit ist, sich anzuvertrauen.

Schließlich geht es darum, unbewußte, emotional aufwühlende Prozesse aufzudecken. Der Patient muß aus seinem fast mechanischen, automatisch ablaufenden Denken immer wieder herausgeholt werden, was ständige Rückmeldung und Übung erfordert. Daß bei der »Dosierung« der Behandlung die Individualität des Patienten eine ganz zentrale Rolle spielt, ist selbstverständlich.

Eine schematische Behandlung, wie sie die Philosophie des »positiven Denkens« vertritt, ist also völlig fehl am Platze.

Ist eine Person akut selbstmordgefährdet, muß die therapeutische Hilfe besonders intensiv sein. Eine ausgeprägte *persönliche Anwesenheit* des Therapeuten ist dann in der Regel unabdingbar. Starke emotionale Dekontrolle und Impulsivität, eine negative Zukunftssicht und nicht zuletzt eine die Wahrnehmung einengende Egozentrik bestimmen hier die aktuelle psychische Verfassung.

Da kann nur noch eine aktiv-direktive Therapie helfen, innerhalb derer der Kontakt nicht abreißen darf und häufiger auch vom Therapeuten ausgehen muß.

Am Ende der Depressions-Therapie sollte der Patient in der Lage sein, im weiteren Leben mit den immer wieder auftretenden Problemsituationen klarzukommen. Er sollte zukünftige Krisen und Rückschläge möglichst aus eigener Kraft bewältigen und verarbeiten können. Denn im Gegensatz zu den unseriösen Aussagen der »positiven Denker« kann und will eine seriöse Therapie hilfsbedürftigen Menschen keine dauerhafte Harmonie und anhaltende Glückgefühle versprechen.

Zusammenfassung

Depressionen mit Krankheitswert sind nur als Geflecht von Ursachen und aufrechterhaltenden Bedingungen zu erklären. Ihre Behandlung bedarf des kompetenten Fachmannes, der eine störungsspezifische, vielschichtige und oft langwierige Behandlung mit vielen möglichen Rückschlägen durchzuführen in der Lage ist und dabei seine ganze menschliche Person durch seine vertrauenschaffende Anwesenheit zum Einsatz bringen muß.

7. Fallbeispiel: Immer nur lächeln – und alles ist gut?

Christel Hoffmann (Name geändert), eine 40jährige Angestellte, kam wegen Schmerzen im Bauchbereich, in den Armen, in den Beinen und im unteren Rückenbereich, mit starker Antriebsschwäche sowie extremer Überforderung in meine Praxis.

Zusätzlich litt sie unter Herz-Kreislauf-Störungen, Magen-Darm-Beschwerden, Eßstörungen (Appetitlosigkeit), Erregungszuständen, Hemmungen, Angst vor Menschenmengen, Depressionen, Niedergeschlagenheit, Neigung zum Dramatisieren und Katastrophisieren, absoluter sexueller Lustlosigkeit sowie Schmerzen beim Geschlechtsverkehr. Außerdem bekam sie extrem schnell ein schlechtes Gewissen.

Als die Patientin mir erstmals gegenübersaß, war sie nicht mehr arbeitsfähig. Der erste Eindruck stand dem jedoch diametral entgegen: Sie wirkte nach außen überhaupt nicht depressiv und lächelte mich ständig an. Sie behauptete allen Ernstes, es gebe in ihrem Leben überhaupt keine Probleme, eigentlich gehe es ihr sehr gut. Sie wisse nur nicht, was mit ihr los sei, denn sie habe jetzt zwei Jahre das absolute Glück erlebt, es sei ihr unheimlich gut gegangen, und sie wolle wieder auf diesen Weg zurück.

Aufgrund der Differenzialdiagnose stellte ich schwere depressive Zustände mit der leichten Neigung zu einer Panikreaktion fest.

Die Anamnese ergab, daß sie aufgrund von Konflikten im Elternhaus (Vater sehr konservativ und perfektionistisch, Mutter schwer depressiv) zu einer zurückhaltenden ängstlichen Persönlichkeit geworden war. Im Alter von 16 Jahren lief sie für zwei Tage aus dem Elternhaus weg, um danach um so angepaßter zu werden.

Mit 20 lernte sie ihren Ehemann kennen, einen zurückhaltenden Nachbarssohn, zu dem sich keine Leidenschaft, aber ein Geborgenheitsgefühl aufbauen ließ.

Ein Leben ohne Höhen und Tiefen, im Kontakt mit den weiterhin dominierenden Eltern, brachte die Patientin zunehmend in Schwierigkeiten. Sie entwickelte Depressionen. In dieser Situation begann sie mit der Lektüre von esoterischer Literatur, insbesondere auch von Werken zum »positiven Denken«.

Christel Hoffmann vertiefte sich immer mehr in diese Welt und verbrachte einen großen Teil ihrer Freizeit mit Kursen, Entspannungstrainings (Yoga, autogenes Training), positiver Suggestion und mit Meditation.

Für einen Zeitraum von zwei Jahren entwickelte sie hieraus ein regelrecht euphorisches Gefühl. Sie sah die Probleme zu Hause nicht mehr, sie konnte am Arbeitsplatz unendlich viel arbeiten und leisten und war (wie sie glaubte) allseits beliebt, weil sie immer nur lächelte und alle Arbeiten auf sich nahm, ohne jemals nein zu sagen.

Dann jedoch kam der vollkommene Zusammenbruch in Form schwerster Depressionen, so daß sie nicht mehr arbeitsfähig war und selbst ihren Haushalt nicht mehr machen konnte. Sie kannte sich selber nicht mehr wieder. Es kam zu ausgefallenen Körperreaktionen, wie vollkommener Appetitlosigkeit, Taubheitsgefühlen, Gliederschwere, Mattigkeit und im psychischen Bereich zu Todessehnsucht und Suizidabsichten.

Als ich ihr aufgrund der Verhaltensanalyse zu erklären versuchte, daß dies alles auch mit ihren durch die Lektüre vom »positiven Denken« unterstützten einseitigen, über-idealistischen, unrealistischen Einstellungen und Lebensbewältigungsstrategien zu tun habe, vermochte sie dieser Aussage über Monate hinweg nicht zu folgen. Vielmehr empfand sie mich als Eindringling in ihre Welt und beteuerte immer wieder, daß es doch richtig sein müsse, was in den Büchern stehe, und sie wolle wieder genau dahin, wo sie vorher gewesen sei.

Ich versicherte ihr, sie habe bisher in einer Schein- und Traumwelt gelebt. Sie habe eine starke Isolation erlebt und einer unrealistischen Weltsicht angehangen, was letztlich zu dem Zusammenbruch geführt habe. Das aber konnte sie überhaupt nicht annehmen.

Paradox intervenierend schlug ich ihr deshalb vor, die Therapie zunächst einmal zu beenden, da sie keine Einsicht zeige. Sie könne sich ja dann zu einem späteren Zeitpunkt wieder melden.

Vier Monate später saß die Patientin wieder vor mir in der Praxis und beklagte denselben Zustand wie vorher. Sie war immer noch krankgeschrieben und bat jetzt dringend um psychotherapeutische Hilfe. Ihr Mann habe gesagt, daß er das Anwachsen ihrer esoterischen Bücherbibliothek über Jahre hinaus mit Sorge beobachtet habe. Er habe sie immer mehr als Träumerin empfunden. Von den Arbeitskolleginnen und -kollegen erfuhr sie nun die Rückmeldung, daß sie eigentlich sehr unbeliebt gewesen sei, weil sie immer überfreundlich

gewesen sei und alle Arbeiten übernommen habe. Das habe man als unnatür-
lich und aufgesetzt empfunden, man habe ihr das nur nicht sagen wollen. Alle
hätten sie am Arbeitsplatz mehr oder weniger ausgenutzt.

Die Patientin begann zu erkennen, daß die in den Büchern des »positiven
Denkens« empfohlenen »Maßnahmen« eigentlich in eine ausweglose Sackgasse
geführt und ihr schwer geschadet hatten. Zwar hatte sie schon früher depressive
Phasen erlebt. Doch diese extreme Depression, in die sie jetzt verfallen war, mit
schwersten Suizidideen, konnte nur auf der Basis dieser unrealistischen, Ver-
drängung verlangenden Weltsicht erklärt werden.

Christel Hoffmann erlebte in der Therapie, wie isoliert und abgehoben sie in
den letzten zwei Jahren gelebt hatte und wie wenig sie die Konflikte, die
anstanden, auch aufgenommen und zu lösen versucht hatte. Sie erfuhr, wie sehr
sie von allen anderen Menschen letztlich abhängig war, wie fremdbestimmt,
überangepaßt und aggressionsgehemmt, ja fast gefühllos sie durchs Leben gegan-
gen war.

Körper und Seele hatten schließlich die Notbremse gezogen. Jetzt mußte Chri-
stel Hoffmann ihr Leben wirklich in den Griff bekommen, sich verändern und
sich durch Lernprozesse auf die eigenen Füße stellen.

Die Einsicht wuchs, und die Patientin lernte über viele Monate, eine weniger
überhöhte Weltanschauung mit weniger Idealen zu haben und beispielsweise
den absoluten Harmoniewunsch aufzugeben. Sie begann, sich mit ihren Eltern
auseinanderzusetzen, für die sie bis dahin immer noch das gehorsame Kind
war. Sie wehrte sich gegenüber ihrem sehr bequemen Ehemann. Sie lernte, am
Arbeitsplatz nein zu sagen.

Jetzt kam es zu einer Entlastung der Patientin. Sie blühte deutlich auf und
vermochte wieder zu arbeiten. Womit die Therapie allerdings lange noch nicht
zu Ende war. Christel Hoffmann mußte lernen, auch in ihrer Freizeit an sich
zu denken, Hobbys zu entdecken, die auch etwas mit Bewegung oder Erleben
zu tun hatten.

Sie mußte mit ihrem Mann die eheliche Beziehung klären, was schließlich zu
einer einvernehmlichen Trennung führte. Christel Hoffmann lernte einen
neuen Freund und später einen dauerhaften Partner kennen.

Kurz: Es kam zu einer deutlichen Stabilisierung der Persönlichkeit der
Patientin. Es gibt natürlich immer wieder Hochs und Tiefs, aber Christel Hoff-
mann hat gelernt, daß diese Zustände zum Leben gehören und daß es falsch

war, zwanghaft immer nur auf der oberen Ebene leben zu wollen, wie es die Bücher des »positiven Denkens« sie einst gelehrt hatten.

Christel Hoffmann wollte von allen geliebt werden, in einer heilen Welt leben – und mußte lernen, daß ein solch einseitiges Ideal zum Zusammenbruch führen muß.

Zwänge, die der Einsicht widerstehen

Das Krankheitsbild der Zwänge wird in der wissenschaftlichen Literatur als äußerst hartnäckig beschrieben, gerade was die Anwendung psychoanalytischer Methoden betrifft.

Die simple Einsicht in die Absurdität der zwangauslösenden Gedanken reicht in aller Regel nicht aus, um Verhaltensänderungen herbeizuführen. Hier müssen statt dessen vor allem konfrontative Methoden eingesetzt werden.

Gedanken, die sich nicht verscheuchen lassen

Zwangsgedanken treten in Form von unangenehmen, aufdringlichen Gedanken oder bildhaften Vorstellungen und Impulsen auf. Die Personen, die unter solchen Zwängen leiden, halten diese für abstoßend und sinnlos, können sie aber nicht verscheuchen. Das heißt, sie sind sich ihrer Störung durchaus bewußt, können aber durch das Bemühen um ein »anderes Denken« allein nicht dagegen an. Die angstauslösenden Zwangsgedanken treten unerbittlich immer wieder auf. Als »Vermeidungsverhalten« flüchten sich diese Patienten in Zwangshandlungen wie z.B. den Waschzwang, mit dem »schmutzige Gedanken« durch Selbstreinigung »wieder in Ordnung« gebracht werden sollen, oder den Kontrollzwang, bei dem das oberste Ziel ist, nicht für einen Schaden an sich selbst oder an anderen aufgrund eigener Unterlassungen oder von Fehlern verantwortlich sein zu wollen.

Als Beispiel sei hier ein Patient genannt, der unter dem Zwangsgedanken leidet, in seine Wohnung könne eingebrochen werden. Durch die ständige Kontrolle, ob wirklich die Wohnungstür abgeschlossen ist, entlastet er sich von diesem Zwangsgedanken – indem er sich in eine Zwangshandlung flüchtet. Und diejenige Person, die einem Waschzwang verfallen ist, führt diesen zur Selbstberuhigung nur aus, weil sie ansonsten ständig denkt, sie sei schmutzig und könne dadurch (z.B. durch bakterielle Erreger) Schaden nehmen.

Angstmachende Ereignisse als Auslöser

Die Zwangsgedanken tauchen in der Regel durch eine Konditionierung in Verbindung mit angstmachenden Ereignissen (z.B. Einbruch, Ansteckung durch Unreinlichkeit, extreme Reinlichkeitserziehung mit Züchtigung) erstmals auf. Durch die Zwangshandlungen werden die mit den Zwangsgedanken einhergehenden Zustände wie Angst und Unwohlsein reduziert, aufgehoben bzw. vermieden. Andererseits aber werden die Zwangsgedanken durch diese Handlungen auch auf Dauer aufrechterhalten. Es ist ein ähnlicher Aufschaukelungsprozeß wie bei den Panikstörungen, so daß die betreffende Person nie lernt, daß ihr aufgrund von Gedanken bzw. Überzeugungen eigentlich gar nichts passieren kann.

Denkt die Person den Zwangsgedanken, dann erlebt sie deutliche Anzeichen einer Bedrohung und muß den Gedanken durch eine entsprechende Zwangshandlung (z.B. Waschen) unschädlich machen. Bald kommt jedoch der nächste Zwangsgedanke, und es gibt so über den Tag sehr viele Zwangshandlungen.

Der Vermeidungsprozeß ist dafür verantwortlich, eine neue Erfahrung zu verhindern – die Erfahrung nämlich, daß der Anlaß für die Zwangsgedanken gar nicht mehr vorhanden ist bzw. daß die dahinterstehende Befürchtung gar nicht zutrifft. Daß ein Mensch denken kann, was er will, und daß Gedanken noch keine Bedrohung oder gar eine Tat darstellen, wird so nie erlebt.

Erst diese Erfahrung aber kann ein solches Zwangssystem auflösen. Deshalb ist eine rein verbale Therapie bei diesem Krankheitsbild vollkommen ungeeignet. Die Weltsicht und das Hilfsangebot des »positiven Denkens« ist sogar absolut kontraindiziert. Denn der Mensch, der von quälenden Zwangsgedanken heimgesucht wird, muß gerade das Gegenteil von dem lernen, was vom »positiven Denken« propagiert wird. Er muß nämlich einsehen, daß das Denken – und insbesondere sein eigenes Denken – *nicht* die Welt bestimmt. Seine Zwangshandlungen entstehen ja, um der Gefahr zu begegnen, daß sich jedes Denken verwirklichen, ja bereits eine wirkliche Tat darstellen könnte.

Vielschichtige Behandlung

Der Patient muß aus seinem Vermeidungsverhalten (Zwangshandlungen) herausgeholt und den gefürchteten Reizen (bedrohlichen, irrationalen Gedanken) ausgesetzt werden.

Dies geschieht, indem er von seinem Zwangsverhalten (z.B. Waschen, Abschließen, Ordnung schaffen) in Form einer Reaktionsverhinderung abgehalten wird. Die bedrohlichen Gedanken kann er dann nicht mehr vermeiden und ist ihnen ganz konkret ausgesetzt. Jetzt stellt er fest, daß sich die Befürchtungen nicht bewahrheiten, die Gedankeninhalte vollkommen ungefährlich, ja sogar abwegig sind. Durch Wiederholung dieser neuen Erfahrung (dazu bedarf es teilweise mehrerer Stunden der Verhinderung des Zwangsverhaltens) kommt es dann zu einer dauerhaften Neubewertung der Ängste, die mit Zwängen verbunden sind. Natürlich findet dieser Prozeß zunächst unter der ständigen Begleitung und mit Unterstützung des Therapeuten statt. Ein typisches Beispiel einer Konfrontation etwa bei Waschzwängen ist, daß der Patient sich die feuchten Hände mit Erde vollkommen schmutzig macht und diesen Zustand dann anschließend längere Zeit, ohne sich zu waschen, überstehen muß. Ist er am Anfang noch vollkommen verängstigt und dauererregt, so kann er manchmal bereits nach 30 Minuten (teilweise auch erst nach mehreren Stunden) eine Abnahme der Erregung beobachten. Ihm passiert nichts, der Schmutz läßt ihn nicht sterben – das hat er jetzt erfahren und gelernt. Und auch die eigenen Furchtgedanken können an der Tatsache nicht rütteln, daß er mit schmutzigen Händen »gut leben kann«. Auch dies hat er erfahren, erlebt! Es ist damit bewiesen.

Es kann auch sinnvoll sein, daß der Therapeut, sozusagen als Modell, die angestrebten Tätigkeiten ausführt, sich etwa schmutzig macht, Zeitungen wegwirft, die Tür nur einmal abschließt. Die Patienten erleben in der Konfrontation, daß ihre »negativen Gedanken«, ihre Befürchtungen in der Regel vollkommen irrational und damit falsch sind: Sie haben mit der Realität nichts zu tun, und gedachte Gedanken schaffen keine Tatsachen. Jemand, der denkt, er würde einen anderen wegen dessen miesem Verhalten umbringen, begeht allein durch diesen Gedanken schließlich keine Straftat. Vielmehr können solche Gedanken – solange es reine Gedanken bleiben – als inneres Abreagieren psychisch hilfreich sein.

Zwanghafte Menschen lernen durch die Techniken der Konfrontation und der kognitiven Umstrukturierung, daß ihre Überzeugungen und die damit verbundenen Anstrengungen, eine Katastrophe für die eigene Person zu verhindern, in der Realität unberechtigt, überflüssig und zeitvernichtend sind.

Setzt man in solchen Fällen ganz auf das »positive Denken«, so wird das eine Zwangssystem (das der »negativen Gedanken«) durch ein anderes (das des »Positiv-Denken-Müssens«) ersetzt. Dies dürfte ein Grund dafür sein, daß die Bücher zum »positiven Denken« bei Zwangsneurotikern gut ankommen – sie entsprechen ihrem zwanghaften Denkmuster.

Zusammenfassung

Zwanghafte Gedanken und Handlungen kann man nur durch Konfrontation mit den Situationen behandeln, vor denen der Patient Angst hatte. Er muß in der Realität erleben, daß seine Befürchtungen nicht eintreffen. Das »positive Denken« wird von Zwangsneurotikern lediglich als neues Zwangssystem übernommen.

Süchtig durch »negatives Denken«?

Sucht- und eßgestörte Menschen
haben keine Entscheidungsfreiheit

Daß die Vertreter des »positiven Denkens« auch Suchtkranke mit ihren Methoden geheilt haben wollen, erscheint besonders absurd, da »gewöhnliche« Suchtkranke etwas nicht haben, was die Propheten des »positiven Denkens« als Grundvoraussetzung für den Erfolg ihrer Lehre ansehen: Entscheidungsfreiheit. Daß ein schwerkranker Alkoholiker in der Lage sein soll, sobald er die Versuchung nahen fühlt, »seine Gedanken sofort von den trügerischen Freuden des Alkohols« abzuwenden und sich in »die glückliche Stimmung« zu versetzen, »die der Gedanke an die baldige Wiedervereinigung mit seiner Familie« bei ihm auslöst (4/S.209), ist nicht nur unwahrscheinlich, sondern nahezu unmöglich.

Für die Entstehung von Alkoholismus hat Joseph Murphy eine simple Erklärung: »Die Ursache der Trunksucht – wie allen Übels – liegt im negativen und destruktiven Denken« (4/S.214), behauptet er.

Schicksalsschläge, Traumata, existentielle Frustrationen, antrainierte Gewohnheiten, eine Sucht-, bzw. Abhängigkeitsstruktur, erbliche Veranlagung – all das existiert in Murphys Welt nicht, allein eine »fehlgeleitete Denkweise« ist der Grund für die Sucht. Und die kann man angeblich in »drei magischen Schritten« (4/S.215) reparieren:

Entspannung – »Versetzen Sie sich in einen tranceartigen Zustand«,

Autosuggestion – »Geeignet dazu wäre zum Beispiel: ›Nüchternheit und Seelenfrieden sind nun mein, und ich danke dafür.‹«

Imagination – Vor dem Einschlafen soll man sich ausmalen, wie ein Freund oder Verwandter dem Betreffenden »lächelnd die Hand drückt und sagt: ›Ich gratuliere dir!‹« (Murphy: »Der Glückwunsch … gilt Ihrer völligen Befreiung vom Hang zum Alkohol.«)

Schwierige Behandlung und hohe Rückfallquote

Solche Aussagen wären zum Lachen, wenn die Realität für die Betroffenen nicht mit so viel Leid verbunden wäre. Tatsache ist: Suchterkrankungen sind schwer zu behandeln. Die Rückfallquoten sind hoch, beim Alkohol liegen sie bei ca. 50 Prozent, bei Heroin, Kokain und auch Nikotin sogar noch höher. Auch längerfristig Abstinente können wieder zu Rückfällen neigen.

Erster Schritt in der Behandlung von Suchtkrankheiten ist die Förderung der Veränderungsbereitschaft. Die Bedeutung und die Vorteile abstinenten Verhaltens müssen erst einmal deutlich gemacht und emotional begehrenswert werden. Bei körperlicher Abhängigkeit ist dann ein stationärer Entzug über mehrere Wochen oder Monate unabdingbar. Zusätzlich muß die hinter der Suchterkrankung stehende psychische Störung behandelt, die individuelle Lebenssituation des süchtig gewordenen Patienten durchleuchtet und geändert werden. Dieser ganze Prozeß muß – in jeweils abgewandelter Form, bei jedem Rückfall neu in Gang gesetzt werden. Das alles kann letztlich nur dann zum Erfolg führen – und es führt, wie oben erwähnt, längst nicht immer zum Erfolg –, wenn eine individuelle, gezielte Hilfestellung von außen gegeben wird, die über die Murphy-Empfehlung »Entspannung – Autosuggestion – Imagination« oder die bloße Lektüre von aufbauenden Texten weit, weit hinausgeht.

Eßstörungen – die neue Zivilisationskrankheit?

Ähnlich wie Alkohol- und Drogensucht gehören die ihnen hinsichtlich des Suchtcharakters verwandten Eßstörungen zu den psychischen Erkrankungen, die eine steigende Tendenz in unserer Gesellschaft aufweisen. Zwar ist zum Beispiel die »Magersucht«, in der Fachsprache Anorexia nervosa genannt, ein seit langem bekanntes psychisches Phänomen; doch nimmt die Zahl derer, die angesichts des herrschenden Schönheitsideals oder ihrer jeweiligen psychischen Entwicklung »dünner« werden wollen, zu – und zwar in den letzten Jahren verstärkt auch unter den männlichen Personen (wenn auch die größere Gruppe der Erkrankten weiterhin die Frauen sind).

Die Betroffenen haben das ständige Bestreben, weiter abzunehmen und verspüren gleichzeitig eine panische Angst vor Gewichtszunahme. So wird in Extremfällen die Nahrungsaufnahme vollkommen verweigert, oft zumindest aber unter die Grenze des Nötigen reduziert. Gleichzeitig wird versucht, durch übertriebene körperliche Aktivität nach der Nahrungsaufnahme die Kalorien »unschädlich« zu machen. Solche Eßstörungen sind eine ausgesprochen schwerwiegende psychische Störung, die zum Tode der Betroffenen führen kann. Die Sterblichkeitsrate liegt bei ca. zehn bis sechzehn Prozent.

Etwas anders verläuft die Eßstörung bei Personen, die unter der »Bulimia nervosa« leiden. Hier stehen Heißhungeranfälle im Mittelpunkt, die mehrmals wöchentlich, oft sogar mehrmals täglich auftreten. Die Betroffenen versuchen dann durch künstlich herbeigeführtes Erbrechen bzw. Abführen oder durch den Gebrauch von Appetitzüglern, die Kalorien wieder zu reduzieren. Viele dieser Personen leiden neben der Eßstörung unter depressiven Symptomen und Angststörungen.

Patientinnen und Patienten, die an Anorexia nervosa, teilweise auch diejenigen, welche an Bulimia nervosa leiden, haben ein gestörtes Wahrnehmungsvermögen. Sie sind besonders uneinsichtig gegenüber ihrer eigenen Krankheit. So halten sie sich, trotz oft extremer Magerkeit, noch für zu dick und glauben, trotz karger Kost Unmengen an Speisen vertilgt zu haben. Durch die Lektüre von versimplifizierenden Büchern wie denen zum »positiven Denken« können eßgestörte Personen tiefer in ihre Krankheit getrieben werden. Die euphorisierende Wirkung der Heilsversprechen muß fast zwangsläufig zu einer noch stärkeren Verleugnung der eigenen Problematik führen und läßt die ohnehin extrem geringe Bereitschaft, Hilfe von außen anzunehmen, noch weiter absinken.

Den eigenen Körper wahrnehmen

In der Therapie wird als erstes versucht, das Körpergewicht des betroffenen Anorektikers zu erhöhen und das Eßverhalten zu verändern. Häufig ist – vor allem bei Aneroxia nervosa – eine stationäre Betreuung als Initialbehandlung notwendig. In besonders schwierigen Fällen muß eine Zwangsernährung vorgenommen werden.

In der Therapie werden Verstärkungs-, Selbstbelohnungs- und Fremdbelohnungsmodelle eingesetzt, um gesundes Eßverhalten zu erlernen. Hierfür wird ein verhaltenstherapeutisches Programm ausgearbeitet, dem eine klar definierte Zielstruktur zugrunde liegt.

Parallel dazu geht es auch um die Verbesserung der eigenen Körperwahrnehmung (z.B. Spüren von Hungergefühlen, realistische Wahrnehmung des unterernährten Körpers und des eigenen Eßverhaltens).

Neben der Korrektur der Nahrungsaufnahme stehen die Erlangung sozialer Kompetenz (Kontaktaufnahme, Sich-wohl-Fühlen und Selbstbehauptung in der sozialen Umgebung) sowie Kommunikations- und Problemlösetrainings im Vordergrund. Natürlich müssen auch die kognitiven Verzerrungen, die zu der psychischen Störung dazugehören, aufgedeckt und umstrukturiert werden.

Dies alles ist ein mühsamer, langwieriger und wie bei anderen Störungen von ständigen Rückfällen bedrohter Prozeß, der leider nicht immer erfolgreich ist. Er ist aber die *einzige* Alternative bei so schwerwiegenden psychischen Problemen.

Zusammenfassung

Suchtkranke und Eßgestörte sind psychisch schwer erkrankte Personen, die dringend einer seriösen Psychotherapie bedürfen. Verharmlosende Literatur wie die zum »positiven Denken« leistet höchstens einen Beitrag zur noch stärkeren Verdrängung der Realität und verzögert eine effektive Therapie.

8. Fallbeispiel: Das Leben als permanente Bewährungssituation

Der 47jährige Josef Teichmann (Name geändert), Manager in der Führungs-etage eines großen deutschen Industrieunternehmens, suchte im Rahmen eines stationären Aufenthalts in einer psychosomatisch orientierten Klinik für Haut- und Allergieerkrankungen psychotherapeutischen Beistand. Er litt seit Jahr-zehnten unter Atemnot und starker Immunschwäche, die insbesondere zu Infektionen der oberen Atemwege bis hin zu ständig wiederkehrender Bronchi-tis führte, sowie unter starken Erschöpfungssyndromen. Seine Beschwerden waren vor allem psychogen bedingt und führten im Zusammenhang mit enor-mem beruflichen Streß dazu, daß der Patient etwa dreimal im Jahr mit dem Notarztwagen ins Krankenhaus eingeliefert wurde, weil er meinte, er müsse an Herzinfarkt sterben.

Die Paniksymptome traten abgesehen von diesen Krankenhauseinweisungen in anderen Situationen nicht auf, so daß ich keine Panikstörung, sondern eine Erschöpfungsdepression (reaktive Depression) im Zusammenhang mit man-gelnder Streßbewältigung und einem zwanghaft perfektionistischen, vor Ehr-geiz sich zerfressenden Persönlichkeitsbild diagnostizierte. Zusätzlich war eine starke soziale Überangepaßtheit festzustellen.

Der Patient hatte sich für seine »Kur« die wesentlichen Teile seines Büros (inklusive Computer) und die Akten, die zur Bearbeitung anstanden, mitge-bracht. Natürlich war er auch über ein Handy rund um die Uhr erreichbar.

In die psychotherapeutische Behandlung kam er, weil ihm dies einerseits vom Chefarzt der Klinik angeraten worden war, andererseits weil er nach einer Woche Aufenthalt keine Verbesserung des Befindens verspürte, sondern sich eher weitaus schlechter fühlte als zuvor.

In der Anamnese stellte sich heraus, daß Josef Teichmann sehr ehrgeizig erzo-gen worden war und sich bereits in jungen Jahren mit sogenannten Selbsthilfe-büchern beschäftigt hatte, unter anderem mit dem Buch »Selbsthypnose« von Leslie M. LeCron, mit »Denke nach und werde reich« von Napoleon Hill sowie mit »Die Macht Ihres Unbewußtseins« von Joseph Murphy.

Dank seiner Intelligenz schaffte er den wirtschaftlichen Aufstieg, wobei er seine Karriere vor allem darauf zurückführte, daß er – den Anleitungsbüchern gemäß – auf seine eigenen Kräfte baute. Er war für alles und jedes da und machte sich an seinen Arbeitsstellen jeweils unentbehrlich.

Besonderes Interesse fanden bei ihm Fortbildungsmaßnahmen mit den The-
men: »Wie man sich selbst kontrolliert«, »Wie man sich mental auf seine Kar-
riere vorbereitet« und »Wie man Mitarbeiter führt«. Er beschäftigte sich jetzt
auch stark mit Dale Carnegies »Sorge dich nicht, lebe!« und besuchte Kurse des
Dale-Carnegie-Instituts.

Er internalisierte die durch diese Kurse herübergebrachte (amerikanische)
Mentalität, immer in einer Bewährungssituation zu sein, immer im Dienst zu
sein, immer aufpassen zu müssen und immer auf die höchstmögliche Effizienz
zu achten, und konnte letztlich auch im Privatleben nicht mehr abschalten.

Drei Jahre vor Aufnahme der Psychotherapie begann Josef Teichmann, die
Kurse, die er und seine Kollegen 20 Jahre lang besucht hatten, in Frage zu stel-
len. Er hatte den Eindruck, daß nur einige wenige wirklich etwas brachten,
viele aber im Ergebnis uneffektiv waren. Er hatte dann nach den entsprechen-
den Wochenenden zwar manchmal das Gefühl, ein paar schöne Tage verbracht
zu haben, doch hatten die Ergebnisse keine Auswirkung auf den Alltag. Es
mußte offenbar noch andere, in der Persönlichkeit liegende Komponenten
geben, die dazu führten, daß der eine Erfolg hatte und der andere nicht.

Er bemerkte, daß viele seiner Kollegen, die sich wie er selbst auf den Erfolgs-
trip begeben hatten, in teilweise schwerste Depressionen versanken und auch
große Unsicherheiten im Umgang mit ihren Mitarbeitern und Untergebenen
entwickelten.

Im psychotherapeutischen Gespräch wurde Josef Teichmann immer deutli-
cher, daß er durch die Lektüre und die Beschäftigung mit der Literatur des
»positiven Denkens« immer verkrampfter geworden war. Er hatte zwar nach
außen hin Erfolg, aber gesundheitlich ging es immer weiter in den Keller. Die
in den Büchern und Seminaren geforderte Grundhaltung »Alles ist machbar«,
»Du mußt immer präsent sein«, »Du mußt dich immer kontrollieren« hatte
ihn in eine Sackgasse geführt und ihm regelrecht »die Luft abgedrückt«.

Natürlich wollte der Manager dies zunächst nicht einsehen. Doch durch kon-
frontative Methoden gelang es im Zuge der Therapie, dem Patienten zunächst
einmal das Arbeiten während des Klinikaufenthaltes zu »verbieten«. Erstmals
konnte er sich ohne Kontrolle, ohne ständige Tendenz zur Bewährung, zur
Selbstbehauptung und zum Wettbewerb verhalten, ja, nach einer langen
Anfangsphase der Unruhe gelang es ihm sogar, sich beim autogenen Training
zu entspannen.

Der nächste Schritt war dann eine Revision seiner aufgesetzten Grundein-stellung. Josef Teichmann mußte lernen, daß man im Leben nicht immer nur positiv denken kann und daß es nicht nur Licht gibt. Er mußte auch seine Schattenseiten kennenlernen. Erst langsam gelang es ihm, sein Bedürfnis nach Entspannung, nach Luxus, nach gelegentlichem »In-den-Tag-Hineinleben« zuzulassen. Er mußte lernen, nicht in jeder Situation eine Bewährungsprobe zu sehen, mußte lernen, daß es nicht in allen Bereichen des Lebens um Gewinn-maximierung geht.

Das Menschliche und Mitmenschliche war im Leben des Josef Teichmann bis-her zu kurz gekommen, und das hatte letztlich auch zu einigen geschäftlichen Mißerfolgen beigetragen, die Teichmann in letzter Zeit zu bewältigen hatte. Es dauerte einige Wochen, bis der Patient langsam in eine neue mentale Richtung marschierte, aber es gelang. Seine Gesundheit verbesserte sich zunehmend, und er war erstmals in der Lage, Kraft zu tanken, ein Zustand, der ihm jahrelang verwehrt war. Letztlich aber hatte die Therapie nur seine Zweifel, die er in den letzten Jahren immer schon intuitiv gegenüber den am »positiven Denken« ausgerichteten Büchern und Seminaren gehabt hatte, bestätigt und zur Gewiß-heit werden lassen. Insofern erlebte er die Psychotherapie als Befreiung.

Josef Teichmann ging mit seiner deutlich veränderten Einstellung zurück an seinen Arbeitsplatz, veränderte seinen Arbeitsstil und seine Umgangsformen. Es ging ihm deutlich besser. Da er sich auf die Dauer aber nicht bestimmten systemimmanenten Zwängen entziehen konnte und es seine Vermögenslage erlaubte, entschloß er sich etwa anderthalb Jahre später, aus dem Unternehmen und dem Arbeitsleben auszuscheiden.

Schlußwort

Ich glaube, daß es gerade angesichts des anhaltenden Booms der Veröffentlichungen und Veranstaltungen zum »positiven Denken« notwendig ist, den unseriösen Hintergrund dieser Methode aufzudecken.

Es scheint mir wichtig zu betonen, daß Selbsthilfebücher immer mit einem gewissen Manko behaftet sind: Sie können bestenfalls Denkanstöße geben, hinreichende Lernprozesse und Erfahrungen können sie nicht vermitteln. Aber es gibt natürlich durchaus hilfreiche psychologische Literatur. Bei der Auswahl von derartigen Büchern sollte man dringend darauf achten, daß die Autoren wirkliche Fachleute auf ihrem Gebiet sind, daß ihre Aussagen konkret sind, daß sie krankheitsspezifisch, also auf einzelne Störungen hin ausgerichtet sind, daß sie realistische Zielsetzungen aufzeigen und daß sie die Grenzen von Selbsthilfemöglichkeiten, gerade auch der »Bibliotherapie«, klar herausstellen. All diese Kriterien treffen auf die Bücher des »positiven Denkens« *nicht* zu.

Diejenigen Leser, die selbst schon Erfahrungen mit diesen Publikationen gesammelt haben und die mein Buch als Denkanstoß nehmen, sollten sich die folgenden Fragen ehrlich beantworten: Mache ich es mir nicht zu bequem? Verdränge ich nicht einfach meine Probleme? Fördere ich durch diese Bücher nicht nur meine Bequemlichkeit? Ist das »positive Denken« für mich nicht der Versuch, mich einer notwendigen Auseinandersetzung, ja einer Therapie zu entziehen? Oder: Habe ich immer noch den Traum, das Paradies auf Erden zu finden?

Literatur

Quellen der Zitate im Buch:

1. Erhardt F. Freitag, Kraftzentrale Unterbewußtsein. Der Weg zum positiven Denken, München 1983
2. Dale Carnegie, Sorge dich nicht, lebe!, Bern-München-Wien 1984
3. Dale Carnegie, Wie man Freunde gewinnt, Bern-München-Wien 1986
4. Dr. Joseph Murphy, Die Macht Ihres Unterbewußtseins. Das große Buch innerer und äußerer Entfaltung, Genf 1967
5. Dr. Joseph Murphy, Tele-PSI. Die Macht Ihrer Gedanken, München 1979; zitiert nach der Sonderausgabe unter dem Titel: Die Kraft Ihrer Gedanken, Bindlach 1995
6. Norman Vincent Peale, Die Kraft des positiven Denkens, zitiert nach dem Sammelband: Peale, Die Wirksamkeit des positiven Denkens. Der Weg zum neuen Lebensgefühl, München 1988
7. Norman Vincent Peale, Trotzdem positiv, zitiert nach genannter Ausgabe
8. Norman Vincent Peale, So hast du mehr vom Leben, zitiert nach genannter Ausgabe
9. Norman Vincent Peale, Was Begeisterung vermag, zitiert nach genannter Ausgabe
10. Norman Vincent Peale, Zum Gewinnen geboren. Die Kraft positiver Gedanken, Zürich 1989, 1994; zitiert nach der Taschenbuchausgabe, Düsseldorf 1995

Einblick in eine umstrittene Wissenschft

Ernst-Ludwig Winnacker
Das Genom
150 Seiten · geb. m. SU
DM 24,80
ISBN 3-8218-1399-7

»Genom«, die Bezeichung für die Summe aller Gene eines Organismus, hat eine geradezu frappierende Ähnlichkeit mit dem Wort »Gnom«, das die Tarnkappen tragenden Fabelwesen bezeichnet, die in den Tiefen des Rheins den Schatz der Nibelungen bewachen. Und wirklich, die Ähnlichkeit ist nicht nur äußerlich: forschen die modernen Hexenmeister des Erbmaterials nicht in den Tiefen der Zellen nach Genen, die sie wie eine alte Schrift zu enträtseln suchen? Und ergibt nicht die heutige Diskussion um Chancen und Risiken der Gentechnik fast schon einen Opernstoff – wie das Heben des verborgenen Schatzes im Rhein?

Ernst-Ludwig Winnacker, einer von Deutschlands führenden Experten auf dem Gebiet der Gentechnologie, gibt in diesem Buch einen fundierten und auch für Laien verständlichen Einblick in diese umstrittene Wissenschaft und setzt sich kritisch mit ihren Möglichkeiten und Grenzen auseinander.

EICHBORN schickt Ihnen gern ein Verlagsverzeichnis:

EICHBORN.

KAISERSTRASSE 66 · 60329 FRANKFURT
TELEFON 069/25 60 03-0 TELEFAX 25 60 03-30 · INTERNET: HTTP://WWW.EICHBORN.DE

Eine Reise zum Urgrund des menschlichen Geistes

Ronald K. Siegel
Der Schatten in meinem Kopf
370 Seiten · geb. m. SU
DM 44,–
ISBN 3-8218-1402-0

«Sie sind fremdartig, die Erscheinungen und Stimmen, die Siegel untersucht. Aber dieses Fremde und Abseitige macht ihren Wert. Vom Rand her beleuchten sie die Mitte, die durch Gewöhnung unsichtbar geworden ist.
Man muß sie ernst nehmen, die Stimmenhörer, die kleinen Rätsel, die sie uns stellen, sind der Lichterkranz um das dunkle große Geheimnis des menschlichen Bewußtseins.»
Michael Maar, Frankfurter Allgemeine Zeitung

In zwölf seltsam faszinierenden Fallgeschichten erzählt Ronald K. Siegel, »der anerkannt führende Trugbildforscher der USA« (*Spiegel*), aus der Welt der Paranoia.

EICHBORN.

EICHBORN schickt Ihnen gern ein Verlagsverzeichnis:

KAISERSTRASSE 66 · 60329 FRANKFURT
TELEFON 069/25 60 03-0 TELEFAX 25 60 03-30 · INTERNET: HTTP://WWW.EICHBORN.DE